D1665663

Stadtforschung aktuell
Band 24

Herausgegeben von:
Hellmut Wollmann
Gerd-Michael Hellstern

Jochen Hucke
Hellmut Wollmann

Altlasten im Gewirr administrativer (Un-)Zuständigkeiten

Analyse zweier Altlastenfälle in Berlin (West)

Birkhäuser Verlag
Basel · Boston · Berlin

Hucke, Jochen, geboren 1950, Studium der Wirtschafts- und Sozialwissenschaften an der Universität Köln, Diplom-Volkswirt, Dr.rer.pol., Wissenschaftlicher Mitarbeiter mit verwaltungswissenschaftlichen und umweltpolitischen Thematiken an der Universität Köln. Seit 1980 leitender Mitarbeiter am Institut für Stadtforschung Berlin. Veröffentlichungen zur Umsetzung umweltpolitischer Ziele.

Wollmann, Hellmut, geboren 1936, Dr.jur., Professor für Verwaltungswissenschaft am Zentralinstitut für sozialwissenschaftliche Forschung (ZI 6) der Freien Universität Berlin, Sarrazinstrasse 11–15, 1000 Berlin 41 und Gesellschafter des Instituts für Stadtforschung und Strukturpolitik GmbH, Schöneberger Ufer 65, 1000 Berlin 30.

CIP-Titelaufnahme der Deutschen Bibliothek

Hucke, Jochen:
Altlasten im Gewirr administrativer (Un-)Zuständigkeiten:
Analyse zweier Altlastenfälle in Berlin (West) / Jochen Hucke; Hellmut Wollmann. Unter Mitarb. von Torsten Hübler. – Basel; Boston; Berlin: Birkhäuser 1989
(Stadtforschung aktuell; Bd. 24)
ISBN 3-7643-2361-2
NE: Wollmann, Hellmut; GT

Printed in Germany
ISBN 3-7643-2361-2

Inhaltsverzeichnis

Vorwort

Der nachstehende Text geht auf eine Untersuchung zurück, die am IfS Institut für Stadtforschung und Strukturpolitik, Berlin, im Auftrag der vom Berliner Abgeordnetenhaus eingesetzten Enquête-Kommission "Bodenverschmutzungen, Bodennutzung und Bodenschutz" durchgeführt wurde.

Der Untersuchungsauftrag wurde durch die zwei Altlastenfälle ausgelöst, die in Berlin - und über Berlin hinaus - als die Fälle "Pintsch" und "Kalisch" Aufmerksamkeit erregten. In beiden Fällen ging es um Firmen, die jahrelang die Verarbeitung und die Beseitigung von Industrieabfällen, insbesondere von Altölen und Lösungsmitteln, betrieben und hierbei, wie sich zeigte, ihre Betriebsgrundstücke in einem Ausmaß verunreinigt hatten, das durchgreifende, für das Land Berlin sehr kostspielige Sanierungsmaßnahmen auf den Betriebsgeländen der inzwischen liquidierten Unternehmen erforderlich machte. In den Beratungen der Enquête-Kommission wurde die Frage aufgeworfen, wie es überhaupt möglich war, daß die Unternehmen ihre Grundstücke über Jahre hinweg unbemerkt und ungehindert verschmutzen konnten. Dabei interessierte sich die Kommission vor allem für die Frage, inwieweit die Entstehung der Altlastenfälle auf unzulängliche rechtliche Regelungen ('Regelungsdefizite') und insbesondere auf Unzulänglichkeiten der Berliner Verwaltung ('Vollzugsdefizite') zurückzuführen war.

Der von der Kommission formulierte Auftrag einer 'Schwachstellenanalyse' zielte denn auch in erster Linie darauf, Mängel im bestehenden Verwaltungsaufbau und -vollzug aufzudecken und zu diesem Zwecke die Vorgänge um die beiden Firmen bis in die 60er Jahre zurück empirisch aufzuhellen. Ferner war dem Gutachten die Aufgabe gestellt, aus den empirischen Befunden Schlußfolgerungen zu ziehen und Empfehlungen insbesondere für Veränderungen und Reformen in dem für dieses Handlungsfeld zuständigen Verwaltungsbereich zu formulieren.

Die Untersuchung wurde in der zweiten Hälfte des Jahres 1987 empirisch durchgeführt. Sie wurde entscheidend dadurch gefördert, daß sich die Senats- und Bezirksstellen durchweg bereit fanden, den Untersuchungsauftrag des Abgeordnetenhauses durch umfassende Akteneinsicht und durch Interviews zu ermöglichen. Allen denjenigen, die uns bei unseren Erhebungen unterstützten, sei auf diesem Wege noch einmal gedankt.

Der Bericht wurde - zusammen mit den anderen, im Zusammenhang mit der Enquête-Kommission vergebenen Gutachten - vom Abgeordnetenhaus als Anlage zum Schlußbericht der Enquête-Kommission (Abgeordnetenhaus-Drucksache 10/2495 vom 18.11.1988) veröffentlicht.

Über weite Strecken spannend 'wie ein Krimi' zu lesen, zeichneten die Fallstudien detailliert nach, wie sich die beiden schwerwiegenden Altlastenfälle über die Jahre entwickelten und welchen Anteil daran Mängel im Verwaltungsvollzug, insbesondere unübersichtliche und teilweise ungeklärte Verwaltungszuständigkeiten zwischen Senats- und Bezirksebene, unzureichende personelle und finanzielle Ausstattung, aber auch unzulängliche Handlungsstrategien und -weisen der zuständigen Verwaltungsstellen, hatten.

Über die West-Berliner Gegebenheiten und Besonderheiten hinaus geben die beiden Fallstudien einen faszinierenden - und aufgrund der verfügbar gemachten Informationsquellen ungewöhnlich eindringlichen - Einblick in die 'Innenwelt' der öffentlichen Verwaltung. Vor allem dieser durchaus exemplarische Charakter der Untersuchung bewog uns, ihren empirischen Teil in der vorliegenden Buchform zu veröffentlichen.

Angesichts dessen, daß die hier behandelten zwei Altlastfälle in Berlin - und darüber hinaus - von einer breiten publizistischen und politischen Öffentlichkeit diskutiert worden sind und hierbei auch die beteiligten Unternehmen und Unternehmer namentlich bekannt wurden, glauben wir, wie schon im ursprünglichen Gutachten auch in dessen Buchveröffentlichung von einer Anonymisierung absehen zu dürfen.

Für seine Mitarbeit an der Studie haben wir cand.jur. **Torsten Hübler** zu danken, der auch die Übersicht über die rechtlichen Regelungen (Kapitel 2.1 bis 2.5) beigesteuert hat.

Dem IfS sei für die technische und finanzielle Unterstützung der vorliegenden Buchveröffentlichung gedankt.

Berlin, April 1989 Die Verfasser

0. Einleitung

0.1 Altlasten in der Bundesrepublik Deutschland

Das Thema 'Altlasten' beschäftigt seit Anfang der 80er Jahre die Umweltschutz-Diskussion in der Bundesrepublik Deutschland. Ende der 70er Jahre sorgten einige spektakuläre Fälle, wie Kampfstoffunde auf dem Gelände der chemischen Fabrik Stoltzenburg, Dioxin-Funde auf der Deponie Georgswerder, die Schließung des Boehringer-Werkes in Hamburg oder der Niedersächsischen Sondermülldeponien Hoheneggelsen und Münchehagen, für hohe öffentliche Aufmerksamkeit.

Bund und Länder entdeckten nicht zuletzt aufgrund der Altlastenfälle den Boden als das vom Umweltschutz bisher vernachlässigte 'Dritte Umweltmedium'. Ende 1982/Anfang 1983 wurden zum einen auf Bundes- und Bund/Länder-Ebene interministerielle Arbeitsgruppen gebildet, die die Bodenschutzproblematik insgesamt aufarbeiteten (BfLR 1985). Aufgrund dieser Vorarbeiten wurden Anfang 1985 die Bodenschutzkonzeption der Bundesregierung sowie Ende 1987 Maßnahmen der Bundesregierung zum Bodenschutz vorgelegt. Die Bundesländer arbeiteten eigene Programme und Maßnahmen zum Bodenschutz aus.

Zum andern ergriffen die Bundesländer Initiativen zur mehr oder minder systematischen Erfassung von Altlastenverdachtsflächen. Diese zeigten sehr bald, daß sich Altlastenprobleme nicht auf wenige Einzelfälle beschränken, sondern auch ein nahezu flächendeckendes Phänomen darstellen. Inzwischen sind - bei unterschiedlichem Stand der Erfassung in den einzelnen Bundesländern - in der Bundesrepublik Deutschland rund 42.000 Verdachtsflächen erfaßt. Mit insgesamt 50.000 bis 80.000 Verdachtsflächen wird gerechnet (Umweltbundesamt 1989).

Altlasten können auf einem breiten Spektrum unterschiedlicher Ursachen beruhen. Die auf die Bund/Länder-Arbeitsgruppe "Bodenschutzprogramm" zurückgehende Unterscheidung zwischen
- Altstandorten früherer, industrieller und gewerblicher Pro-

duktion,
- Altablagerungen von Abfällen und produktionsspezifischen Rückständen,
- kontaminierten Standorten durch Zerstörung industrieller Produktionsanlagen und industriell genutzter Transportmittel infolge von Kriegseinwirkungen,
- großflächigen Bodenbelastungen infolge der Aufbringung belasteter Klärschlämme, Deposition von Luftschadstoffen usw.

hat inzwischen allgemeine Verbreitung gefunden.

Auch ist strikt zwischen dem Altlastenverdacht und dem tatsächlichen Vorhandensein von Bodenkontaminationen zu unterscheiden. Erst eine überschlägige Gefährdungsabschätzung sowie gegebenenfalls eine genauere Untersuchung des Standortes kann Auskunft über Art und Ausmaß der Bodenbelastungen liefern. Nicht jede Verdachtsfläche erweist sich letztlich als tatsächlich belastet. Selbst dann, wenn eine Bodenkontamination festgestellt worden ist, sind anhand von Gefährdungsabschätzungen Abwägungen zu treffen, ob lediglich eine weitere Beobachtung und Sicherung des Standortes oder aber eine Altlastensanierung erforderlich ist.

Dennoch bleibt die Tatsache, daß für die Altlastensuche-, -überwachung und -sanierung in den kommenden Jahren voraussichtlich erhebliche Mittel aufgewandt werden müssen. Auf der Grundlage der 1985 geschätzten Zahl von 35.000 kontaminierten Standorten rechnete Franzius (1986) mit Gesamtkosten von 17 Mrd. DM für die Untersuchung, Bewertung, Sanierung und Überwachung. Erfahrungen in Nordrhein-Westfalen (1987) "lassen vermuten, daß sich diese Einschätzung eher im unteren Bereich der zu erwartenden Gesamtkosten bewegen dürfte." Auch eine im Auftrag des Umweltbundesamtes vom Deutschen Institut für Urbanistik durchgeführte Kommunalumfrage zu "Altlasten in der kommunalen Praxis" kommt zu höheren Schätzungen. Hierfür ist nicht zuletzt die Tatsache verantwortlich, daß eine Reihe von Altlastenverdachtsflächen in vielen Städten - u.a. auch dank des in der Vergangenheit recht sorglosen Umgangs der kommunalen Planung mit der Neuausweisung von Wohnbauflächen auf kontaminierten Standorten, so etwa in Bielefeld-Brake oder Dortmund-Dorstfeld - heute bereits wieder überbaut sind. Die Altlastensuche und gegebenenfalls Sanierung dürfte hier wegen erforderlicher Verlagerung der Bebauung erhebliche Kosten verursachen.

Das Auftreten von Altlasten wirft unter politik- und verwaltungswissenschaftlichen Gesichtspunkten sowohl die Frage nach deren politischen und administrativen Ursachen als auch die Frage nach Problemlösungsalternativen auf. Da im Rahmen dieser Studie insbesondere die Ursachenfrage anhand von zwei Beispielsfällen detailliert abgehandelt wird, sei der Vollständigkeit halber einleitend kurz auf die offenen Fragen der politischen Lösung von Altlastenproblemen eingegangen.

0.2 Offene Fragen bei der Lösung von Altlastenproblemen

Trotz Bodenschutzkonzeption, Maßnahmen zum Bodenschutz und Altlastensanierungsprogrammen verschiedener Bundesländer sind wesentliche Grundsatzfragen bei der Lösung von Altlastenproblemen nach wie vor offen. Diese betreffen insbesondere
- die Haftungsfrage für Altlasten,
- die Finanzierung der Altlastensanierung,
- die Festlegung von Grenz- und Zielwerten für die Sanierungsdurchführung.

0.2.1 Haftungsfragen

0.2.1.1 Verursacherprinzip

Die Frage, wer die Schadensersatz- und Sanierungskosten zu tragen hat, ist in der Bundesrepublik Deutschland bisher unbefriedigend gelöst. Prinzipiell gilt auch für die Finanzierung der Altlastensanierung das Verursacherprinzip. Dieses ist jedoch bisher nicht in spezielle rechtliche Regelungen für die Altlastensanierung umgesetzt worden. Vielmehr muß auf unterschiedliche bestehende Rechtsprinzipien und Rechtsvorschriften zurückgegriffen werden, die teilweise sehr lückenhaft sind.

Wichtigste Rechtsgrundlage ist derzeit das allgemeine Polizei- und Ordnungsrecht der Bundesländer (vgl. Papier 1985). Danach können die Ordnungsbehörden dann, wenn von einer Altlast eine konkrete Gefahr für die öffentliche Sicherheit und Ordnung (Gesundheits-, Eigentums-, Wassergefährdung) ausgeht, Gefahrenabwehrmaßnahmen anordnen. Die Anordnung kann sich zum einen an den Verursacher der Bodenbelastung ("Handlungsstörer"), zum andern aber auch an den Eigentümer des betreffenden Grundstücks richten, der als Verantwortlicher für den Zustand seines Eigentums ("Zustandsstörer") angesehen wird. Weiterhin kann die Behörde bei Gefahr im Verzug selbst im Wege der "Ersatzvornahme" zur Gefahrenbeseitigung tätig werden und die Maßnahmenkosten später vom Handlungs- oder Zustandsstörer zurückverlangen.

Diese zunächst scheinbar konsequente polizeirechtliche Haftungsregelung nach dem Verursacherprinzip weist jedoch in der Praxis erhebliche Lücken und Engpässe auf.

0.2.1.2 Dilemmasituation beim Gefahrennachweis

Das Polizeirecht kann nur dann angewandt werden, wenn die Bodenkontamination tatsächlich als Gefahr einzustufen ist. In der Vergangenheit haben Gerichte häufig ordnungsbehördliche Anordnungen außer Kraft gesetzt, weil ihnen das Gefahrenmoment nicht hinreichend begründet erschien. Falls nicht bereits schon erhebliche Bodenbelastungen (z.B. hohe Schwermetallwerte auf dem Boden von Nachbargrundstücken, Grenzwertüberschreitungen bei Trinkwasserbrunnen oder Grundwassermeßstellen) mit einfachen Mitteln der Probenahme erkennbar sind, wird der Nachweis des tatsächlichen Ausmaßes und damit der Gefährlichkeit der Bodenverunreinigung jedoch zumeist nur durch kostspielige Bohrungs- und Analyseprogramme geführt werden können. Erkennt das Gericht die Gefährlichkeit nicht an, so muß die Behörde das Untersuchungsprogramm aus eigenen Mitteln finanzieren.[1]

In der Vergangenheit standen diese Gelder meist nicht zur Verfügung. Sollen zudem Untersuchungen auf dem kontaminierten Gelände selbst durchgeführt werden, so stellt sich u.U. erneut die Frage, ob die Gerichte dies für zulässig erklären. Führt nämlich das Bohrprogramm zu Betriebsbeschränkungen, so ist eine Abwägung zwischen der Sicherstellung des Betriebsablaufs und dem öffentlichen Interesse an der Altlastensuche vorzunehmen, die gegebenenfalls im Sinne des Art. 14 Abs. 1 zugunsten der Betriebsinteressen ausfallen kann. Für beide Problemkreise liefern die hier untersuchten Fallstudien eine Reihe anschaulicher Beispiele.

Insgesamt ist somit zu fordern, daß in einer gesetzlichen Regelung des Rechts der Altlastensanierung auch behördliche Betretungs- und Probenahmerechte sowie betriebliche Sicherheitsleistungen definiert werden, deren Mittel von den Behörden im Falle eines hinreichenden Anfangsverdachts auf Bodenkontamination zur Altlastensuche und -bewertung eingesetzt werden können. Erste Ansätze für derartige Sicherheitsleistungen des Betreibers sind inzwischen in einer derzeit im Gesetzgebungsverfahren befindlichen Novelle des Bundes-Immissionsschutzgesetzes formuliert, die u.a. Pflichten des Betreibers genehmigungsbedürftiger Anlagen nach Stillegung der Anlage regeln soll.

0.2.1.3 Beschränkung auf die Gefahrenabwehr

Aufgrund des Polizeirechts können nur solche Maßnahmen angeordnet werden, die der unmittelbaren Gefahrenabwehr dienen. Der Gefahrenabwehr ist u.U. schon dadurch Genüge getan, daß durch

---

1 Papier (1985, S. 32) formuliert hierzu: "Nach anerkannter Auffassung schließt der Begriff der Polizeigefahr auch den durch Tatsachen erhärteten Gefahrenverdacht ein. Die daraus resultierenden Eingriffsbefugnisse der zuständigen Behörde umschließen aber nicht das Recht, dem Verantwortlichen durch Ordnungsverfügung die eigentliche Sachverhaltsaufklärung aufzugeben. Die Behörde hat nämlich den Sachverhalt von Amts wegen zu ermitteln (§ 24 Abs. 1 VwVfG)."

Oberflächenversiegelung (Anlage eines Parkplatzes auf der Altlast) oder durch 'Abwehrbrunnen', die die Grundwasserfließrichtung verändern, der weitere Schadstoffaustritt aus der Altlast vermindert oder verzögert wird. Darüber hinausgehende Maßnahmen der Bodensanierung werden durch den polizeirechtlichen Gefahrenabwehrbegriff nicht gedeckt. Zu ihren Kosten können Handlungs- oder Zustandsstörer nach dem Polizeirecht nicht herangezogen werden. Das künftige Recht der Altlastensanierung muß deshalb so gestaltet werden, daß der Sanierungsbegriff nicht nur Gefahrenabwehrmaßnahmen einschließt. Hierzu sind entsprechende Sanierungsziele - z.B. in Form von 'vorsorgeorientierten' Grenzwerten über zulässige Restverschmutzungswerte in sanierten Böden - zu entwickeln. In der Bundesrepublik Deutschland sind diese Grenzwerte bisher noch nicht festgesetzt. Vielfach behelfen sich die Behörden deshalb mit Standards, die aus anderen Rechtsvorschriften - etwa den Schwermetall-Bodengrenzwerten der Klärschlammverordnung - oder aus der in den Niederlanden entwickelten "holländischen Liste" abgeleitet sind (Kloke 1984).

0.2.1.4 Problematik der Ermittlung des Handlungsstörers

Wie die Fallbeispiele eindrucksvoll zeigen, ist es insbesondere bei alten Gewerbe- und Industriegrundstücken oft nicht mehr möglich, den Handlungsstörer eindeutig zu identifizieren. Vielfach waren mehrere Firmen gleichzeitig auf dem Grundstück ansässig oder haben während der Jahrzehnte die Nutzer oder deren Rechtsformen gewechselt. Um die Altlastenermittlung auf noch genutzten Industrie- und Gewerbegrundstücken zu beschleunigen und künftig dem Entstehen von 'Neulasten' vorzubeugen, empfehlen sich verbindliche gesetzliche Vorgaben über die Häufigkeit regelmäßiger behördlicher Betriebsbesichtigungen.

0.2.1.5 Problematik firmenrechtlicher Haftungsbegrenzung des Handlungsstörers

Nicht nur die Fallstudien, sondern auch andere prominente Beispiele - so etwa der Konkurs der von der niedersächsischen Landesregierung als Betreiberfirma der Sondermülldeponie Münchehagen eingesetzten Tochterfirma eines deutschen Großunternehmens - belegen, ist es den potentiellen Verursachern von Bodenkontaminationen derzeit leicht möglich, durch entsprechende Verschachtelungen des Firmeneigentums das Haftungsrisiko auf rechtlich selbständige Tochterunternehmen auszulagern, die nur mit einem geringen Eigenkapital ausgestattet sind und bei Eintreten des Haftungsfalls in Konkurs gehen. Der Versuch, die Mutterfirma zur Haftung heranzuziehen, wird von den Behörden wegen begrenzter eigener rechtlicher Erfahrungen sowie aufgrund des hohen Aufwandes jahrelanger gerichtlicher Auseinandersetzungen meist gescheut. Bei der künftigen Ausgestaltung des Rechts der Altlastensanierung ist deshalb sicherzustellen, daß ständig genügend Mittel zur Deckung möglicher Schadensfälle bereit stehen. Prinzipiell sind drei miteinander kombinierbare Varianten denkbar:

- Sicherheitsleistungen potentieller Verursacher von Bodenbelastungen,
- gesetzlich geregelte Haftpflichtversicherung potentieller Verursacher von Bodenbelastungen,
- Beteiligung der nach bestimmten Kriterien abzugrenzenden potentiellen Verursacher von Bodenbelastungen an einem Haftpflichtfonds.

Eine bundesrechtliche Regelung des Umwelthaftungsrechts soll noch in der laufenden Legislaturperiode in Angriff genommen werden.

0.2.1.6 Problematik des Rückgriffs auf den Zustandsstörer

Das Polizeirecht sieht eine umfassende Haftung des Grundeigentümers für den Zustand seines Grundstücks vor. Diesem wird gegebenenfalls sogar eine 'Opferposition' zugemutet. Da Grundeigentumsverhältnisse zumeist eindeutig sind, ist der Rückgriff auf den Zustandsstörer letztlich einfacher als die Ermittlung des Handlungsstörers. Allerdings ergeben sich auch hier häufig Schwierigkeiten, einen Haftungsanspruch tatsächlich zu monetarisieren, wenn die Höhe der Schadens den Wert des Eigentümervermögens übersteigt, zumal das kontaminierte Grundstück selbst erheblich im Wert gemindert sein dürfte. Darüber hinaus stellt sich in bestimmten Fällen - etwa dann, wenn auf einer Altlast eine Wohnsiedlung errichtet worden ist - die Frage, womit es sich rechtfertigen läßt, die Grunderwerber, deren Eigentum ohnehin erheblich entwertet worden ist, nunmehr auch noch als Zustandsstörer selbst für einen Schaden haftbar machen zu wollen, den sie nicht verursacht haben. Hier ist ebenfalls eine rechtliche Regelung zur Differenzierung der Zustandsstörerhaftung erforderlich. Diese könnte z.B. darin bestehen, daß bei jedem Grundeigentümerwechsel eine Altlastenuntersuchung vorzunehmen ist. Entsprechende Klauseln finden bereits jetzt zunehmend in privatrechtliche Grundstückskaufverträge Eingang.

Auch bei Altlasten, die nachweislich erst in jüngerer Zeit entstanden sind, verbessert sich die derzeitige Rechtslage nur unwesentlich. So läßt sich z.B. auf Abfallbeseitigungsanlagen, die noch nach dem Inkrafttreten des Abfallbeseitigungsgesetzes 1972 betrieben bzw. stillgelegt wurden, eine Pflicht zur Rekultivierung sowie zum Ergreifen sonstiger Vorkehrungen herleiten, die erforderlich sind, Beeinträchtigungen des Allgemeinwohls zu vermeiden (§ 10 AbfG). Ebenso lassen sich Vorschriften des Wasserhaushaltsgesetzes zur Gewässerbenutzung und zur Unterlassung schädlicher Gewässerverunreinigungen auf Altlasten anwenden, die nach Inkrafttreten des Wasserhaushaltsgesetzes 1960 entstanden sind. In beiden Fällen ist die Anordnung von Sanierungsmaßnahmen eingeschlossen, welche über die reine Gefahrenabwehr hinausgehen. Auch hier stellt sich jedoch immer noch die

Frage, ob es im Schadensfall tatsächlich gelingt, vom Verursacher die erforderlichen Mittel tatsächlich zu erhalten.

0.2.2 Finanzierung der Altlastensanierung

0.2.2.1 Bisherige Ansätze zu einer bundeseinheitlichen Finanzierungsregelung

Aufgrund der genannten Engpässe in der Haftungsfrage ist letztlich davon auszugehen, daß für Altlastensuche, -bewertung und -sanierung das Verursacherprinzip in vielen Fällen durchbrochen und durch das Gemeinlastprinzip ersetzt werden muß, weil es aus verschiedenen Gründen nicht gelingt, den Verursacher ausfindig zu machen bzw. Handlungs- und/oder Zustandsstörer in voller Höhe zu den Kosten heranzuziehen. Die einfachste Form des Rückgriffs auf das Gemeinlastprinzip ist die Finanzierung der Altlastensanierung aus allgemeinen Haushaltsmitteln. Dies wurde auch bisher weitgehend praktiziert, solange man davon ausgehen konnte, daß durch Zufall - etwa bei Erdaushubarbeiten für Neubauvorhaben - entdeckte Altlasten Einzelfälle seien.

Je mehr jedoch die Anzahl der Altlastenfälle zunimmt und die Erforderlichkeit systematischer Altlastensuchprogramme deutlicher wird, desto stärker wird auch erkannt, daß die Kosten der Altlastensanierung nicht aus laufenden Haushaltsmitteln zu finanzieren sein werden. Diese Problematik wird noch dadurch verschärft, daß Altlastenfälle nicht gleichmäßig über die Bundesrepublik Deutschland verteilt sind. Ein besonders hoher Anteil von Altlasten ist vielmehr in den 'altindustrialisierten' Regionen (Ruhrgebiet, Saarland, sonstige alte Industriestädte, wie etwa Berlin, Hamburg, Hannover und deren Umland) zu erwarten. Diese Regionen bleiben derzeit aufgrund ihrer überkommenen Industriestruktur bei der Wirtschaftsentwicklung deutlich hinter den überwiegend im süddeutschen Raum liegenden wachstumsstarken Regionen zurück. Um dieses Süd-Nord-Gefälle nicht noch weiter zu verschärfen, sind in den altindustrialisierten Regionen Altlastensanierungsmaßnahmen vordringlich, da diese - neben der Verbesserung der örtlichen und regionalen Umweltqualität- u.a. Flächen für die Neuansiedlung von 'Zukunftsindustrien' schaffen würden. Aufgrund ihrer Wachstumsschwäche sowie des hohen Anteils der Folgekosten der Arbeitslosigkeit in den öffentlichen Haushalten sind die altindustrialisierten Regionen selbst am wenigsten in der Lage, die zur Altlastensanierung erforderlichen Mittel aufzubringen. Hiermit stellt sich letztlich für den Bund die Aufgabe, gestützt auf seine Verantwortung für die Wahrung der Einheitlichkeit der Lebensverhältnisse nach Art. 72 Abs. 2 des Grundgesetzes bei der Finanzierung der Altlastensanierung kompensierend tätig zu werden.

Bisher hat der Bund jedoch eine entsprechende Initiative zur Übernahme der Finanzierungsverantwortung abgelehnt (Brandt, Wagner 1987, Brandt, Lange 1987). Die vom Bundeskabinett im Dezember 1987 beschlossenen Maßnahmen zum Bodenschutz sehen vielmehr lediglich als "Maßnahmenvorschlag mit weiterem Erörterungsbedarf" die "Schaffung der rechtlichen, organisatorischen und finanziellen Voraussetzungen durch die Länder für Hilfen zur Sanierung von Altlasten in Fällen, in denen der Verursacher nicht mehr heranzuziehen oder nicht bekannt ist", vor.

Darüber hinaus erfolgt eine Förderung der Altlastensanierung durch den Bund bisher nur in Einzelfällen, etwa im Rahmen von Modellvorhaben verschiedener Bundesressorts (BMFT, BMBau, BMU), bei denen neuartige Altlastensuch- und -sanierungsverfahren erprobt werden. Zunehmende praktische Bedeutung als Finanzierungsinstrument der Altlastensanierung mit finanzieller Beteiligung des Bundes wird zudem die Städtebauförderung erlangen. Nach den Regelungen des Baugesetzbuchs (§§ 136ff) kann das Vorliegen von "Einwirkungen, die von Grundstücken, Betrieben, Einrichtungen oder Verkehrsanlagen ausgehen, insbesondere Lärm, Verunreinigungen und Erschütterungen" in einem städtischen oder ländlichen Gebiet einen städtebaulichen Mißstand darstellen, der durch städtebauliche Sanierungsmaßnahmen wesentlich verbessert werden kann. Zur Feststellung und Bewertung solcher Mißstände ist i.d.R. eine vorbereitende Untersuchung durchzuführen, deren Ergebnisse gegebenenfalls in die satzungsmäßige

Festlegung eines Sanierungsgebiets einmünden. Innerhalb des Sanierungsgebiets werden durch die Gemeinde, den von ihr beauftragten Sanierungsträger oder die Eigentümer Ordnungs- und Baumaßnahmen durchgeführt, zu denen u.a. Bodenordnung und Grunderwerb, die Freilegung von Grundstücken, Betriebsverlagerungen und die Bebauung zählen. Nach dem bisherigen Recht des nunmehr in das Baugesetzbuch integrierten Städtebauförderungsgesetzes wurden die Kosten städtebaulicher Sanierungsmaßnahmen, die nicht von den Eigentümern selbst, durch sonstige Förderprogramme oder durch Ausgleichszahlungen der Eigentümer für sanierungsbedingte Wertsteigerungen aufgebracht wurden, zu je einem Drittel von Bund, Land und Gemeinde getragen. Im Baugesetzbuch sind diese Finanzierungsregelungen aufgrund von Bestrebungen, die 'Mischfinanzierung' gemeinsamer Bund-Länder-Programme abzubauen, nur noch als Übergangsvorschriften (§ 245 Abs. 11 BauGB) enthalten. Entgegen der zunächst betonten Programmatik des Abbaus der Mischfinanzierung sind jedoch zwischenzeitlich die Bundesmittel für die Städtebauförderung nicht zurückgenommen, sondern beträchtlich aufgestockt worden. In welchem Umfang sich der Bund hierdurch faktisch zu einem Drittel an der Finanzierung von Altlastensanierungsmaßnahmen beteiligt, kann im einzelnen nicht beziffert werden, da es sich bei städtebaulichen Sanierungsmaßnahmen, wie erläutert, um komplexe Maßnahmenpakete handelt, bei denen die Altlastensanierung gegebenenfalls einen Baustein zur Aufwertung innergemeindlicher Gebiete mit städtebaulichen Mißständen bildet.

0.2.2.2 Altlastensanierungsprogramme: 'Superfund' der USA

Vorbild für Diskussionen um spezielle Altlastensanierungsprogramme auf Bundes- oder Landesebene in der Bundesrepublik Deutschland sind nach wie vor die in den USA 1980 eingeführten Regelungen des "umfassenden Gesetzes über Reaktion, Schadensausgleich und Haftung bei Umweltschäden" (CERCLA) (Wicke 1985, Müller 1985). Das Gesetz etabliert ein nationales Erfassungszentrum für toxische Substanzen und Krankheiten, das neben dem Aufbau von Stoff- und Wirkungsdateien auch kontaminierte Flächen erfaßt. Der Präsident der USA bzw. das von ihm beauftragte Umweltbundesamt (EPA) haben die Kompetenz, bei unmittelbarer Gefährdung direkt Notmaßnahmen anzuordnen. Kernstück des Gesetzes ist die Etablierung des sogenannten 'Superfund' (Hazardous Substance Response Trust Fund), mit dem die Sanierung der in einer nationalen Liste aufgeführten Altlasten (zunächst 400, inzwischen 950 Altlastenfälle; mit insgesamt 1.600 Fällen wird gerechnet) durchgeführt wird. Ein weiterer, finanziell schwächer ausgestatteter Fonds (Post-Closure-Liability Fund) sieht die Beseitigung von Gefährdungen vor, die trotz ordnungsgemäßem Betrieb von Abfallbeseitigungsanlagen unter Einhaltung der geltenden Richtlinien entstanden sein können. Die Finanzierung des Superfund erfolgt überwiegend aus Abgaben auf Produktion und Import von Rohöl sowie petrochemische und bestimmte anorganische Grundstoffe. Lediglich ein geringer Anteil des Fonds besteht aus Bundeszuschüssen. Der Post-Closure-Liability Fund wird vollständig aus Abgaben auf Sonderabfälle finanziert. Soweit Verursacher haftbar gemacht werden können, werden diese zur vollen Höhe der Sanierungskosten herangezogen, wenn ein schuldhaftes Verhalten vorliegt. Auch bei nichtschuldhaftem Verhalten ist eine Mitfinanzierung erforderlich, für die im Gesetz Ober- und Untergrenzen festgelegt sind.

Wichtig für die Superfund-Lösung ist weiterhin die Abwicklung der Altlastensanierung aufgrund eines vorherigen systematischen Untersuchungs-, Bewertungs- und Prioritätensetzungsverfahrens. Allerdings wird die Durchführung des Verfahrens derzeit kritisiert. So verweist das Büro für Technikfolgenabschätzung (OTA) darauf, daß

- nachdem ursprünglich nur solche Altlasten aus der Sanierung ausschieden, bei denen keine Gesundheitsgefährdung zu erwarten war, nunmehr seitens der EPA ein Prozentsatz von 30 - 40% der Altlasten vorgegeben wird, die aufgrund der Erstbewertung nicht saniert werden sollen,
- erhebliche Unterschiede in der Anwendung der Bewertungskriterien in den 10 EPA-Regionen bestehen,
- der Anteil der Bewertungskosten im Verhältnis zu den bisher aufgewandten Sanierungskosten als zu hoch erscheint,

- der Zeitbedarf für die Bewertungsstudien (durchschnittlich knapp 3 Jahre) zu lang ist, so daß bisher erst bei 80% der auf der ursprünglichen nationalen Liste enthaltenen Altlasten abschließende Entscheidungen getroffen werden konnten.

Trotz dieser Engpässe beim Vollzug und der insbesondere in der Anlaufphase des Superfund sehr heftigen Kritik an verschiedenen 'industrienahen' Entscheidungen, die letztlich zum Auswechseln des Management führten, kann heute davon gesprochen werden, daß das Instrumentarium der nationalen Altlastensanierung in den USA weitgehend akzeptiert ist. Dies zeigt sich u.a. daran, daß die zunächst auf fünf Jahre befristete CERCLA-Regelung weitergeführt wurde.

0.2.2.3 Regelungsansätze in der Bundesrepublik Deutschland

Geht man davon aus, daß bei der Altlastensanierung - sofern das Verursacherprinzip nicht zu vollziehen ist - nicht ausschließlich das Gemeinlastprinzip herangezogen werden sollte, so müssen bestimmte gesellschaftliche Gruppen mit zusätzlichen Abgaben belastet werden. Das Abgabenaufkommen wird zweckgebunden für die Altlastensanierung eingesetzt. Auch in der Bundesrepublik Deutschland ist - dem Vorbild des Superfund folgend - eine Vielzahl solcher Abgaben erörtert worden. Im Mittelpunkt stehen Steuern oder Sonderabgaben auf bestimmte Grundstoffe oder Produkte - insbesondere Produkte der chemischen Industrie - oder Reststoffe sowie Umlagen, die von bestimmten potentiellen Verursachergruppen - insbesondere von der chemischen Industrie und sonstigen Sonderabfallerzeugern - gezahlt werden sollen.

Neben der Erhöhung des Mittelaufkommens für die Altlastensanierung hätten Abgaben auf bestimmte umweltbelastende Stoffe zugleich den Vorzug, daß sich der Preis dieser Stoffe erhöht. Hierdurch können Marktreaktionen der Reduzierung von Absatzmengen sowie verbesserter Konkurrenzfähigkeit weniger umweltbelastender Alternativstoffe und -produkte ausgelöst werden. Gegen Abgabenlösungen auf Grundstoffe und Produkte wird jedoch insbesondere ins Feld geführt, daß sich die Konkurrenzfähigkeit der inländischen Wirtschaft beim Export der Produkte verteuert, sofern nicht auch die Nachbarstaaten - etwa im Rahmen einheitlicher EG-Regelungen - ähnliche Abgaben einführen. Inländische Abgaben auf Reststoffe könnten den Anreiz erhöhen, Sonderabfälle kostengünstiger im Ausland zu beseitigen. Darüber hinaus werden auch rechtssystematische Bedenken gegen die Abgabenlösung angeführt (vgl. Brandt, Wagner 1987). Insbesondere aufgrund von Widerständen der Industrie (z.B. Keune 1986) sowie wegen mangelnder Bereitschaft der Regierungskoalition zu einer Altlastenregelung auf Bundesebene sind entsprechende Gesetzesinitiativen der Oppositionsfraktionen und SPD-regierter Bundesländer bisher gescheitert.

Mangels einer Regelung auf Bundesebene ist die Altlastensanierung in der Bundesrepublik Deutschland zunächst eine Länderangelegenheit. Einzelne Bundesländer entwickeln gegenwärtig unterschiedliche Regelungsmodelle. Die Spannweite alternativer Lösungen wird derzeit am besten durch das Modell einer Finanzierungsregelung auf freiwilliger Vereinbarung, welches in Rheinland-Pfalz eingeführt ist, sowie das Modell einer Zweckverbands- und Abgabenlösung markiert, welche in Nordrhein-Westfalen etabliert werden soll.

Das rheinland-pfälzische Modell basiert vollständig auf dem umweltpolitischen Kooperationsprinzip. Aufgrund einer Vereinbarung mit dem Umweltminister erklärten sich die rheinland-pfälzischen Sonderabfallbesitzer Ende 1986 bereit, durch freiwillige Zuschläge auf die Sonderabfall-Entsorgungsgebühren bzw. im Falle des Betriebs eigener Sonderabfallbeseitigungsanlagen durch direkte Zahlungen in einem Vierjahreszeitraum 25 Mio. DM für die Sanierung von Altlasten bereitzustellen, bei denen der Verursacher nicht zu den Sanierungskosten herangezogen werden kann. Nicht eingeschlossen ist die Sanierung von Altstandorten. Ehemalige kommunale Abfallbeseitigungsanlagen können nur insoweit aus diesen Mitteln saniert werden, wie ein Altlastenproblem durch die Ablagerung von Sonderabfällen verursacht wurde. Die von der Wirtschaft freiwillig aufgebrachten Mittel sollen jeweils die Hälfte der Sanierungskosten abdecken, während die andere Hälfte der Kosten nach dem Gemeinlastprinzip aus Landesmitteln bestritten wird. Die Durchführungsaufgaben der Sanierung wurden der Gesellschaft zur Beseitigung von Sonderabfällen in Rheinland-Pfalz übertragen. Als Beschlußorgan über die Durchführung von Sanierungsmaßnahmen wurde eine Sanierungskommission eingerichtet, in der die Wirtschaft vertreten ist. Nach Auffassung des rheinland-pfälzischen Umweltministeriums (1986) "wird sichergestellt, daß die Wirtschaft ihr chemisches Fachwissen über die abgelagerten Stoffe ebenso in die Sanierungsaufgabe einbringt, wie den technischen Sachverstand für die Feststellung des Sanierungskonzeptes.".

Die Vorzüge des rheinland-pfälzischen Modells sind insbesondere darin zu sehen, daß durch die Wahl des Kooperationsprinzips pragmatisch und verhältnismäßig schnell eine erste Lösung zur Finanzierung der Altlastensanierung gefunden werden konnte, bei der nicht ausschließlich die öffentliche Hand die Kosten trägt. Da die Vereinbarung auf freiwilliger Grundlage getroffen wurde, stellt sich nicht die Frage, ob das gewählte Finanzierungsmodell rechtlich unbedenklich ist. Auch wird die öffentliche Hand von der Entscheidung darüber entlastet, nach welchen Kriterien der Anteil der einzelnen Firmen am Mittelaufkommen bemessen werden soll. Allerdings hat diese freiwillige Lösung auch Nachteile, die wiederum den Kompromißcharakter jeder Art von freiwilliger Vereinbarung als staatliches Handlungsinstrument deutlich machen. Zum einen fragt es sich, mit welcher Begründung die Hälfte der Sanierungskosten aus öffentlichen Mitteln bestritten werden soll. Andere Regelungen, so etwa der Superfund, sehen einen wesentlich geringeren Anteil der öffentlichen Hand vor. Zum zweiten erscheint es problematisch, daß die Unternehmen über die Sanierungskommission selbst wesentlich an der Prioritätensetzung für Sanierungsmaßnahmen mitwirken und damit letztlich in einem Feld tätig werden, das eindeutig als hoheitliche Aufgabe einzustufen ist. Ein dritter Kritikpunkt betrifft die Höhe des privaten Mittelaufkommens, welches zunächst als verhältnismäßig bescheiden anzusehen ist.

Das nordrhein-westfälische Modell sieht die Einführung einer Lizenz für die Berechtigung zur Behandlung und Ablagerung von Sonderabfällen vor. Die Lizenz wird nur gegen ein Entgelt vergeben. Das Aufkommen des Lizenzentgeltes soll für die Altlastensanierung zur Verfügung gestellt werden. Weiterhin ist die Bildung eines öffentlich-rechtlichen Verbandes zur Sonderabfall-Entsorgung und Altlastensanierung vorgesehen, dessen Mitglieder Entsorgungsunternehmen, Sonderabfallerzeuger und Betriebe, die ihren Sonderabfall in eigenen Anlagen entsorgen, sein können. Der Verband führt zum einen die Sonderabfallentsorgung durch. Zum andern fließen ihm für Maßnahmen der Altlastensanierung Mittel des Lizenzentgeltes zu.

Auch die nordrhein-westfälische Regelung vermeidet rechtliche Probleme, die sich aufgrund der Rechtsprechung des Bundesverfassungsgerichts aus einer Finanzierung der Altlastensanierung durch Sonderabgaben ergeben könnten (Brandt, Wagner 1987). Der Lösungsweg ist dabei das Lizenzentgelt. Anders als im rheinland-pfälzischen Kooperationsmodell wird mit dem Lizenzentgelt eine die meisten Sonderabfallerzeuger betreffende allgemeine Finanzierungsregelung getroffen, da die Lizenznehmer die entsprechenden Kosten auf ihre Preise bei der Sonderabfallbeseitigung umlegen werden. Problematisch ist daran jedoch, daß die Lizenzlösung für die Sonderabfallerzeuger den Charakter eines negativen fiskalischen Anreizes hat: Sofern sich durch das Lizenzentgelt die Kosten der Sonderabfallbeseitigung in Nordrhein-Westfalen deutlich erhöhen, kann es gegebenenfalls aus Unternehmenssicht wirtschaftlich sein, selbst größere Transportentfernungen in Kauf zu nehmen und den Sondermüll an anderen Standorten abzulagern. Das Modell fördert somit - aus der Sicht eines Landes, das von einer bundeseinheitlichen Regelung der Altlastensanierung profitieren würde, sicherlich nicht ungewollt - Tendenzen des 'Sondermülltourismus'. Teilweise wird dem zwar durch die geplante Gründung des Zweckverbandes entgegengewirkt, doch bleibt zunächst abzuwarten, wie sich beide Regelungen insgesamt auf die Kosten der Sondermüllbeseitigung und das Sondermüllaufkommen auswirken werden. Ebenso wird sich erst später zeigen, wieviele zusätzliche Mittel tatsächlich für die Altlastensanierung mobilisiert werden können. Insgesamt ist somit auch die nordrhein-westfälische Lösung als eine 'second best'-Strategie einzustufen, die weit hinter den Möglichkeiten zurückbleibt, die durch eine bundeseinheitliche Lösung in Anlehnung an das Modell des Superfund eröffnet werden könnten.

0.2.3 Sanierungsdurchführung

Weiterhin sei kurz erwähnt, daß neben der Finanzierungsproblematik auch rechtliche Durchführungsprobleme der Altlastensanierung offen sind. Solange keine spezielle Rechtsgrundlage für die Altlastensanierung existiert, stützen sich Sanierungsanordnungen auf das allgemeine Polizeirecht, das Wasser-, Abfall- und Immissionsschutzrecht. Daß dabei die Sanierungsziele jeweils einzelfallbezogen neu festgesetzt werden müssen, da es bisher an verbindlichen Grenzwerten für eine tolerable Restbelastung des Bodens fehlt, ist bereits erwähnt worden. Hinzu kommt jedoch auch eine verfahrensrechtliche Problematik: In der Regel beseitigt eine Bodensanierungsmaßnahme nämlich nicht nur die Bodenkontamination. Sie schafft vielmehr vorübergehend höhere Gefährdungen, indem z.B. durch Bodenaushubmaßnahmen im Boden enthaltene Belastungsherde freigelegt werden, bei Aushub und Transport kontaminierter Böden Stäube entstehen oder beim Betrieb von Bodenreinigungsanlagen Partikelemissionen in die Luft oder das Abwasser freigesetzt werden.

Für die Durchführung von Sanierungsmaßnahmen selbst müssen somit geeignete Immissions-, Gewässerschutz und Reststoffbeseitigungsvorkehrungen festgesetzt werden. Das geeignete Rechtsinstrument hierzu wären entsprechende Genehmigungsverfahren, wie sie z.B. durch das Verfahren nach Bundes-Immissionsschutzgesetz zur Verfügung stehen. Bestandteil des förmlichen Genehmigungsverfahrens nach Bundes-Immissionsschutzgesetz ist eine Öffentlichkeitsbeteiligung, in der jedermann Gelegenheit hat, Anregungen und Bedenken hinsichtlich der Durchführung des Vorhabens vorzubringen. Die Öffentlichkeitsbeteiligung ist somit ein wesentliches Rechtsschutzinstrument. Gerade im Bereich der Altlastensanierung, die häufig in 'Gemengelagen' erfolgt, bei denen das zu sanierende Grundstück in unmittelbarer Nachbarschaft zur Wohnbebauung liegt, ist dieser Rechtsschutz vordringlich.

Bisher wird dies jedoch in der Regel zum einen dadurch umgangen, daß die Sanierungsanordnung ohne ein förmliches Verwaltungsverfahren Sanierungsmaßnahmen festlegt. Zum andern werden bestimmte Anlagen zur Bodensanierung, die faktisch genehmigungsbedürftige Anlagen im Sinne des Bundes-Immissionsschutzgesetzes sind, häufig als 'Versuchsanlagen' klassifiziert, für die kein förmliches Genehmigungsverfahren erforderlich ist. Diese Situation ist wegen der mit der Bodensanierung zumeist verbundenen Gefährdung für die Nachbarschaft rechtlich nicht tragfähig. Es bietet sich vielmehr an, ein spezielles Genehmigungsverfahren für Bodensanierungsmaßnahmen einzuführen. Dieses sollte zum einen die Verfahrensanforderungen erfüllen, die nach der EG-Richtlinie über die Umweltverträglichkeitsprüfung bei bestimmten öffentlichen und privaten Vorhaben hinsichtlich der Öffentlichkeitsbeteiligung und der umfassenden Berücksichtigung sämtlicher Umweltauswirkungen verlangt werden. Zum andern sollte das Ergebnis des Genehmigungsverfahrens die Festlegung verbindlicher Grenzwerte für die während der Sanierung zulässigen Emissionen sowie für die nach Abschluß tolerierbare Restbelastung des Bodens sein.

0.3 Vorbemerkung zu den Fallstudien

0.3.1 Auftrag der Enquête-Kommission des Berliner Abgeordnetenhauses

Die hier veröffentlichten Fallstudien zu den Altlastenfällen Pintsch und Kalisch sind dank der Initiative der Enquête-Kommission "Bodenverschmutzung, Bodennutzung und Bodenschutz" des Abgeordnetenhauses von Berlin zustande gekommen. Im Rahmen ihrer Arbeiten hat sich die Enquête-Kommission auch der Problematik von Vollzugs- und Regelungsdefiziten beim Bodenschutz gewidmet und diese durch das IfS Institut für Stadtforschung und Strukturpolitik GmbH, Berlin, anhand zweier Fallbeispiele näher untersuchen lassen. Die Fallstudien wurden zusammen mit anderen von der Enquête-Kommission in Auftrag gegebenen Untersuchungen als Anlage zum Schlußbericht der Kommission erstmals veröffentlicht (Abgeordnetenhaus von Berlin 1988).

Für die erneute Veröffentlichung in Buchform wurde der Text des Gutachtens vollständig übernommen. Lediglich das Schlußkapitel wurde gestrichen, da es spezielle Handlungsempfehlungen zu Verwaltungsorganisation und -verfahren enthält, die ausschließlich für den Berliner Kontext von Interesse und verständlich sind.

0.3.2 Bezüge zur Implementationsforschung

Eine erneute Veröffentlichung der Fallstudien in Buchform erschien insbesondere deshalb von Interesse, weil hierdurch das ansonsten in der Bundesrepublik Deutschland immer noch recht spärliche empirische Anschauungsmaterial zum Gesetzesvollzug durch die öffentliche Verwaltung sowie zur Konfliktregelung zwischen öffentlicher Verwaltung und privaten Unternehmen um zwei vergleichsweise detailliert beschriebene Fälle bereichert werden kann.

Seit Mitte der siebziger Jahre ist die Implementationsforschung - zunächst in den USA und dann mit der gebührenden zeitlichen Verzögerung auch in der Bundesrepublik Deutschland - zu einem der zentralen Themen der Policy- und Verwaltungsforschung geworden. Insbesondere der Deutschen Forschungsgemeinschaft, die einen Forschungsverbund "Implementation politischer Programme" gefördert hat, ist es zu verdanken, daß inzwischen eine Reihe von Sammelbänden und eine Vielzahl von Einzelstudien zur Implementationsforschung vorliegt (siehe insbesondere Mayntz 1980, 1983, Wollmann 1979).

Auch hat gerade der Vollzug des Umweltschutzes die Implementationsforschung von Anfang an besonders beschäftigt. In diesem Bereich wurde nicht nur der Begriff des "Vollzugsdefizits" geprägt. Hier entstanden auch für die weitere Implementationsforschung wichtige Einzelstudien wie die Untersuchungen von Winter (1975), Mayntz et al. (1978), Hucke, Müller, Wassen (1980), Bohne (1981) und Knöpfel, Weidner (1984). Von wenigen Ausnahmen abgesehen, mußten sich diese Untersuchungen jedoch vorwiegend auf Methoden von Interviews und bestenfalls Dokumentenanalysen stützen. Detaillierte Fallstudien, die insbesondere geeignet gewesen wären, die in den mit anderen Methoden herausgearbeiteten 'Handlungsstrategien' von Behörden und Adressaten umweltpolitischer Regulierungen im Detail zu untersuchen, waren dagegen nur in wenigen Fällen möglich. So beschäftigte sich etwa Damkowski (1985) am Beispiel des Falles Boehringer erstmals auch speziell mit Altlastenproblemen. Detailliertere Fallstudien zu dieser Thematik waren ansonsten eher der Presse zu entnehmen (so etwa Engels 1988, DER SPIEGEL 1988).

Insofern kann die hier vorgestellte Untersuchung als eine empirische Ergänzung des bereits vorhandenen Materials angesehen werden. Es spricht für die Qualität der früheren Untersuchungen, daß sich wesentliche Befunde und Hypothesen der Implementationsforschung, so insbesondere die Aussagen

- eines vorwiegend auf Anstöße von außen reagierenden und nur in seltenen Fällen aus eigener Initiative aktiven Handelns von Vollzugsbehörden,
- einer Vorliebe für die Wahl 'informeller' Handlungsstrategien wegen wahrgenommener geringer Wirksamkeit des 'formellen' Regulierungsinstrumentariums gegenüber den Adressaten,
- oft gravierender Aufmerksamkeitsteilungs-, Koordinations- und Kooperationsdefizite im Verhältnis zwischen den Behörden,
- mangelnder 'steuernder' Vorgaben vorgesetzter Behörden und Positionsträger gegenüber dem ihnen nachgeordneten Bereich,
- tendenziell größerer Durchsetzungsfähigkeit 'konfliktfähigerer' Adressaten gegenüber Anforderungen der Behörden,

in beiden Fallstudien und aufgrund des detaillierten Aktenmaterials voll bestätigen.

Literatur

Abgeordnetenhaus von Berlin, Anlagen zum 2. Bericht (Schlußbericht) der Enquête-Kommission "Bodenverschmutzung, Bodennutzung und Bodenschutz", Drucksache 10/2495.

BfLR (1985), Konzeptionen zum Bodenschutz, Heft 1/2.1985 der Informationen zur Raumentwicklung.

E. Bohne, Der informale Rechtsstaat, Berlin 1981.

E. Brandt, K. Wagner, Finanzierung der Altlastensanierung im Abfallbereich, FuE-Vorhaben im Auftrag des Umweltbundesamtes, Lüneburg 1987.

E. Brandt, H. Lange, Kostentragung bei der Altlastensanierung, in: UPR 1987, S. 11 ff.

Bundesminister des Innern (Hrsg.), Bodenschutzkonzeption der Bundesregierung, Bonn 1985.

Bundesminister für Umwelt, Naturschutz und Reaktorsicherheit (Hrsg.), Maßnahmen zum Bodenschutz, Bonn 1987.

W. Damkowski, Politisch-administrative Lenkung im Bereich der chemischen Industrie, in: Verwaltungsrundschau 1985, S. 251 ff.

F. Engels, Arsen und Filterstäubchen, in: DIE ZEIT, 21.10.1988, S. 17 ff.

V. Franzius, Kontaminierte Standorte in der Bundesrepublik Deutschland, in: **Umweltbundesamt** (Hrsg.), Kosten der Umweltverschmutzung, Berlin 1986, S. 295 ff.

J. Hucke, A. Müller, P. Wassen, Implementation kommunaler Umweltpolitik, Frankfurt 1980.

H. Keune, Altlastenfonds - freiwillig oder auf gesetzlicher Basis?, Beitrag zum "Harburger Forum 1986".

P. Knoepfel, H. Weidner et al., Luftreinhaltepolitik bei stationären Quellen. - Mehrere Einzelbände für verschiedene westeuropäische Staaten, Discussion Papers 1984 des Internationalen Instituts für Umwelt und Gesellschaft.

A. Kloke, Problematik von Orientierungs-, Richt- und Grenzwerten für Schwermetalle in biologischen Substanzen, in: Schutz des Umweltmediums Boden, Loccumer Protokolle 2/1984, S. 61 ff.

Landtag Nordrhein-Westfalen, Entwurf eines Gesetzes über die Gründung des Abfallentsorgungs- und Altlastensanierungsverbandes, Landtagsdrucksache 10/261.

R. Mayntz et al., Vollzugsprobleme des Umweltschutzes, Wiesbaden 1978.

R. Mayntz (Hrsg.), Implementation politischer Programme, Königstein/Ts. 1980.

R. Mayntz (Hrsg.), Implementation politischer Programme II, Opladen 1983.

Minister für Umwelt, Raumordnung und Landwirtschaft Nordrhein-Westfalen, NRW-Modell: Finanzierung der Altlastensanierung und Ausbau der Sonderabfall-Entsorgung durch Verteuerung des Sondermülls, Düsseldorf o.J.

Ministerium für Umwelt und Gesundheit Rheinland-Pfalz, Kooperationsmodell Rheinland-Pfalz zur Altlastensanierung, Presseerklärung vom 25.11.1986.

F.G. Müller, Zur Finanzierung der Altlastensanierung. Der US-Superfund, Diskussionspapier 85 - 25, Internationales Institut für Umwelt und Gesellschaft.

H.-J. Papier, Altlasten und polizeiliche Störerhaftung, in: DVBl. 1985, S. 878 ff.

DER SPIEGEL, "Wir haben oft alle Augen zugedrückt". Bayerische Behörden-Schlamperei ermöglichte den Quecksilber-Skandal von Marktredwitz, 28.11.1988, S. 83 ff.

Umweltbundesamt (Hrsg.), Daten zur Umwelt 1988/89, Berlin 1989.

L. Wicke, Der amerikanische Superfund - Lösungsansatz und Probleme.

G. Winter, Das Vollzugsdefizit im Wasserrecht, Berlin 1975.

H. Wollmann (Hrsg.), Politik im Dickicht der Bürokratie, Leviathan-Sonderheft 3/1979.

1. Gegenstand und Ziele der Untersuchung

1.1 Untersuchungsauftrag

Mit Vertrag vom 8.4.1987 hat der Präsident des Abgeordnetenhauses von Berlin das IfS Institut für Stadtforschung und Strukturpolitik GmbH, Berlin, beauftragt, für die Enquête-Kommission "Bodenverschmutzungen, Bodennutzung und Bodenschutz" eine empirische Schwachstellenanalyse zu den beiden Altlastenfällen "Kalisch" und "Pintsch" zu erstellen. Im Mittelpunkt der Schwachstellenanalyse stehen die Leitfragen,
- welche **Regelungsdefizite**, insbesondere hinsichtlich des Berliner Landesrechts,
- welche **Vollzugsdefizite**,

im Verlauf der beiden Altlastenfälle aufgetreten sind.

Auf der Grundlage der Schwachstellenanalyse und unter Berücksichtigung der in anderen Bundesländern getroffenen Regelungen sollen Empfehlungen über
- die geeigneten Organisationsformen und Verfahren bei der Vermeidung und Behandlung von Altlastenfällen sowie
- den sich hieraus ergebenden Personalbedarf,

entwickelt werden.

1.2 Inhalte des Endberichts

Das IfS legt hiermit den Endbericht vor. Dieser umfaßt:

- Eine kurze Beschreibung der für die beiden Fälle einschlägigen Rechtsnormen und Verwaltungszuständigkeiten (Kapitel 2),

- eine Beschreibung und Analyse der Altlastenfälle Pintsch (Kapitel 3) und Kalisch (Kapitel 4) auf der Grundlage der bisher ausgewerteten Akten;

- eine Analyse der anhand der Beispielsfälle erkennbar werdenden Regelungs- und Vollzugsdefizite auf der Grundlage der Aktenauswertung und ergänzender Experteninterviews (Kapitel 5).

1.3 Untersuchungsmethodik

Die Ergebnisse der bisherigen Erhebungen stützen sich vorwiegend auf die Methode der Aktenanalyse. Dabei wurden bisher die einschlägigen Akten folgender Behörden ausgewertet:

a) Zum Fall **Pintsch**:
- Senator für Stadtentwicklung und Umweltschutz als Wasserbehörde,
- Bauaufsichts- und Wohnungsamt Neukölln als Bauordnungsbehörde sowie zuständige Behörde für die Lagerverordnung,
- Senator für Stadtentwicklung und Umweltschutz als zuständige Behörde für Immissionsschutz und Abfallbeseitigung.

Seitens des
- Landesamtes für Arbeitsschutz und technische Sicherheit als zuständiger Behörde für Arbeitsschutz, Immissionsschutz (Dampfkessel und Feuerungsanlagen) und Verordnung über brennbare Flüssigkeiten

wurde die Akteneinsicht verweigert.

b) Zum Fall **Kalisch**:
- Bauaufsichts- und Wohnungsamt Steglitz als Bauordnungsbehörde sowie zuständige Behörde für die Lagerverordnung,
- Wirtschaftsamt Steglitz als zuständige Behörde für die Gewerbeanzeige und die Entziehung der Gewerbeerlaubnis,
- Gesundheitsamt Steglitz,
- Senator für Stadtentwicklung und Umweltschutz als zuständige Behörde für Immissionsschutz und Abfallbeseitigung.

Seitens des
- Landesamtes für Arbeitsschutz und technische Sicherheit

als zuständiger Behörde für Arbeitsschutz, Immissionsschutz (Dampfkessel und Feuerungsanlagen) und Verordnung über brennbare Flüssigkeiten

wurde die Akteneinsicht verweigert.

Häufig finden sich jedoch Informationen über das Handeln der Behörden, deren Akten (noch) nicht eingesehen werden konnten, 'spiegelbildlich' in den bereits ausgewerteten Akten, wenn z.B. gemeinsame Besprechungstermine stattfanden oder wenn andere Behörden in bestimmten Angelegenheiten um Stellungnahmen gebeten wurden. Dennoch sind die folgenden Darstellungen und Interpretationen dieses Berichts unter den Vorbehalt der noch unvollständigen Aktenerhebung zu stellen.

Zur Methodik der Aktenanalyse ist anzumerken, daß diese einerseits sehr genau über förmliche Aktivitäten der Behörden und sonstiger Beteiligter, wie stattgefundene Besprechungen und Ortsbesichtigungen sowie förmliche Schreiben, Auskunft gibt. Andererseits ist aber auch an die systematischen Grenzen der Aktenanalyse als empirisches Erkenntnismittel zu erinnern. Nicht alles, was für die Willensbildung und Entscheidungsfindung von Behörden faktisch relevant ist, findet den Weg in die Akten. Wichtige 'informelle' Absprachen oder wesentliche Vorklärungen können im persönlichen Gespräch, am Telefon usw. stattfinden und gerade wegen dieser 'Informalität' nicht aktenkundig werden. Auch ist es aus den Inhalten der Akten nur in sehr begrenztem Umfang möglich, Informationen über die äußeren Rahmenbedingungen - wie wirtschaftliche und politische Situation, Stand des Umweltbewußtseins und Arbeitsbelastung mit parallel laufenden Entscheidungsangelegenheiten - zu entnehmen, unter denen die beteiligten Stellen handelten. Die Aktenanalyse liefert somit vor allem das 'Faktengerüst' eines Entscheidungsprozesses in Form von Informationen über

- Entscheidungsgegenstände,
- Entscheidungszeitpunkte,
- Entscheidungsbeteiligte und
- Entscheidungsergebnisse.

Darüber hinausgehende Informationen, insbesondere über
- Rahmenbedingungen der Entscheidungen,
- Motive und Handlungsabsichten der Beteiligten,

lassen sich zu einem gewissen Umfang aus 'flankierenden' Interviews mit Entscheidungsbeteiligten erschließen. Im Zusammenhang mit der Untersuchung wurden bisher 25 solcher Interviews geführt. Allerdings ist auch hier anzumerken, daß die befragten Gesprächspartner
- häufig nur an einzelnen Abschnitten des Entscheidungsprozesses beteiligt waren und oft erst in einer späteren Phase mit der Angelegenheit konfrontiert waren,
- sich wegen der inzwischen vergangenen Zeit auch nur noch bedingt an einzelne Details und Hintergründe im Entscheidungsprozeß erinnern konnten,
- den Entscheidungsprozeß aus z.T. unterschiedlichen Perspektiven ihrer eigenen Aufgabenstellungen und Interessenlagen wahrnahmen und interpretierten.

Die Interviewäußerungen der Gesprächspartner sind somit vor allem eine wichtige Ergänzung bei der Interpretation des Falles.

Die gewonnenen Informationen sind in dem vorliegendem Buch folgendermaßen aufbereitet:

In den Falldarstellungen der Kapitel 3 und 4 wird vorwiegend auf Informationen aus den Akten zurückgegriffen. Die Entscheidungsabläufe werden dabei anhand der Akten verhältnismäßig breit und ausführlich dargestellt, damit der Leser einen detaillierten Einblick in den Fallablauf erhalten und somit Grundlagen für eine eigene Interpretation der Fälle gewinnen kann. In diesem Zusammenhang wird auch bewußt in stärkerem Umfang aus den Akten zitiert, da hierdurch die 'innere Dramaturgie' der Entscheidungsabläufe für den Leser anschaulicher wird. Zitate sind jeweils durch Anführungszeichen im Text kenntlich gemacht. Dabei ist anzumerken, daß aufgrund der Bedingungen der Aktenauswertung - die Akten wurden bei den Behörden durchgesehen, und wesentlich erscheinende Formulierungen wurden handschriftlich oder per Diktiergerät festgehalten, es wurden keine Kopien angefertigt - das eine oder andere Zitat nicht vollständig im Wortlaut des Originaltextes wiedergegeben sein dürfte.

In Kapitel 5 wird unter dem Gesichtspunkt möglicher Regelungs- und Vollzugsdefizite eine Analyse der Beispielsfälle vorgenommen. In diesem Zusammenhang wird auch auf die Ergebnisse der Interviews zurückgegriffen. In der Zielsetzung, empirisch herauszufinden,
- "wie es eigentlich gewesen ist",
- "welche Fehler gemacht wurden" und
- "wie man es künftig besser machen könnte",

ähnelt die Untersuchung derjenigen eines Historikers. Dabei ist durchaus Widersprüchliches zu verknüpfen. Auch wenn die aus Aktenanalyse und Interviews zu gewinnenden Erkenntnisse beschränkt bleiben, gerät der die Vorgänge Analysierende nicht zuletzt dadurch, daß er die Akten verschiedener Behörden sichtet, in die Situation eines 'wissenden Lesers', der mehr weiß, als dem Handelnden in der jeweiligen Situation, etwa über die Handlungsabsichten der anderen Behörden und der Unternehmen, bekannt war. Dazu kommt, daß dem Leser bekannt ist, 'wie die Geschichte weiterging', während die Handelnden in der konkreten Situation unter den Bedingungen von Unsicherheit entscheiden mußten. Dies ist bei der Interpretation von Handlungssituationen und der Beurteilung von Entscheidungen ebenso zu berücksichtigen wie bei der Lektüre eines solchen Berichts.

1.4 Zur Frage nach 'Regelungsdefiziten'

Bei gewerblich-industriellen Standorten stellen sich dem Bodenschutz insbesondere folgende drei Aufgaben:

1) **Vorsorge:** Eine Bodenkontaminierung muß durch geeignete Maßnahmen vermieden werden.
2) **Schadensbegrenzung:** Soweit die Bodenkontaminierung nicht mehr vermieden werden kann, muß diese möglichst frühzeitig

entdeckt und durch geeignete Maßnahmen begrenzt oder beseitigt werden.

3) **Sanierung:** Je nach Art, Umfang und Gefährlichkeit der Bodenkontaminierung ist gegebenenfalls eine Sanierung erforderlich, deren Anforderungen im einzelnen festzulegen sind. Im Sinne des umweltpolitischen Verursacherprinzips muß dabei der Verursacher zu den Kosten der Sanierung herangezogen werden.

Bei der Frage nach Regelungsdefiziten ist zu untersuchen, inwieweit das vorhandene Recht in der Lage ist, die drei genannten Aufgaben hinreichend zu erfüllen bzw. welche Regelungslükken und instrumentellen Verbesserungsmöglichkeiten sich im rechtlichen Bereich ergeben.

Bekanntlich fehlt im Umweltrecht der Bundesrepublik Deutschland bisher ein spezielles Bodenschutzgesetz, welches - vergleichbar dem Bundes-Immissionsschutzgesetz oder dem Wasserhaushaltsgesetz - die Regelungen zum Schutz des Umweltmediums Boden zusammenfaßt. Stattdessen findet sich eine Vielzahl faktisch bodenschützender Regelungen in unterschiedlichen Rechtsbereichen. Einschlägige Regelungen zur Vermeidung, Schadensbegrenzung und Sanierung von Bodenkontaminierungen an gewerblich-industriellen Standorten sind insbesondere im

a) Gewerberecht,
b) Arbeitsschutzrecht,
c) Bauordnungsrecht,
d) Polizeirecht,

sowie in den speziellen umweltrechtlichen Vorschriften von

e) Wasserrecht,
f) Immissionsschutzrecht,
g) Abfallrecht,

zu finden (siehe die Übersicht über die Entwicklung der für die Fälle einschlägigen Rechtsvorschriften in Kapitel 2).
Alle diese Regelungen folgen einem Grundmuster der sogenannten 'regulativen Politik'. Diese zeichnet sich durch folgende Merkmale aus, welche in einzelnen der genannten Gesetze mehr oder

minder stark ausgeprägt sind:

1) Der Vorsorge im Sinne der Vermeidung von Umweltbelastungen - in diesem Fall Bodenkontaminierung - dienen folgende Instrumente:

   a) Durch Gesetz oder Rechtsverordnung werden allgemeinverbindliche Verhaltensanforderungen an Private gestellt, die bestimmte, möglicherweise umweltbelastende Tätigkeiten ausüben. Hierdurch soll erreicht werden, daß Umweltbelastungen entweder vollständig vermieden oder auf ein bestimmtes, akzeptables Maß begrenzt werden.

   b) Die Aufnahme der möglicherweise umweltbelastenden Tätigkeit ist häufig mit behördlichen Genehmigungen verbunden, die im Rahmen spezieller Verwaltungsverfahren erteilt werden. Eine Genehmigung darf nur dann erteilt werden, wenn der Antragsteller die hierfür festgelegten rechtlichen Voraussetzungen erfüllt. Zudem kann die Behörde in der Regel im Rahmen ihres rechtlich fixierten Ermessensspielraums bei der Genehmigung spezifische Bedingungen und Auflagen für die Art und Weise der Tätigkeitsausübung festlegen, die dem Ziel der Vermeidung oder Begrenzung von Umweltbelastungen dienen.

   c) Unter bestimmten Voraussetzungen - etwa bei Veränderung der Rechtsgrundlage oder dem Vorliegen neuer Erkenntnisse über die Auswirkungen der Tätigkeit auf die Umwelt-können nachträgliche Anforderungen an die Art und Weise der Tätigkeitsausübung zur Vermeidung und Begrenzung von Umweltbelastungen gestellt werden.

   d) Die laufende Ausübung der möglicherweise umweltbelastenden Tätigkeit unterliegt einer behördlichen Überwachung. Art und Umfang der Überwachung können einerseits in den speziellen Umweltrechtsregeln selbst und den zu ihrer Konkretisierung erlassenen Genehmigungsbescheiden festgelegt sein. Darüber hinaus gibt andererseits das allgemeine Ordnungsrecht den Behörden die Ermächtigung, bei bestimmten Anlässen - insbesondere bei 'Gefahr im Verzug' - unmittelbar kontrollierend einzugreifen.

e) Verstöße gegen allgemeine und im Genehmigungsbescheid fixierte Anforderungen sind mit rechtlichen Sanktionen bedroht, deren Voraussetzungen wiederum rechtlich geregelt ist. Je nach Art, Anlaß und Schwere des Verstoßes kann die Bandbreite der rechtlichen Sanktionen von der behördlichen Festsetzung eines Ordnungsgeldes über den Entzug der Betriebserlaubnis bis hin zur strafrechtlichen Ahndung von Verstößen reichen.

2) Instrumente der Schadensbegrenzung sind:

a) Behördliche Überwachung der Betriebstätigkeit selbst oder der von möglichen Umweltbelastungen betroffenen Umgebung und Schutzgüter.

b) Nachträgliche Anordnungen zur Verbesserung des Betriebes und zur Begrenzung der eingetretenen Schäden.

c) Sanktionen, wie die Stillegung des Betriebes, der Entzug der Betriebserlaubnis oder ordnungs- und strafrechtliche Maßnahmen, zur Durchsetzung von Schadensbegrenzungsmaßnahmen.

3) Verhältnismäßig schwach ausgeprägt ist bei der regulativen Politik bisher grundsätzlich das Instrumentarium zur Durchsetzung der Sanierung im Sinne des Verursacherprinzips. Im wesentlichen kann die Behörde hier auf die Mittel von
a) nachträglichen Anordnungen der Sanierung,
b) Sanktionen durch Betriebsstillegung usw., Ordnungs- und Strafrecht,
zurückgreifen. Zwar läßt sich mit diesen Instrumenten gegebenenfalls dem Verursacher gegenüber ein rechtlicher Sanierungsanspruch begründen. Andererseits ist das rechtliche

Instrumentarium der regulativen Politik jedoch häufig nicht geeignet, diesen Anspruch auch faktisch einzulösen, etwa weil der Verursacher eine haftungsbegrenzende Rechtsform gewählt hat oder nicht über genügend Finanzmittel verfügt, um für die Sanierungskosten tatsächlich aufkommen zu können.

Schematisch gesehen, werden somit im Falle regulativer Politik Beziehungen zwischen der rechtlichen Regelung, dem möglichen Verursacher von Umweltbelastungen und der Zielsetzung einer Vermeidung und Begrenzung von Umweltbelastungen hergestellt, welche sich einerseits direkt als Verhaltensanforderungen an den möglichen Verursacher richten, andererseits aber überwiegend durch das Handeln zuständiger Vollzugsbehörden vermittelt werden (vgl. Abbildung 1). Bei der Frage nach möglichen Regelungsdefiziten ist nunmehr zu prüfen, inwieweit die jeweils geltenden direkten Verhaltensanforderungen an den möglichen Verursacher sowie die Vorschriften zu Genehmigung, nachträglichen Anforderungen, Kontrolle und Sanktionierung seiner Tätigkeiten in Bezug auf Vermeidung, Entdeckung und Beseitigung von Umweltbelastungen vollständig oder lückenhaft waren.

1.5 Zur Frage nach 'Vollzugsdefiziten'

Wie Abbildung 1 weiterhin erkennen läßt, ist die Wirksamkeit umweltpolitischer Maßnahmen der regulativen Politik weitgehend von Behördenaktivitäten abhängig. Die Frage nach den Vollzugsdefiziten bezieht sich somit darauf, ob und inwieweit - unter jeweils gegebenen rechtlichen Voraussetzungen - das behördliche Handeln geeignet war, Bodenkontaminierungen zu vermeiden, eingetretene Kontaminierungen möglichst frühzeitig zu begrenzen und zu beseitigen sowie im Falle der Sanierung das Verursacherprinzip durchzusetzen. Weiterhin sind im Falle festgestellter Defizite des Behördenhandelns deren Ursachen zu ermitteln. Wie einleitend dargelegt wurde, geht es dabei nicht um das Feststellen möglicher persönlicher Fehler einzelner Behördenmitarbeiter, sondern vielmehr um 'strukturelle Ursachen' für

Abbildung 1: Schematische Darstellung des Grundmusters regulativer Politik

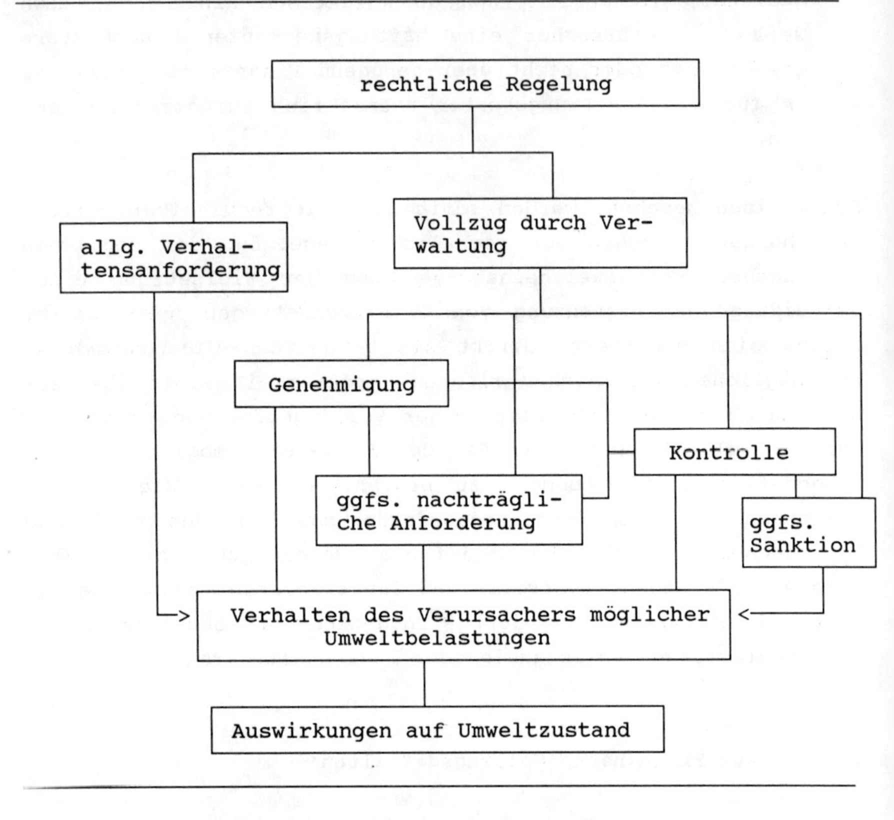

systematische Defizite beim Vollzug von Bodenschutzregelungen. Diese systematischen Defizite können insbesondere auf folgenden Ebenen angesiedelt sein:

1) **Aufgabenwahrnehmung** und **Aufgabenverständnis** der einzelnen Verwaltungsinstanzen: Das Fehlen einer einheitlichen Rechtsgrundlage für den Bodenschutz hat u.a. auch zur Folge, daß im Bereich der vollziehenden Verwaltung spezialisierte Verwaltungseinheiten fehlen, die sich speziell für den Bodenschutz einsetzen. Vielmehr ist die Wahrnehmung von Bodenschutzbelangen jeweils immer eine 'Nebenaufgabe' innerhalb des Aufgabenspektrums der verschiedenen zuständigen Behörden. Somit stellt sich die Frage, für wie

wichtig diese Aufgabe im Verhältnis zu den Hauptaufgaben der jeweiligen Verwaltungsinstanz eingestuft wird.

2) **Fachliche Qualifikation** der Behördenmitarbeiter: Die Vermeidung und Begrenzung von Bodenbelastungen aus gewerblich-industriellen Quellen setzt zum einen auf der Behördenseite einen hinreichenden technischen und bodenkundlichen Sachverstand voraus, mit dem die im Produktionsprozeß bestehenden Risikobereiche für eine mögliche Bodenbelastung erkannt und geeignete Vorsorgemaßnahmen gefordert werden können. Ebenso sind für die Ermittlung, Begrenzung und Beseitigung eingetretener Bodenbelastungen naturwissenschaftlich-technische Qualifikationen erforderlich. Zum andern spielen aber gerade im Falle der Beseitigung und Sanierung eingetretener Bodenbelastungen das Verhandlungsgeschick und der juristische Sachverstand der Behörden eine wesentliche Rolle, da hiermit für den Eigentümer schwerwiegende Eingriffe in das gewerbliche Eigentum verbunden sind, deren Durchsetzung in der Regel auf Widerstände stößt, so daß behördliche Anforderungen gegebenenfalls 'gerichtsfest' sein müssen.

3) **Personal- und Sachmittelausstattung** der Behörden: Wie oben dargelegt wurde, ist die vorsorgende oder schadensbegrenzende Kontrolle des Verursacherverhaltens ein Kernstück der regulativen Politik. Nur durch eine hinreichend häufige und intensive Kontrolle können Verstöße gegen Umweltschutzanforderungen vermieden, abgestellt und gegebenenfalls sanktioniert werden. Eine hinreichende behördliche Kontrolltätigkeit setzt eine entsprechende Personal- und Sachausstattung der zuständigen Vollzugsinstanzen voraus.

Zusätzlich ist auf eine Besonderheit des Bodenschutzes zu verweisen, welche die behördliche Kontrolle vor noch größere Schwierigkeiten stellt, als dies insbesondere beim Immissionsschutz der Fall ist: Die behördliche Kontrolltätigkeit im Umweltschutz - insbesondere beim Immissionsschutz - wird dadurch 'entlastet', daß Nachbarn eine Vielzahl von

Belästigungen durch Immissionen wahrnehmen und die Behörden hierüber durch Beschwerden informieren. Beim Bodenschutz ist dieses Moment der 'soziale Kontrolle' von Verursachern dagegen kaum ausgeprägt, da Untergrundverunreinigungen nur in Ausnahmefällen von Nachbarn erkannt und den Behörden mitgeteilt werden.

4) **Zuständigkeits- und Organisationsregelungen:** Entscheidend für den Vollzug von Bodenschutzregelungen ist weiterhin die Frage der Verteilung von Zuständigkeiten sowohl in vertikaler (Ebene der Bezirke bzw. der Hauptverwaltung) als auch in horizontaler (Zuweisung einzelner Aufgaben auf bestimmte Fachinstanzen einer Verwaltungsebene) Hinsicht. Je nach Art der Zuständigkeitsverteilung können nämlich zum einen mehr oder minder günstige Verbindungen zwischen der Hauptaufgabe der zuständigen Verwaltungsinstanz und der bisherigen 'Nebenaufgabe' Bodenschutz geschaffen werden. Zum andern besteht ein Zusammenhang zwischen Zuständigkeitsverteilung und Wirksamkeit des einer Behörde zur Verfügung stehenden rechtlichen Handlungsinstrumentariums: Je mehr komplementäre Zuständigkeiten Verwaltungsinstanz besitzt, desto häufiger wird sie mit dem Verursacher in Kontakt kommen und desto größer ist tendenziell auch die Wahrscheinlichkeit, daß sie bestimmte Forderungen dem Betrieb gegenüber durchzusetzen vermag. Durch die Art von Organisations- und Zuständigkeitsregelungen lassen sich schließlich auch Einsparungen beim Verwaltungsaufwand erzielen.

5) **Behördenkooperation:** Spiegelbildlich zur Frage der Zuständigkeitsregelungen stellt sich die Frage nach der Behördenkooperation. Je stärker die Zuständigkeiten auf verschiedene Verwaltungsinstanzen verteilt sind, desto wichtiger ist es, daß diese Instanzen bei
   a) der Information über festgestellte betriebliche Mängel,
   b) der Entwicklung einer Handlungsstrategie zur Beseitigung dieser Mängel,
   c) der Durchsetzung der Handlungsstrategie,

   zusammenarbeiten.

6) **Verwaltungsführung:** Von Bedeutung ist schließlich auch, daß die Leitungsebenen der öffentlichen Verwaltung Vollzugstätigkeiten der Behörden durch
   a) regelmäßige Überprüfung der Eignung von Verwaltungsorganisation, Personal- und Sachmittelausstattung sowie Kooperationsbeziehungen der Behörden,
   b) Überprüfung der Eignung von Verwaltungsorganisation, Personal- und Sachmittelausstattung sowie Kooperationsbeziehungen der Behörden im Falle der Neueinführung oder Änderung von Rechtsgrundlagen,
   c) Prioritätensetzung bei der laufenden Fallbearbeitung,
   d) Kontrolle und Hilfestellung bei Einzelentscheidungen

   unterstützen.

2. Rechtsgrundlagen und Zuständigkeitsregelungen. Regelungsdefizite

Zum besseren Verständnis der Fallstudien seien einleitend die für die Behandlung der Fälle Pintsch und Kalisch maßgeblichen Rechtsnormen und Verwaltungszuständigkeiten kurz beschrieben. Da die Firma Pintsch bereits seit den 20er Jahren, die Firma Kalisch seit den 50er Jahren am jeweiligen Betriebsstandort tätig war, sind dabei insbesondere auch die in diesen Zeiträumen eingetretenen Veränderungen der Rechtsgrundlagen und Zuständigkeiten zu berücksichtigen. Dabei wird allerdings nicht das Gesamtspektrum sämtlicher für den Bodenschutz relevanten Regelungen dargestellt. Vielmehr werden nur die Regelungen aufgeführt, die für die speziellen Bedingungen der beiden Betriebe (Raffination und Destillation von Altöl sowie Lagerung und Beseitigung der Ausgangs- und Endprodukte und Produktionsrückstände im Falle Pintsch, Rückgewinnung von Lösemitteln sowie entsprechende Lagerung im Falle Kalisch) einschlägig sind.

Ferner sollen in diesem Teil erörtert werden, wo und inwieweit die bestehenden materiellen und Zuständigkeitsregelungen sich für die Problemlösung in den Fällen Pintsch und Kalisch (insbesondere für die Verhinderung der Boden- und Wasserverunreinigung, ihr frühzeitiges Erkennen, ihre Unterbindung und Beseitigung) sich als unzureichend und unzweckmäßig erwiesen, also Regelungsdefizite aufwiesen.

Die Gliederung der Darstellung folgt dem in Kapitel 1 (Abbildung 1) erläuterten Schema des Grundmusters regulativer Politik zur Vermeidung, Begrenzung und Sanierung von Bodenverunreinigungen:

1) Allgemeine Anforderungen an das Verhalten der Betreiber setzen Mindestanforderungen bodenschonenden Verhaltens fest, die sich direkt an den Betreiber wenden und nicht der Vermittlung durch ein Handeln der Vollzugsbehörden bedürfen.

2) Die Genehmigung oder Anzeige der Anlage ermöglicht es der zuständigen Behörde, schon vor Betriebsaufnahme und Auftreten einer konkreten Umweltgefährdung auf die Ausstattung, Ausführung und den Betrieb der Anlage Einfluß zu nehmen.

3) Die Überwachung bestimmter Anlagen ermöglicht es den zuständigen Stellen zum einen, auf entstehende Gefahren aufmerksam zu werden und diese frühzeitig, bevor Schaden entsteht, abzuwenden. Zum andern dient die Überwachung der Ermittlung und Beseitigung bestehender Umweltbelastungen.

4) Sanktionen ermöglichen es den zuständigen Stellen, Verstöße gegen Umweltschutzanforderungen abzustellen und gegebenenfalls zur Rechenschaft zu ziehen.

2.1 Allgemeine Anforderungen an das Verhalten der Betreiber

2.1.1 Regelungsfelder

Nach der **Bauordnung für Berlin** vom 29.7.1966 waren "bauliche Anlagen so zu entwerfen, anzuordnen, zu errichten, zu ändern und zu unterhalten, daß die öffentliche Sicherheit oder Ordnung, insbesondere Leben oder Gesundheit, nicht gefährdet werden (§ 3 Abs. 1). Unter wasserschützendem Aspekt war § 58 Abs. 1 von Bedeutung, wonach "bauliche Anlagen ... nur errichtet werden (durften), wenn die einwandfreie Beseitigung der Abwasser, Niederschlagswasser und der festen Abfallstoffe dauerhaft gesichert ist. Die Anlagen dafür sind so anzuordnen, herzustellen und zu unterhalten, daß sie dauerhaft und betriebssicher sind und Gefahren oder unzumutbare Belästigungen nicht entstehen".

Für die **Bauordnung für Berlin** vom 28.2.1985 ist hervorzuheben, daß die allgemeinen Anforderungen um die Belange von "Umwelt, Natur und Landschaft" erweitert werden: "Bauliche Anlagen sind so anzuordnen, zu errichten, zu ändern und zu unterhalten, daß sie die öffentliche Sicherheit oder Ordnung, insbesondere Leben oder Gesundheit nicht gefährden. Sie müssen ihrem Zweck entsprechend ohne Mißstände nutzen sein und sich in die Umwelt, Natur und Landschaft einfügen".

Das **Preußische Wassergesetz** vom 7.4.1913 verfügte in § 202 Abs. 1: "... der Eigentümer eines Grundstücks ist nicht befugt, Stoffe in den Boden einzubringen oder einzuleiten, durch die das unterirdische Wasser, ein Wasserlauf oder ein See (§ 199) zum Nachteil anderer verunreinigt wird."

Unter den im **Gesetz zur Ordnung des Wasserhaushalts (Wasserhaushaltsgesetz, WHG)** vom 27. Juli 1957 (BGBl. I. S. 1110) enthaltenen Vorschriften ist insbesondere auf § 19g Abs. 1 ("Anlagen zum Lagern, Abfüllen, Herstellen und Behandeln wassergefährdender Stoffe sowie Anlagen zum Verwenden wassergefährdender Stoffe im Bereich der gewerblichen Wirtschaft und im Bereich öffentlicher Einrichtungen müssen so beschaffen sein und so eingebaut, aufgestellt, unterhalten und betrieben werden, daß eine Verunreinigung der Gewässer oder eine sonstige nachteilige Veränderung ihrer Eigenschaft nicht zu besorgen ist") und auf § 34 Abs. 2 ("Stoffe dürfen nur so gelagert oder abgelagert werden, daß eine schädliche Verunreinigung des Grundwassers oder eine sonstige nachteilige Veränderung seiner Eigenschaften nicht zu besorgen ist") zu verweisen.

Detailliertere Anforderungen an die Lagerung enthält die **Verordnung über das Lagern wassergefährdender Flüssigkeiten (Lagerverordnung, VLwF)** vom 27.Mai 1970 (GVBl. S. 754), die auf Grund von § 23 Abs. 5 des Berliner Wassergesetzes vom 23. Februar 1960, erlassen wurde. § 4 Abs. 1 VLwF schreibt vor: "Lagerbehälter und ihr Zubehör müssen insbesondere nach Bauart, Werkstoff, Herstellung, Korrosionsschutz und betrieblicher Ausstattung so beschaffen und so eingebaut oder aufgestellt sein, daß eine schädliche Verunreinigung des Wassers oder eine sonstige nachteilige Veränderung seiner Eigenschaften nicht zu besorgen ist".

Ferner hinzuweisen ist auf die **Verordnung über die Errichtung**

und den Betrieb von Anlagen zur Lagerung, Abfüllung und Beförderung brennbarer Flüssigkeiten zu Lande (Verordnung über brennbare Flüssigkeiten, VbF) vom 18. Februar 1960 (BGBl. I, S. 83), die aufgrund von § 24 Abs. 1 GewO erlassen worden ist. Zwar bezieht sie sich auf brennbare Flüssigkeiten. Da diese jedoch durchweg wassergefährdend sind, dienen die in der VbF enthaltenen Anforderungen zugleich dem Wasserschutz. Gemäß § 6 müssen "Anlagen, die dieser Verordnung unterliegen, ... gemäß den für sie auf Grund des § 24 GewO erlassenen technischen Vorschriften und im übrigen gemäß den allgemein anerkannten Regeln der Technik errichtet und betrieben werden".

Zwar enthielt die **Gewerbeordnung** von 1869 noch keine ausdrücklichen 'umweltschützenden' Anforderungen an Gewerbebetriebe. Jedoch sei auf die **Preußische Technische Anleitung** von 1895 (!!!) verwiesen: "Besondere Sorgfalt verlangt die Behandlung der festen und flüssige Fabrikabgänge. Sie zu vergraben oder zu versenken wird nur ausnahmsweise bei erwiesener Unschädlichkeit dieser Beseitigungsart gestattet werden können".

Ausdrückliche umweltschützende Verhaltensanordnungen für Betreiber genehmigungsbedürftiger Anlagen sind nunmehr in § 5 Abs. 1 **Bundes-Immissionsschutzgesetz, BImSchG** vom 15. März 1974 (BGBl. I, S. 721) enthalten, wonach "genehmigungsbedürftige Anlagen ... so zu errichten und zu betreiben (seien), daß

1. schädliche Umwelteinwirkungen und sonstigen Gefahren, erhebliche Nachteile und erhebliche Belästigungen für die Allgemeinheit und die Nachbarschaft nicht hervorgerufen werden können, ...
3. die beim Betrieb der Anlagen entstehenden Reststoffe ordnungsgemäß und schadlos verwertet werden oder, soweit dies technisch nicht möglich oder wirtschaftlich nicht vertretbar ist, als Abfälle ordnungsgemäß beseitigt werden".

Der Begriff der schädlichen Umwelteinwirkungen wird dabei definiert als "Immissionen, die nach Art, Ausmaß oder Dauer geeignet sind, Gefahren, erhebliche Nachteile oder erhebliche Belästigungen für die Allgemeinheit oder die Nachbarschaft herbeizuführen" (§ 3 Abs. 1 BImSchG).

Für die Beseitigung von Abfällen schreibt das **Gesetz über die Beseitigung von Abfällen (Abfallbeseitigungsgesetz, AbfG)** vom 7. Juni 1972 (BGBl. I, S. 873) - ("§ 1 Abs. 1: "Abfälle ... sind bewegliche Sachen, deren sich der Besitzer entledigen will oder deren geordnete Beseitigung zur Wahrung des Wohls der Allgemeinheit geboten ist") - in § 2 vor, sie seien "so zu beseitigen, daß das Wohl der Allgemeinheit nicht beeinträchtigt wird, insbesondere dadurch, daß... 3. Gewässer, Boden und Nutzpflanzen schädlich beeinflußt ... werden".

Das Berliner **Arbeitsschutzgesetz** vom 16.4.1953 verlangt von einem Arbeitgeber in § 2 Abs. 2, daß er die Arbeitsstätte so einzurichten und zu unterhalten hat, daß alle Arbeitnehmer gegen Gefahren geschützt sind, wie es der Art des Betriebes und dem Stand der Technik entspricht.

2.1.2 Regelungsdefizite

Insgesamt ist somit festzuhalten, daß zwar einerseits keine explizite Verhaltensanforderung zum Schutz des Bodens existiert. Andererseits lassen sich solche Verhaltensanforderungen jedoch implizit aus den zitierten Generalklauseln der jeweiligen rechtlichen Regelungen ableiten.

Dabei ist besonders zu beachten, daß bereits das Preußische Wassergesetz von 1913 als älteste der hier angeführten Vorschriften die vergleichsweise präziseste Verhaltensanforderung enthält, indem das Einbringen oder Einleiten von Stoffen in den Boden - allerdings nur im Zusammenhang mit Wasserverunreinigungen - verboten wird. Ähnliches gilt für die Preußische Technische Anleitung von 1895.

Für die jüngste Entwicklung ist hervorzuheben, daß die neue Bauordnung für Berlin vom 28.2.1985 an Bauvorhaben ausdrücklich die allgemeine Anforderung stellt, sich "in Umwelt, Natur und

Landschaft" einzufügen, womit der überkommene Regelungszweck des Bauordnungsrechts "Stand- und Feuersicherheit" landesrechtlich deutlich ausgeweitet wurde.

2.2 Genehmigungen, Erlaubnisse, Anzeigen

Für die Möglichkeit der Behörden, gegen die Entstehung boden- und wassergefährdender Sachverhalte präventiv tätig zu werden, bieten eine wirksame Handhabe vor allem Regelungen, wonach der Betrieb einer Anlage oder eine Tätigkeit erst aufgenommen werden kann, wenn eine entsprechende Genehmigung/Erlaubnis durch die zuständige Behörde erteilt ist. Eine Handhabe für präventives behördliches Eingreifen ist ferner gegeben, wenn der Betreiber zwar keiner Genehmigung bedarf, jedoch verpflichtet ist, die Anlage oder Tätigkeit vor Inbetriebnahme bzw. Beginn der Behörde 'anzuzeigen'.

2.2.1 Gewerbeordnung

Auf die Fassung der Gewerbeordnung vom 21.6.1869 geht der noch geltende § 14 GewO zurück, wonach, "wer den selbständigen Betrieb eines stehenden Gewerbes ... anfängt, dies der zuständigen Behörde anzuzeigen hat.

Bereits die **Preußische Gewerbeordnung** vom 1.7.1845 verlangte in § 26 eine polizeiliche Genehmigung für Betriebsstätten, "wenn Lage und Beschaffenheit der Betriebsstätte für Besitzer oder Bewohner benachbarter Grundstücke oder für das Publikum überhaupt erhebliche Nachteile, Gefahren oder Belästigungen herbeiführen können oder bei ungeschicktem Betrieb oder unzuverlässigem Betreiber das Gemeinwohl gefährdet wird".

Hieran fast wörtlich anknüpfend, fügte § 16 GewO von 1869 eine Aufzählung der genehmigungsbedürftigen Betriebe an. Hierzu rechneten u.a. "Anstalten zur Destillation von Erdöl ..., chemische Fabriken aller Art". In dieser Fassung galt § 16 GewO bis

1960.

Die 3. Preußische Technische Anleitung zur Wahrnehmung der den Kreis- (Stadt-) Ausschüssen (Magistraten) durch § 109 des **Gesetzes über die Zuständigkeit der Verwaltungs- und Verwaltungsgerichtsbehörden** vom 1. August 1883, hinsichtlich der Genehmigung gewerblicher Anlagen übertragenen Zuständigkeiten vom 15.5.1895 richtete das Augenmerk bei der Genehmigung u.a. auf die Abfallbeseitigung. Unter "Allgemeine Gesichtspunkte" heißt es: "Besondere Sorgfalt verlangt die Behandlung der festen und flüssigen Fabrikabgänge. Sie zu vergraben oder zu versenken wird nur ausnahmsweise bei erwiesener Unschädlichkeit dieser Beseitigungsart gestattet werden können."

Die Neufassung der **Gewerbeordnung** vom 1.6.1960 enthielt keine Liste der genehmigungsbedürftigen Anlagen mehr, sondern in § 16 Abs. 3 eine entsprechende Verordnungsermächtigung für die Bundesregierung. In der **Verordnung über genehmigungsbedürftige Anlagen** vom 4.8.1960 wurden in § 1 Nr. 15 "Fabriken, in denen die Ausgangsstoffe chemischen Umwandlungen unterworfen werden (chemische Fabriken)..." und in Nr. 37 "Anlagen zur Destillation oder Raffination oder sonstigen Weiterverarbeitung von Erdöl und Erdölerzeugnissen" als genehmigungsbedürftig aufgeführt. Hierbei wurde der Bereich der genehmigungsbedürftigen Anlagen insofern erweitert, als nicht mehr nur Anlagen, die Erdöl verarbeiten, sondern Anlagen, die alle Arten von Mineralöl behandeln genehmigungspflichtig wurden.

2.2.2 Bundes-Immissionsschutzgesetz

Durch das Inkrafttreten des Bundes-Immissionsschutzgesetzes am 1.4.1974 entfiel § 16 der Gewerbeordnung und wurde durch § 4 BImSchG ersetzt, der fast wortgleich aus der Gewerbeordnung übernommen wurde. Die nach § 4 Abs. 1 Satz 3 zu bestimmende Rechtsverordnung vom 14.2.1975, die 4. Verordnung zur Durchführung des Bundes-Immissionsschutzgesetzes, macht "Fabriken oder Fabrikationsanlagen, in denen Stoffe durch chemische Umwandlung hergestellt werden..." und "Anlagen zur Destillation oder Raffination oder sonstigen Weiterverarbeitung von Erdöl und Erdölerzeugnissen" genehmigungspflichtig nach dem BImSchG.

Altanlagen werden nach dem § 67 BImSchG behandelt. Danach gilt eine nach § 16 GewO erteilte Genehmigung auch als Genehmigung nach § 4 BImSchG fort. Diese Anlagen müssen lediglich der Behörde mit den erforderlichen Unterlagen angezeigt werden.

2.2.3 Brennbare Flüssigkeiten

Gemäß § 24 Abs. 1 GewO i.d.F. v. 30.8.1937 bedurfte "die Anlegung und der Betrieb von Dampfkesseln" der Genehmigung. Nach Abs. 2 war der zuständige Reichsminister ermächtigt, "entsprechende Regelungen auch für andere Anlagen zu treffen, die mit Rücksicht auf ihre für die Allgemeinheit bestehende Gefährlichkeit einer besonderen Überwachung bedürfen".

In der Neufassung von § 24 GewO durch Novelle vom 29.9.1953 wurde die Bundesregierung ermächtigt, "zum Schutze der Beschäftigten und Dritter vor Gefahren durch Anlagen, die mit Rücksicht auf ihre Gefährlichkeit einer besonderen Überwachung bedürfen (überwachungsbedürftige Anlagen)", Rechtsverordnungen zu erlassen. In § 24, Abs. 3 Ziffer 9 werden als "überwachungsbedürftige Anlagen", "Anlagen zur Lagerung, Abfüllung und Lagerung von brennbaren Flüssigkeiten" genannt.

Die auf Grund von § 24 Abs. 1 und 4 GewO erlassene **Verordnung über die Errichtung und den Betrieb von Anlagen zur Lagerung, Abfüllung und Beförderung brennbarer Flüssigkeiten zu Lande (VbF)** vom 18.2.1960 differenziert drei Gefahrenklassen (A I, A II und B) von brennbaren Flüssigkeiten und unterscheidet - je nach Gefahrenklasse und Lagermenge - zwischen erlaubnisbedürftigen (§ 9 VbF), anzeigebedürftigen (§ 8 VbF) Anlagen und "bedingt freier" Lagerung (§ 7 VbF). Für erlaubnis-, wie anzeigebedürftige Anlage ist vorgeschrieben, daß der Betreiber sie vor Inbetriebnahme von einem Gutachter (z.B. TÜV) überprüfen zu lassen verpflichtet ist (§ 14 VbF).

§ 9 VbF verlangt eine behördliche Erlaubnis für das Lagern von bestimmten Mengen brennbarer Flüssigkeiten an bestimmten Orten. Auf Lagerplätzen, die dem allgemeinen Verkehr nicht zugänglich sind, ist für Flüssigkeiten der Gefahrenklasse A 1 eine Erlaubnispflicht ab 400 Litern vorgesehen. Altöle sind nach den **Technischen Regeln brennbare Flüssigkeiten (TRbF)** 101 Nr. 9 "gebrauchte Mineralöle und gebrauchte flüssige Mineralölprodukte, ferner mineralölhaltige Rückstände aus Lager-, Betriebs- und Transportbehältern. Zu diesen Altölen gehören insbesondere Abfälle aus Motoren-, Getriebe-, Maschinen-, Spindel-, Zylinder-, Turbinen-, Achsen-, Dunkel-, Weiß-, Transformatoren-, Schalter- und Kabelisolieröl, von Spezial- und Testbenzin, Petroleum, ferner veröltes Bilgenwasser sowie mineralölhaltige Rückstände aus Behältern einschließlich Öl- und Benzinabscheidern". Nach TRbF 102 Nr. 1.1 gilt, "Anlagen zur Lagerung, Abfüllung oder Beförderung von Altölen (siehe TRbF 101 Nummer 9) sind nach den Vorschriften für Anlagen für brennbare Flüssigkeiten der Gruppe A Gefahrenklasse I zu errichten und zu betreiben. Dies gilt nicht, wenn sichergestellt ist, daß nur Altöle bekannter Herkunft mit einem Flammpunkt über 55° C gelagert, abgefüllt oder befördert werden; in diesem Falle finden die Vorschriften für Anlagen für brennbare Flüssigkeiten der Gruppe A Gefahrenklasse III Anwendung."

Nach Inkrafttreten des BImSchG blieb § 24 GewO zwar bestehen. Sofern Lagerbehälter als Bestandteile nach BImSchG genehmigungsbedürftiger Anlagen anzusehen sind, gilt jedoch das Konzentrationsprinzip des § 13 BImSchG, wonach eine immissionsschutzrechtliche Genehmigung andere anlagebezogenen behördlichen Genehmigungen, Erlaubnisse etc. - mit bestimmten Ausnahmen - einschließt.

2.2.4 Bauordnung

Weitgehend an die **Bauordnung für Berlin** vom 3.11.1925 und die **Bauordnung für Berlin** vom 9.11.1929 anknüpfend, schrieb die **Bauordnung für Berlin** i.d.F. vom 21.11.1958 vor, daß "alle neuen baulichen Anlagen über und unter der Erde; hierzu gehören auch Einfriedungen an Straßen- und Grundstücksgrenzen, Blitzableiter, Brunnen, Dungstätten, ... Wasserversorgungs- und Entwässerungsanlagen nach Maßgabe der für sie bestehenden besonderen Polizeiverordnung, ortsfeste Behälter für Lagerung von brennbaren Flüssigkeiten" einer Baugenehmigung bedurften (§ 1 Nr. 2 Buchst. a). Ebenso waren "Veränderungen in der Benutzungsart baulicher Anlagen (genehmigungsbedürftig), soweit für die Räume in ihrer neuen Zweckbestimmung besondere bauaufsichtliche Vorschriften bestehen" (§ 1 Nr. 2 Buchst. d).

In der Bauordnung für Berlin v. 29.7.1966 war vorgeschrieben, daß "das Errichten, das Ändern, die Nutzungsänderung oder der Abbruch baulicher Anlagen" genehmigungsbedürftig seien (§ 79, Abs. 1). "Bauliche Anlagen" waren in § 2 Abs. 1 als "mit dem Erdboden verbundene, aus Baustoffen und Bauteilen hergestellte Anlagen" definiert. Damit waren auch ortsfeste Lagerbehälter genehmigungspflichtig, ohne - in Abweichung von der Bauordnung 1958 - eigens genannt zu sein.

In § 58 Abs. 1 Bauordnung 1966 war ferner vorgeschrieben, daß "bauliche Anlagen ... nur errichtet werden (dürfen), wenn die einwandfreie Beseitigung der Abwasser, Niederschlagswasser und der festen Abfallstoffe dauernd gesichert ist. Die Anlagen dafür sind so anzuordnen, herzustellen und zu unterhalten, daß sie dauerhaft und betriebssicher sind und Gefahren oder unzumutbare Belästigungen nicht entstehen".

In der Fassung vom 18.3.1971 führte die **Bauordnung für Berlin** die Regelung neu ein, daß "Lager- und Ausstellungsplätze" als bauliche Anlagen gelten und damit genehmigungsbedürftig seien. Die Fassung vom 18.3.1971 benennt in § 2 Abs. 2 Satz 3 ausdrücklich Lager- und Ausstellungsplätze als bauliche Anlagen.

Diese Regelungen wurden in die Bauordnung für Berlin vom 28.2. 1985 übernommen.

2.2.5 Wasserrecht

Gewässerbenutzungen, zu denen gemäß § 3 Abs. 1 Nr. 5 Wasserhaushaltsgesetz (WHG) vom 27.7.1957 auch das Einleiten von Stoffen in das Grundwasser gehört, bedürfen nach § 2 WHG einer Bewilligung oder Erlaubnis. § 34 Abs. 1 WHG bestimmt, daß eine Erlaubnis für das Einleiten von Stoffen in das Grundwasser nur zu erteilen ist, wenn eine schädliche Verunreinigung oder eine sonstige nachteilige Veränderung des Grundwassers nicht zu besorgen ist.

§ 19 i WHG verpflichtet Betreiber von Anlagen zum Umgang mit wassergefährdenden Stoffen zur Überprüfung ihrer Anlagen durch Sachverständige nach Maßgabe des Landesrechts in regelmäßigen Abständen sowie vor Inbetriebnahme oder Wiederinbetriebnahme oder Stillegung. "Anlagen zum Umgang mit wassergefährdenden Stoffen" sind in § 19 g Abs. 1 WHG als "Anlagen zum Lagern, Abfüllen, Herstellen und Behandeln wassergefährdender Stoffe sowie Anlagen zum Verwenden wassergefährdender Stoffe" definiert. Wassergefährdende Stoffe sind nach § 19 g Abs. 5 insbesondere Säuren, Laugen, Alkalimetalle, Siliciumlegierungen mit über 30% Silicium, metallorganische Verbindungen, Halogene, Säurehalogenide, Metallcarbonyle, Beizsalze, Mineral- und Teeröle sowie deren Produkte, flüssige sowie wasserlösliche Kohlenwasserstoffe, Alkohole, Aldehyde, Ketone, Ester, halogen-, stickstoff- und schwefelhaltige organische Verbindungen und Gifte. Die Behörde kann auch Prüfungen anordnen. Dieser Paragraph wurde am 26.4.1976 in das WHG eingeführt und behandelte in seiner alten Fassung nicht den Umgang, sondern nur das Lagern, Abfüllen und Umschlagen wassergefährdender Flüssigkeiten.

Während das WHG eine Anzeigepflicht des Betriebes nicht vorsieht, macht das **Berliner Wassergesetz** vom 23.2.1960 das Lagern von wassergefährdenden Stoffen von einer Anzeige bei der ent-

sprechenden Behörde abhängig. § 23 Abs. 1 sagt: "Wer feste, flüssige oder gasförmige Stoffe, die geeignet sind, Gewässer schädlich zu verunreinigen oder sonst in ihren Eigenschaften nachteilig zu verändern (wassergefährdende Stoffe), insbesondere Mineralöle,
1. in Leitungen befördern,
2. lagern oder ansammeln will, hat dies der Wasserbehörde zwei Monate vorher anzuzeigen."

Absatz 4 entbindet von einer Anzeige, falls das Unternehmen nach dem Bauordnungsrecht oder dem Gewerberecht einer Genehmigung, Zustimmung oder Erlaubnis bedarf oder anzeigepflichtig ist. In diesem Falle entscheidet die zuständige Behörde im Einvernehmen mit der Wasserbehörde.

2.2.6 Lagerverordnung

Die auf Grund von § 23 Abs. 5 Berliner Wassergesetz als Landesverordnung erlassene Verordnung über das Lagern wassergefährdender Flüssigkeiten (Lagerverordnung, VLwF) vom 27.5.1970 gilt "für Anlagen zum Lagern wassergefährdender Flüssigkeiten (z.B. Lagerbehälter, Leitungen, Anschlüsse ...) und für die mit dem Lagern zusammenhängenden Vorgänge wie das Einbauen, Aufstellen, Ändern und den Betrieb von Lagerbehältern. Zum Betrieb gehören auch das Befüllen und das Entleeren der Lagerbehälter" (§ 1 Abs. 1). "Lagerbehälter sind ortsfeste oder zum Lagern aufgestellte ortsbewegliche Behälter". In § 8 Abs. 1 VLwF ist u.a. vorgeschrieben,daß der Betreiber ortsfeste oberirdische Lagerbehälter mit einem Rauminhalt von mehr als 40.000 l vor Inbetriebnahme durch Sachverständige (z.B. TÜV) prüfen lassen muß und den Prüfungsbericht der zuständigen Behörde vorzulegen hat.

Für unter diese Verordnung fallende Anlagen, die bereits vor Inkrafttreten der VLwF (1.6.1970) bestanden, sieht die VLwF vor, daß eine entsprechende Anzeige bis zum 31.10.1970 zu machen ist.

2.2.7 Abfallbeseitigungsrecht

Abfälle sind nach § 1 Abs. 1 des **Abfallbeseitigungsgesetz (AbfG)** vom 7.6.72 "bewegliche Sachen, deren sich der Besitzer entledigen will oder deren Beseitigung zur Wahrung des Wohls der Allgemeinheit geboten ist." Absatz 2 definiert Abfallbeseitigung als das Einsammeln, Befördern, Behandeln, Lagern und Ablagern der Abfälle. Altöle, soweit sie nach Maßgabe des § 3 Abs. 1 des Altölgesetzes abgeholt werden (von gewerblichen oder sonstigen wirtschaftlichen Unternehmen, die sich gegenüber dem Bundesamt vertraglich verpflichtet haben die Altöle abzuholen, d.V.) sind keine Abfälle im Sinne des AbfG (§ 1 Abs. 3 Nr 6 AbfG). Ortsfeste Abfallbeseitigungsanlagen unterliegen, nach § 7 Abs. 1 der Planfeststellung der zuständigen Behörde. Für Anlagen, die unter § 16 der Gewerbeordnung fallen, ist, nach § 7 Abs. 3, die zuständige Behörde, die Behörde, die für die Erteilung einer Genehmigung nach § 16, zuständig ist. Altanlagen müssen laut § 9 Abs. 1 AbfG der zuständigen Behörde binnen 6 Monaten angezeigt werden. Nach § 9 Abs. 2 AbfG kann die Behörde Bedingungen und Auflagen anordnen. Sie kann auch den Betrieb dieser Anlagen ganz oder teilweise untersagen, wenn eine erhebliche Beeinträchtigung des Wohls der Allgemeinheit durch Auflagen, Bedingungen oder Befristungen nicht verhindert werden kann.

Wer Abfälle gewerbsmäßig einsammelt oder befördert, braucht dafür eine Genehmigung der zuständigen Behörde laut § 12 Abs. 1 AbfG.

Eine Anzeigepflicht für denjenigen, bei dem jährlich über 500 l Altöl anfallen, oder der jährlich mehr als 500 l Altöl übernimmt, sieht das **Altölgesetz** vom 23.12.1968 in § 8 Abs. 2 Satz 3 vor. Wer die vorgenannten Bedingungen erfüllt, hat dies schriftlich der Behörde anzuzeigen.

2.2.8 Arbeitsschutzgesetz

Das **Berliner Gesetz über die Durchführung des Arbeitsschutzes** i.d.F. vom 16.4.1953 verlangt in § 5 Abs. 1: "Wer eine Arbeitsstätte neu eröffnen oder wieder in Betrieb setzen will hat dem Gewerbeaufsichtsamt Berlin mindestens zwei Wochen vor Eröffnung Anzeige zu erstatten.".

2.2.9 Regelungsdefizite

Der Überblick über die einschlägigen Genehmigungs- und Anzeigenvorschriften läßt einerseits, die nach wie vor bestehende starke Zersplitterung von rechtlichen Regelungsfelder erkennen. Andererseits wird aber auch deutlich, daß bereits frühe Vorschriften - insbesondere die Gewerbeordnung und das Wasserrecht - Bestimmungen enthielten, mit denen über das Genehmigungsverfahren eine hinreichende Vorsorge zum Schutz gegenüber Bodenverunreinigungen hätte getroffen werden können. Ausgesprochene Regelungsdefizite bestehen selbst bei diesen 'klassischen' Vorschriften kaum. Spätestens seit Anfang der 60er Jahre ist dann eine zunehmende Differenzierung und Spezialisierung von Umweltschutzregelungen - insbesondere im Zusammenhang mit dem Lagern wassergefährdender Flüssigkeiten - zu beobachten.

Auch wenn das Vorliegen von ausgesprochenen Regelungsdefiziten für den Genehmigungsbereich zu verneinen ist, ist dennoch bereits hier auf bestimmte Regelungsschwächen hinzuweisen. Die eine besteht darin, daß in den zitierten Genehmigungsvorschriften die Anforderungen zum Schutz des Bodens jeweils als Generalklauseln enthalten sind. Eine Präzisierung im Rahmen der Vorschrift selbst (so etwa ansatzweise in der VLwF) oder durch spezielle Verwaltungsvorschriften (**"TA Boden"**) steht jedoch aus, so daß die konkrete Ausgestaltung der Genehmigungsanforderungen weitgehend von der Art des verwaltungsmäßigen Vollzugs dieser Regelungen abhängig ist.

Eine zweite Regelungsschwäche liegt - wie anhand der Fallstudien noch im einzelnen zu zeigen sein wird - in gewissen Unklarheiten beim Anlagenbegriff, der insbesondere in der Gewerbeordnung und im Bundes-Immissionsschutzgesetz verwendet wird. Hiernach kann es im Einzelfall strittig sein, ob insbesondere Lagerbehälter noch als Bestandteile einer genehmigungsbedürftigen Anlage anzusehen sind, für die dann die Genehmigungs- und Zuständigkeitsregelungen des heutigen Bundes-Immissionsschutzgesetzes (bzw. des Vorläufers § 16 GewO) gelten, oder ob es sich um eigenständige Lager handelt, die dann nach VbF und VLwF zu behandeln sind.

Eine Regelungsschwäche ist ferner darin zu sehen, daß die Anzeige nach § 14 GewO als weitgehend formaler Vorgang geregelt ist, wonach sich die Anzeige darauf beschränkt, den Gegenstand des beabsichtigten Gewerbebetriebs kurz zu beschreiben. Eine Überprüfung, ob der in der Anzeige beschriebene Betriebsgegenstand mit der dann tatsächlich aufgenommenen gewerblichen Tätigkeit übereinstimmt, etwa in Form einer Betriebsbesichtigung, ist innerhalb dieses formalen Anzeigeverfahrens nicht vorgesehen. Dieses weitgehend formale Verfahren ist vor allem deshalb zu kritisieren, weil die Anzeige nach § 14 GewO von jedermann, der ein Gewerbe eröffnen will, zu machen ist (offenbar in aller Regel auch gemacht wird, weil z.B. bei der Eintragung in das Handelsregister nach der erfolgten Anzeige gemäß § 14 GewO gefragt wird) und somit die Möglichkeit böte, auch solche Betriebe, die unter der Schwelle der Genehmigungsbedürftigkeit nach (früher:) § 16 GewO bzw. § 4 BImSchG bleiben, noch vor Betriebsaufnahme auf ihre "Umweltverträglichkeit" (etwa anhand ihrer Produktionsbeschreibung, der voraussichtlichen Roh- und Abfallstoffe usw.) zu prüfen oder aber - bei Hinweis auf eine Genehmigungsbedürftigkeit - die Immissionsschutzbehörde zu informieren. So gesehen, könnte und sollte das Anzeigeverfahren nach § 14 GewO als wirksames 'Frühwarn'-Verfahren ausgestaltet werden. Gerade am Falle von Dr. Kalisch, dem es mit seinem Betrieb jahrelang gelang, einem gewerberechtlichen Genehmigungsverfahren zu entgehen, läßt sich ablesen, wie wichtig eine solche 'Frühwarnung' über ein wirksamer ausgestattetes Anzeigeverfahren nach § 14 GewO hätte sein können.

2.3 Überwachung

Spezielle Regelungen für die Überwachung der hier zur Rede stehenden Betriebe/Anlagen sind in folgenden Gesetzen und Verordnungen enthalten.

2.3.1 Gewerbeordnung § 24, Verordnung über brennbare Flüssigkeiten

Unter den Vorschriften der Gewerbeordnung folgt die Pflicht der zuständigen Aufsichtsbehörde zu regelmäßiger Überwachung zwingend aus der Regelungsabsicht von § 24 GewO ("überwachungsbedürftige Anlagen") und den zur Ausführung dieser Bestimmung erlassenen Rechtsverordnungen, insbesondere der **Verordnung über die Errichtung und den Betrieb von Dampfkesselanlagen (Dampfkesselverordnung - DampfkV)** vom 8.9.1965 und der **Verordnung über brennbare Flüssigkeiten** von 1960. Zuständige Aufsichtsbehörde ist das Gewerbeaufsichtsamt.

Nach § 17 DampfKV betragen die Fristen für die wiederkehrenden Prüfungen (je nach Prüffrage) zwischen einem und 9 Jahren.

Die VbF legt in §§ 14 - 15 Einzelheiten der Überwachung nach Zeiträumen fest. Ortsfeste Lager sind vor Inbetriebnahme, nach jeder wesentlichen Änderung und in regelmäßigen Abständen (zwischen 3 und 6 Jahren) von einem Sachverständigen zu überprüfen. Außerdem können Prüfungen bei besonderen Anlässen angeordnet werden. Nach § 18 VbF hat der Betreiber einer solchen Anlage die vorgeschriebenen Prüfungen zu veranlassen. Die Prüfbescheinigung ist bei der Anlage aufzubewahren. Ergibt die Prüfung, daß sich die Anlage nicht in ordnungsgemäßem Zustand befindet, hat der Sachverständige dies der Aufsichtsbehörde anzuzeigen.

2.3.2 Arbeitsschutzgesetz

Das **Arbeitsschutzgesetz** weist in § 8 Abs. 1 die Aufsicht über die Durchführung des Arbeitsschutzes ausdrücklich dem Gewerbeaufsichtsamt Berlin zu. In § 8 Abs. 3 sind die Aufgaben des Gewerbeaufsichtsamtes definiert, das für eine "umfassende und gleichmäßige Durchführung des Arbeitsschutzes" zu sorgen und "die Allgemeinheit gegen gefährdende und belästigende Einwirkungen der Betriebe zu sichern" hat. Der Gewerbeaufsicht "stehen zur Durchführung ihrer Aufgaben polizeiliche Befugnisse zu". Das Gewerbeaufsichtsamt Berlin kann auf Grund § 10 Abs. 4 Satz 2 "Proben der im Betrieb verwandten oder anfallenden Stoffe zum Zwecke der Untersuchung entnehmen, wenn es dies zur Durchführung des Arbeitsschutzes für erforderlich hält".

2.3.3 Brandsicherheitsverordnung

Die verschiedenen Verordnungen über die Brandsicherheitsschau schreiben Intervalle von 2 bis 3 Jahren für die Überprüfung vor. Die **Polizeiverordnung über die Einführung der Brandschau** vom 1.1.1934 verpflichtet die Inhaber von Bauten den Beauftragten der polizeibehörden zum Zwecke der Prüfung auf Verlangen den Zutritt zu allen Räumen und die Prüfung aller derartigen Einrichtungen und Anlagen zu gestatten.

Die **Verordnung über die Brandsicherheitsschau** vom 19.11.1964 schränkt den Kreis der zu überprüfenden Anlagen auf bauliche Anlagen und sonstigen Einrichtungen ein, die wegen ihrer Beschaffenheit, Verwendung oder Lage in erhöhtem Maße brand- oder explosionsgefährdet sind oder in denen bei Schadenseintritt eine größere Anzahl von Personen gefährdet sein würden. Die Brandsicherheitsschau ist nach Bedarf in Zeitabständen von höchstens drei Jahren durchzuführen.

Die **Verordnung über die Brandsicherheitsschau und Betriebsüberwachung** vom 17.5.1976 schränkt den Bereich der dieser Verordnung unterliegenden Betriebe weiter ein und führt einen Katalog der zu prüfenden Betriebe ein. Unter § 2 Abs. 1 Nr. 6 werden Anlagen zur Lagerung brennbarer Flüssigkeiten mit jeweils mehr als 500 m^3 genannt. Die Brandsicherheitsschau ist alle zwei Jahre durchzuführen.

2.3.4 Wasserhaushaltsgesetz (WHG)

Das WHG verpflichtet Betreiber von Anlagen, die einer wasserbehördlichen Erlaubnis oder Bewilligung bedürfen, eine behördliche Überwachung der Anlagen zu dulden. § 21 Abs. 1 verpflichtet den Betreiber einer solchen Anlage, das Betreten von Betriebsgrundstücken und -räumen während der Betriebszeit zu gestatten, er hat auch technische Prüfungen zu ermöglichen. Nach Abs. 2 sind auch die Betreiber einer Anlage zur Lagerung wassergefährdender Flüssigkeiten dazu verpflichtet.

2.3.5 Lagerverordnung

Die Verordnung über das Lagern wassergefährdender Flüssigkeiten vom 27.5.1970 verlangt in § 8, daß der Betreiber unterirdische Lagerbehälter, ortsfeste oberirdische Lagerbehälter mit einem Rauminhalt von mehr als vierzigtausend Litern und das Zubehör dieser Lagerbehälter von einem Sachverständigen prüfen zu lassen hat. Die Prüfung hat vor Inbetriebnahme oder nach einer wesentlichen Änderung sowie spätestens nach fünf Jahren zu erfolgen. Der Betreiber hat den Prüfbericht dem örtlich zuständigen Bauaufsichtsamt spätestens zwei Wochen nach Erhalt vorzulegen.

Während sich die, aus dieser Bestimmung folgende Aufsicht des bezirklichen Bau- und Wohnungsaufsichtsamtes darauf beschränkt, darüber zu wachen, ob die entsprechenden Mitteilungen des Betreibers über die von ihm zu veranlassenden periodischen Prüfungen der Tanks durch Sachverständige vorliegen, und diese Aufsichtsaufgabe mithin weitgehend 'vom Schreibtisch aus' erledigt werden kann, könnte der Eingangspassus der VLwF, wonach die Verordnung "für die mit dem Lagern zusammenhängenden Vorgänge, wie ... den Betrieb von Lagerbehältern (gelte). Zum Betrieb gehören auch das Befüllen und das Entleeren der Lagerbehälter" (§ 1 Abs. 1) auch dahin interpretiert werden, daß sich die Aufsichtsaufgabe des BWA nicht auf die Überwachung der vom Betreiber zu veranlassenden Prüfungen, sondern auch auf den (laufenden) 'Betrieb' im Zusammenhang mit dem Lager erstrecke.

Eine solche Aufsichtsaufgabe würde vom BWA erfordern, das Betriebsgelände in Abständen selber aufzusuchen. In der Kontroverse, die im Falle Pintsch zwischen dem BWA Neukölln und dem SenGesU ausgetragen wurde, ging es eben um diese Interpretation, wobei die Senatsebene dazu neigte, die Bezirksbehörde auf eine (laufende) Überwachung des 'Betriebs' von Tanklagern festzulegen, während das BWA eine solche erweiterte Aufsichtsfunktion zurückwies.

2.3.6 Bauordnung

Die Bauordnung Berlin von 1958 enthält keine Instrumente zur nachträglichen Überwachung. Die Bauordnungen von 1966 und 1971 berechtigen mit § 98, die mit dem Vollzug der Bauordnung beauftragten Personen, Grundstücke und bauliche Anlagen zu betreten. Die Polizeibehörden haben nach § 102, wortgleich § 101 Abs. 2 der BauO von 1971, die Bauaufsichtsbehörde von allen Vorgängen zu unterrichten, die das Eingreifen der Bauaufsicht erfordern.

2.3.7 Altölgesetz, Abfallbeseitigungsgesetz

Das Altölgesetz ermöglicht mit § 6 die Überwachung eines altölbesitzenden Betriebes. Es sind Nachweisbücher zuführen und Belege an die zuständige Behörde zu übersenden, sowie auf Verlangen die Nachweisbücher zur Überprüfung vorzulegen. Nach Abs. 4 hat der Altölbesitzer der zuständigen Behörde auf Verlangen unverzüglich alle Auskünfte zu erteilen, die zur Überwachung notwendig sind. Die von der zuständigen Behörde beauftragten Personen sind berechtigt, während der Geschäftszeiten Grundstücke, Anlagen und Geschäftsräume des Auskunftspflichtigen zu betreten und dort Untersuchungen und Prüfungen vorzunehmen. Auch können Proben ohne Entgelt entnommen werden und die Geschäftsunterlagen eingesehen werden. Die Nachweisbücher dienen dem Altölabgebenden als Nachweis gegenüber der Behörde, daß das Altöl im gesetzlichen Rahmen entsorgt wurde. Dem Altölabnehmer dienen die Nachweisbücher unter anderem, aus dem vom Bundesamt für die gewerbliche Wirtschaft verwalteten Sondervermögen, Subventionen für die umweltunschädliche Aufarbeitung des Altöls zu erhalten. Diese Zuschüsse zur Altölaufarbeitung könne Betriebe nach der **1. Verordnung zur Durchführung des Altölgesetzes** vom 21.1.1969 erhalten, wenn das Altöl entweder verbrannt wird, mit wirtschaftlicher Nutzung der freiwerdenden Energie oder einer Aufarbeitung zu Schmierölen oder anderen Zweitraffinaten mit mindestens einer Destillation unterzogen wird.

Das Abfallbeseitigungsgesetz ermöglicht eine Überwachung der Besitzer von Abfällen, die nicht mit dem Hausmüll entsorgt werden können. Nach § 11 Abs. 3 und 4 danach, kann die zuständige Behörde von Besitzern solcher Abfälle Nachweis über Art, Menge und Beseitigung verlangen, ebenso das Führen von Nachweisbüchern. Auf Verlangen sind der zuständigen Behörde Nachweisbücher und Belege vorzulegen. Weiterhin haben Abfallbesitzer und Beseitigungspflichtige den Beauftragten der Überwachungsbehörde Auskunft über Betrieb, Anlagen, Einrichtungen und alle sonstigen der Überwachung unterliegenden Gegenstände zu erteilen. Sie haben das Betreten von Grundstücken und den Zugang zu Abfallbeseitigungsanlagen zu gestatten. Auch haben sie die zur Prüfung notwendigen Arbeiter und Werkzeuge bereit zu stellen.

Nach der Fassung des AbfG von 1976 ist der Betreiber einer Anlage, in der Abfälle dieser Art (§ 2 Abs. 2) anfallen, der Beförderer dieser Abfälle, sowie der Betreiber einer Abfallbeseitigungsanlage nach § 11 Abs. 3 gehalten Abfallbelege der zuständigen Behörde vorzulegen. Die **Abfallnachweis-Verordnung** vom 2.6.1978 regelt im einzelnen die Handhabung des Nachweisverfahrens. In § 1 Abs. 3 werden verschiedene Anlagen als Abfallerzeuger, die zur Führung eines Nachweisbuches verpflichtet sind, genannt. Dazu gehören auch Anlagen zur Destillation von Altöl, Schmieröl oder organischen Lösemitteln sowie ein breites Spektrum der chemischen Industrie.

2.3.8 Bundes-Immissionsschutzgesetz

Auch das BImSchG hat mit § 52 einen Überwachungsparagraphen, der es zuständigen Behörde ermöglicht Grundstücke zu betreten, Auskünfte einzuholen, Prüfungen vorzunehmen und Unterlagen einzusehen. Auch das Entnehmen von Proben ist nach Abs. 3 zulässig.

2.3.9 Regelungsdefizite

Unter den hier in Betracht kommenden Regelungsbereichen ist die Pflicht einer regelmäßigen Betriebs- bzw. Anlagenüberwachung durch die zuständige Behörde im wesentlichen für den Vollzug des Arbeitsschutzes und des § 24 GewO ("überwachungsbedürftige Anlagen"), in diesem Zusammenhang insbesondere der **Verordnung über brennbare Flüssigkeiten** vorgesehen. Zuständige Aufsichtsbehörde für diese Bestimmungen ist das Gewerbeaufsichtsamt. Daneben folgt aus der LagerVO eine regelmäßige Aufsichtspflicht über Lagerbehälter durch das bezirkliche Bau- und Wohnungsaufsichtsamt, wobei bei enger Auslegung dieser Bestimmung die Bezirksbehörde nur darüber zu wachen hat, ob die Betreiber die erforderliche periodische Prüfung der Behälter vornehmen lassen.

Unter dem Blickwinkel des Boden- und Wasserschutzes auf Betriebsgeländen sind diese Aufsichtsregelungen als insgesamt unzureichend einzuschätzen. Zwar ist mit der Betriebsaufsicht durch das Gewerbeaufsichtsamt/LAfA eine regelmäßige Betriebsrevision, also ein Betriebsbesuch 'vor Ort' gegeben, während die Aufsicht des bezirklichen BWA 'vom Schreibtisch aus' vorgenommen werden kann. Jedoch ist für die 'Optik', unter der die Betriebsbesichtigung durch das Gewerbeaufsichtsamt/LAfA durchgeführt wird, von vornherein in Rechnung zu stellen, daß die Regelungen, für deren Vollzug diese Behörde zuständig ist, 'vom Arbeitsschutz her' gedacht sind, was für die Vorschriften zum Arbeitsschutz selbstverständlich ist, aber auch für § 24 GewO (Abs. 1: "Zum Schutze der Beschäftigten und Dritter vor Gefahren durch Anlagen ...") in erster Linie gilt. Hinzu kommt, daß die auf Grund von § 24 GewO, also innerhalb dieses Normzweckes, erlassene Verordnung über brennbare Flüssigkeiten auf die Vermeidung von Explosions- und Brandgefahr gerichtet ist. Der Effekt für Boden- und Wasserschutz kommt nur mittelbar dadurch zustande, daß brennbare Flüssigkeiten zugleich wassergefährdend sind und die über, im Rahmen von VbF anzuwendenden technischen Vorschriften zur Dichtigkeit usw. der Behälter, gleichzeitig der Undurchlässigkeit im Sinne des Boden- und Wasserschutzes dienen. Zwar ist die Bedeutung der Betriebs- und Anlagebesichtigungen durch das Gewerbeaufsichtsamt/LAfA für den Boden- und Wasserschutz, zumal in Ermangelung anderer unmittelbar boden- und wasserbezogener regelmäßiger Besichtigungsvorschriften, durchaus erheblich, zumal davon ausgegangen werden kann, daß bei der Besichtigung von Betrieben und Anlagen durch in der Betriebsrevision geübtes und technisch versiertes Personal boden- und wasserschutzrelevante Sachverhalte 'auffallen'. Jedoch ist festzuhalten, daß die Betriebsrevision durch Gewerbeaufsichtsamt/LAfA, vom Normzweck der sie tragenden Bestimmungen, eine 'Optik' hat, für die Boden-Wasserschutz eher am Rande steht.

Für die anderen in ihrer Zuständigkeit betroffenen Behörden, insbesondere für die Wasserbehörde, sind Verfahren einer regelmäßigen Betriebsüberwachung bislang nicht vorgesehen. Sie wären überwiegend, denkt man etwa an Wasserbehörde oder Abfallbeseitigungsbehörde, auch nicht praktikabel. Diese Behörden sind für die Wahrnehmung ihrer ordnungsbehördlichen Zuständigkeit zum Vollzug 'ihres' jeweiligen Vorschriftenfeldes darauf angewiesen, durch Hinweise von anderen Behörden und Stellen, die mit den Betrieben in Kontakt kommen und entsprechende Wahrnehmungen machen (z.B. die Berliner Entwässerungswerke, deren Störmeldungen im Falle Kalisch eine wichtige Rolle spielten) sowie durch Beschwerden von Nachbarn usw. dienliche Informationen zu erhalten.

So wichtig die regelmäßigen 'Kontrollschleifen' des Gewerbeaufsichtsamts/LAfA und auch die in der Kooperation der Behörden unterschiedlicher Zuständigkeits- und damit Aufmerksamkeitsfelder für die Identifizierung boden- und wasserschutzrelevanter Sachverhalte ist, bleibt festzuhalten, daß eine regelmäßige Betriebsaufsicht, für die Belange des Umwelt- und damit auch Boden- und Wasserschutzes im Mittelpunkt steht, bislang fehlt.

2.4 Sanktionen

2.4.1 Regelungsfelder

§ 25 der Gewerbeordnung bezieht sich auf die Stillegung oder Beseitigung einer Anlage, falls sie ohne die nach § 24 GewO (sowie der Aufgrund von § 24 GewO erlassenen Verordnungen, insbesondere der Verordnung über brennbare Flüssigkeiten) erforderliche Erlaubnis oder Sachverständigenprüfung betrieben oder geändert wird. § 51 ermöglicht die Untersagung der Benutzung eines Gewerbebetriebes, falls Nachteile und Gefahren für das Gemeinwohl überwiegen. Dies gilt nicht für Anlagen, die dem BImSchG unterliegen.

§ 10 des Arbeitsschutzgesetzes ermöglicht es dem Gewerbeaufsichtsamt, die Stillegung eines Betriebes anzuordnen, falls dies zur Abwehr einer die Arbeitnehmer unmittelbar bedrohenden Gefahr notwendig ist.

§ 9 Abs. 2 des Abfallbeseitigungsgesetzes (AbfG) ermöglicht es der zuständigen Behörde, den Betrieb einer bestehenden Anlage zu untersagen, "wenn eine erhebliche Beeinträchtigung des Wohls der Allgemeinheit durch Auflagen, Bedingungen oder Befristungen nicht verhindert werden kann."

Gemäß § 17, Abs. 1 BImSchG kann die zuständige Behörde "zur Erfüllung der sich aus diesem Gesetz und der auf Grund dieses Gesetzes erlassenen Rechtsverordnungen ergebenden Pflichten ... nach Erteilung der Genehmigung" (nachträgliche) Anordnungen erlassen, wenn "nach Erteilung der Genehmigung festgestellt (wird), daß die Allgemeinheit oder die Nachbarschaft nicht ausreichend vor schädlichen Umwelteinwirkungen oder sonstigen Gefahren, erheblichen Nachteilen oder erheblichen Belästigungen geschützt ist".

§ 20 BImSchG gibt der zuständigen Behörde die Möglichkeit, bei Betreibern, die entweder einer nachträglichen Anordnung nicht nachkommen oder die ohne die erforderliche Genehmigung eine Anlage betreiben, die Stillegung des Betriebs zu verlangen. Desweiteren kann eine Beseitigung des Betriebes angeordnet werden, wenn die Allgemeinheit oder die Nachbarschaft nicht auf andere Weise ausreichend geschützt werden kann. § 20 Abs. 3 BImSchG nimmt Bezug auf die Zuverlässigkeit des Betreibers oder der mit dem Betrieb beauftragten Personen. Bei erwiesener Unzuverlässigkeit des Betreibers hinsichtlich der Einhaltung von Rechtsverordnungen zum Schutze vor schädlichen Umwelteinwirkungen kann die zuständige Behörde den Betrieb der Anlage untersagen.

Das **Polizeiverwaltungsgesetz** vom 2.10.1958 gibt der Polizeibehörde mit § 14 die Möglichkeit bei Gefahren, die die öffentliche Sicherheit und Ordnung gefährden, Maßnahmen zu ergreifen um diese abzuwenden (Generalklausel). Das **Allgemeine Gesetz zum Schutz der öffentlichen Sicherheit und Ordnung in Berlin (ASOG)** vom 11.2.1975, das das Polizeiverwaltungsgesetz ablöste, enthält diese Generalklausel ebenso (§ 14 ASOG).

In allen Gesetzen und Verordnungen sind Straf- oder Ordnungswidrigkeitstatbestände definiert. Außer Freiheits- und Geldstrafen sind in manchen Gesetzen auch direkte Einwirkungen auf die Anlage und die Art des Betriebes vorgesehen. Hierzu gehört § 35 der Gewerbeordnung, die Gewerbeuntersagung wegen nachweislicher Unzuverlässigkeit des Gewerbetreibenden in bezug auf dieses Gewerbe. Es kann ihm aber auf Antrag gestattet werden, den Betrieb durch einen Stellvertreter weiterführen zu lassen.

Durch das **Strafrechtsänderungsgesetz** vom 28.3.1980 wurden die Strafandrohungen der verschiedenen umweltschützenden Gesetze im Strafgesetzbuch zusammengefaßt.

In § 324 **StGB** wird das unbefugte Verunreinigen eines Gewässers, laut § 330 d zählt auch das Grundwasser zu den Gewässern, mit bis zu fünf Jahren Freiheitsstrafe oder Geldstrafe bedroht. Die umweltgefährdende Abfallbeseitigung wird nach § 326 StGB mit bis zu drei Jahren Freiheitsstrafe oder Geldstrafe geahndet, das heißt, wer unbefugt Abfälle in einer nicht zugelassenen Anlage oder unter wesentlicher Abweichung von einem vorgeschriebenen oder zugelassenen Verfahren behandelt, lagert, ablagert, abläßt oder sonst beseitigt. Nach § 330 c können bei einer Tat nach § 326 Abs. 1,2 Gegenstände, die durch die Tat hervorgebracht oder zur ihrer Begehung oder Vorbereitung gebraucht wurden oder bestimmt gewesen sind und Gegenstände, die sich auf die Tat beziehen eingezogen werden.

§ 327 Abs. 2 StGB droht eine Freiheitsstrafe von bis zu 2 Jahren oder Geldstrafe dem Betreiber einer nach dem BImSchG genehmigungsbedürftigen Anlage oder einer Abfallbeseitigungsanlage im Sinne des AbfG an, falls diese ohne die erforderliche Genehmigung oder Planfeststellung oder entgegen einer auf den jeweiligen Gesetzen beruhenden vollziehbaren Untersagung betrieben wird.

§ 330 StGB bedroht die schwere Umweltgefährdung mit Freiheitsstrafe von drei Monaten bis zu fünf Jahren, die vorliegt falls bei einer umweltgefährdenden Tat Leib und Leben eines anderen, fremde Sachen von bedeutendem Wert, die öffentliche Wasserversorgung oder eine staatlich anerkannte Heilquelle gefährdet wird. Nach Abs. 2 Nr. 1 wird ebenso bestraft, wenn die Eigenschaft eines Gewässers derart beeinträchtigt wird, daß das Gewässer auf längere Zeit nicht mehr wie bisher genutzt werden kann.

2.4.2 Regelungsdefizite

Die Übersicht zeigt, daß die Behörden innerhalb ihrer jeweiligen Zuständigkeit nach geltendem Recht über ein Arsenal wirksamer Handlungsmittel verfügen. Zum Handlungsinstrumentarium der

Wasserbehörde ist allerdings auf das Handlungserschwernis hinzuweisen, daß die jeweilige Anordnung mit der Vermeidung oder Beseitigung einer konkreten Grundwassergefährdung zu begründen ist. Kommt es zum Rechtsstreit, fällt es der Wasserbehörde schwer, den Kausalnachweis zwischen dem Sachverhalt, auf den sich die Anordnung unmittelbar bezieht, und der Grundwassergefährdung zu führen, solange nicht die Ergebnisse aus Bodenaufschlüssen durch entsprechende Bohrungen vorliegen.

Die Probleme, die sich in den Fällen Pintsch und Kalisch in der Durchsetzung von Anordnungen gegen die Betriebe ergaben, sind mithin kaum auf 'Regelungsdefizite' zurückzuführen, sondern liegen, wie die Falluntersuchungen zeigen, im Anwendungs- und Handlungsbereich.

2.5 Zuständigkeiten

2.5.1 Kurzübersicht durch die Chronologie der Zuständigkeitsregelungen

Vor 1945 beruhten die Zuständigkeiten der Berliner Verwaltung überwiegend auf dem Polizeiverwaltungsgesetz vom 1.6.1931 und dem Gesetz über die Zuständigkeit der Verwaltungsbehörden und Verwaltungsgerichtsbehörden vom 1.8.1883. Danach war der Polizeipräsident von Berlin für alle Verwaltungsaufgaben zuständig, außer den durch Ministerialerlasse dem Oberbürgermeister zugewiesenen Verwaltungsaufgaben, zu denen die Baupolizei und die Arbeitsverwaltung gehörten. Die Gewerbepolizei war dem Polizeipräsidenten unterstellt. Nach 1945 wurde durch die Allierten nichts wesentliches an dem Aufgabenbereich des Polizeipräsidenten geändert. 1951 richtete die Senatsverwaltung mit dem Gewereaufsichtsamt eine untere Sonderverwaltung für den Arbeitsschutz ein.

Erst ab 1958 wurden durch das **Gesetz über die Zuständigkeiten in der allgemeinen Berliner Verwaltung vom 2.10.1958 (AZG)**, das **Polizeiverwaltungsgesetz** vom 2.10.1958 und das **Polizeizustän-**

digkeitsgesetz (PolZG) vom 2.10.1958 und ihre Durchführungsverordnungen (DVO) viele Aufgaben des Polizeipräsidenten der allgemeinen Verwaltung zugewiesen. Am 1.9.1975 trat das Allgemeine Gesetz zum Schutz der öffentlichen Sicherheit und Ordnung in Berlin (ASOG Bln) in Kraft und ersetzte das Polizeiverwaltungsgesetz und das Polizeizuständigkeitsgesetz. Das AZG gibt nur den Rahmen vor, der durch die DVOen ausgefüllt wird. Die Einzelheiten werden auf Grund von § 4 Abs. 1 AZG durch Rechtsverordnung geregelt. Lediglich in einigen Gesetzen und Verordnungen wird die zuständige Behörde explizit genannt, so z.B. im Arbeitsschutzgesetz, das Gewerbeaufsichtsamt als zuständige Behörde nennt, oder die VLwF, die das Bauaufsichtsamt als Empfänger der Prüfberichte nennt.

Am detailliertesten sind die Aufgaben und Zuständigkeitsverteilungen in den Durchführungsverordnungen des Polizeizuständigkeitsgesetzes (DVO-PolZG) geregelt. Am 1.1.1959 trat die 1. DVO in Kraft. Darin sind die hier interessierenden Aufgaben wie folgt verteilt:

§ 1 Nr. 3: Senator für Arbeit und Soziales ist für Ordnungsaufgaben bei überwachungsbedürftigen Anlagen im Sinne von § 24 GWO zuständig, soweit die Zuständigkeit der obersten Landesbehörde, der höheren Verwaltungsbehörde oder der Landespolizeibehörde gegeben ist.

§ 2 Nr. 3: Der Senator für Bau- und Wohnungswesen hat die Aufsicht über Wasserläufe und sonstige Gewässer.

§ 3 Nr. 10 b: Der Senator für Gesundheitswesen hat die Gesundheitsaufsicht, soweit Anforderungen an die Reinhaltung der Luft und des Wassers zu stellen sind und, nach Nr. 10 d an Anlagen, die gesundheitliche Gefahren herbeiführen können, soweit überbezirkliche Maßnahmen notwendig sind.

§ 6 Nr. 6: Der Senator für Verkehr und Betriebe ist zuständig für die Aufgaben in Angelegenheiten der Müllbeseitigung.

§ 8 Nr. 6: Der Senator für Wirtschaft und Kredit ist zuständig für die Genehmigung und Untersagung von Anlagen gemäß §§ 16, 22a, 25 und 51 GWO.

§ 9 Nr. 1 e: Die Bezirksämter (Bau- und Wohnungswesen) sind zuständig für die Genehmigung und Überwachung ortsfester Lager und Anlagen für brennbare Flüssigkeiten.

§ 12 Nr. 3 a: Die Bezirksämter (Wirtschaft) sind zuständig für die An-, Ab- und Ummeldung von Gewerbebetrieben und gewerblichen Tätigkeiten.

Nr. 3 b: Weiterhin sind die Bezirksämter (Wirtschaft) zuständig für die Erteilung, Erweiterung, Einschränkung, Rücknahme gewerblicher Erlaubnisse, die Untersagung von Gewerbebetrieben und gewerblichen Tätigkeiten, mit einigen kleinen Ausnahmen.

§ 13 Nr. 27: Der Polizeipräsident ist zuständig, aus dem Geschäftsbereich des Senators für Wirtschaft und Kredit, für die Überwachung von Gewerbebetrieben und gewerblichen Tätigkeiten, soweit sie nicht dem Gewerbeaufsichtsamt obliegt.

§ 14 Nr. 2: Das Gewerbeaufsichtsamt ist zuständig für die Ordnungsaufgaben bei überwachungsbedürftigen Anlagen im Sinne der §§ 24 ff GWO, soweit nicht der Senator für Arbeit und Soziales oder die Bauaufsichtsbehörden zuständig sind.

Die Neufassung vom 22.4.1965 brachte dem Senator Arbeit und Sozialwesen die Zuständigkeit für § 17 VbF, sowie die Aufsicht über die Technische Überwachung, nach § 1 Nr. 2. Der Senator für Gesundheitswesen war nun auch für die Anforderungen an die Reinhaltung des Bodens zuständig, laut § 3 Nr. 10 b.
Die Fassung der DVO-PolZG, die am 1.1.1967 in Kraft trat, wies dem Senator für Wirtschaft in § 8 Nr. 6 zusätzlich die Zuständigkeit zum Erlaß von Anordnungen nach § 25 GWO und die Entgegennahme von Anzeigen nach § 16 Abs. 4 GWO (Altanlagen, d.V.), zu.

Auf Grund der DVO-PolZG vom 1.2.1971 wurden dem Senator für Bau- und Wohnungswesen die Ordnungsaufgaben nach dem Altölgesetz zugewiesen (§ 2 Nr. 7). Der Senator für Finanzen wurde für die Müllbeseitigung zuständig (§ 3 Nr. 4).

Die **DVO-PolZG** vom 28.2.1975 enthält ein neues Senatsressort, den Senator für Gesundheit und Umweltschutz, dieser hat die Zuständigkeit des Senators für Gesundheitswesen übernommen und ist auch für die Ordnungsaufgaben nach dem BImSchG zuständig, § 3 a Nr. 11 a, soweit nicht die Bezirksämter oder das Landesamt für Arbeitsschutz und technische Sicherheit zuständig ist. Die Genehmigungskompetenz nach § 16 GWO ist übergeleitet worden in die Genehmigungskompetenz nach § 4 BImSchG und somit auf den Senator für Gesundheit und Umweltschutz übergegangen. Das Landesamt für Arbeitsschutz und technische Sicherheit, das frühere Gewerbeaufsichtsamt übernimmt die Ordnungsaufgaben bei nach § 24 GWO überwachungsbedürftigen Anlagen, auch wenn sie nach § BImSchG genehmigungsbedürftig sind, § 15 Nr. 2.

Am 1.9.1975 trat das Allgemeine Gesetz zum Schutz der öffentlichen Sicherheit und Ordnung in Berlin (ASOG-Bln) in Kraft, daß das Polizeizuständigkeitsgesetz ablöste.

Der Senator für Gesundheit und Umweltschutz erhält nach der **DVO-ASOG** vom 30.8.1978 die Zuständigkeit für die Ordnungsaufgaben nach dem Altölgesetz, § 5 Nr. 14 c, sowie die Zuständigkeit für die Beseitigung von Abfällen, Nr. 23.

Die Zuständigkeiten der Bezirksämter (Bauwesen) werden neu formuliert, so sind sie nun, nach § 10 Nr. 1 e für die Genehmigung ortsfester Behälter für brennbare, wassergefährdende oder sonstige schädliche Flüssigkeiten, die Erlaubnis von Anlagen für brennbare Flüssigkeiten sowie der Überwachung von Anlagen zur Lagerung wassergefährdender Flüssigkeiten auf Grund der Lagerverordnung (VLwF) zuständig.

Die **DVO-ASOG** vom 2.11.1982, § 4 Nr. 7 c machte den Senator für Gesundheit, Soziales und Familie zuständig für die Durchführung der EWG-Verordnungen und Richtlinien hinsichtlich des Gesundheitsschutzes der Bevölkerung in den Bereichen Luft, Wasser, Boden, Geräusche, Erschütterungen, Licht, Strahlen, Chemikalien und anderen Stoffen. Der Senator für Stadtentwicklung und Umweltschutz wird in § 7 Nr. 1 für die Ordnungsaufgaben auf dem Gebiet der Reinhaltung des Bodens, unbeschadet der Zuständigkeit des Senators für Gesundheit, Soziales und Familie zuständig. Ebenso kommt auf Grund von Nr. 5 die Gewässeraufsicht hinzu.

Die Fassung der **DVO-ASOG** vom 4.12.1984 hat für die hier interessierenden Bereiche keine Veränderungen gebracht.

Die DVO-ASOG vom 12.3.1986 weist dem Senator für Stadtentwicklung und Umweltschutz in § 8 Nr. 1 a die Ordnungsaufgaben auf dem Gebiete der Luft unbeschadet der Zuständigkeit des Senators Gesundheit und Soziales zu.

2.5.2 Die Genehmigungs- und Anzeige-Zuständigkeiten im Zusammenhang

Für die **Bauordnung** 1958 wurden die Bau- und Wohnungsaufsichtsämter (BWA) der Bezirke zuständig, wobei auffällt, daß in der ersten Regelung von 1958 die bauordnungsrechtliche Zuständigkeit der bezirklichen Bauämter verhältnismäßig weit gefaßt war, nämlich für "die Bauaufsicht und die Feuer- (Sicherheits) Aufsicht einschließlich der bauaufsichtlichen Befugnisse hinsichtlich der dem allgemeinen Gebrauch dienenden Einrichtungen zur Versorgung mit Trink- und Wirtschaftswasser und zur Fortschaffung von Abfallstoffen und Abwässern" (§ 9, Nr. 1 Buchst. a) DVO-PolZG 1958). Mit der DVO-PolZG 1965 wurde die Reichweite bauordnungsrechtlicher Zuständigkeit auf "einschließlich der bauaufsichtlichen Befugnisse hinsichtlich der Wasserversorgung und Entwässerung von Grundstücken" reduziert; dabei ist es seitdem geblieben.

Außerdem ist das bezirkliche BWA Erlaubnisbehörde für die Verordnung über brennbare Flüssigkeiten, VbF, von 1960 (Aufsichtsbehörde für die VbF ist hingegen das Gewerbeaufsichtsamt wurde) und zuständig für den Vollzug der LagerVO von 1970.

Im gewerberechtlichen Bereich traten 1958 an die Stelle des Polizeipräsidenten:

- für die Entgegennahme der Anzeige nach § 14 GewO: das neu geschaffene bezirkliche Wirtschaftsamt,
- für die Genehmigung nach § 16 GewO: der SenWirtschaft,
- für die Genehmigung nach § 24 GewO: das Gewerbeaufsichtsamt.

Nach Inkrafttreten des BImSchG, das das gewerberechtliche Genehmigungsverfahran nach § 16 GewO durch das immissionsschutzrechtliche nach § 4 BImSchG ersetzte, war zunächst (1974/1981) der SenGesU und ist seit 1981 der SenStadtUm zuständige Immissionsschutzbehörde.

Mit der Einrichtung des SenStadtUm als neue Senatsverwaltung wurde auch die für den Vollzug des Wasserhaushaltsgesetzes und des Berliner Wassergesetzes zuständige Wasserbehörde dem SenStadtUm eingegliedert, nachdem sie seit 1958 zum SenBauWohnen gehört hatte.

Auch die für das Abfallbeseitigungsgesetz zuständige Abfallbeseitigungsbehörde, die vorübergehend beim SenVerkehrBetriebe war, wurde 1981 dem SenStadtUm eingegliedert.

Das fachaufsichtlich dem SenGesSoz unterstellte Gewerbeaufsichtsamt, seit 1974 Landesamt für Arbeitsschutz und Technische Sicherheit (LAfA), ist herkömmlich für den Vollzug des Arbeitsschutzes, ferner seit 1958 für den Vollzug von § 24 GewO und seit 1960 als Ordnungsbehörde für die Verordnung über brennbare Flüssigkeiten (während infolge einer 'gespaltenen' Zuständigkeitsregelung das bezirkliche Bau- und Wohnungsaufsichtsamt für die Erteilung der nach VbF erforderlichen Erlaubnis zuständig ist), zuständig.

2.5.3 Die Zuständigkeiten für Ordnungs- (Aufsichts) Aufgaben im Zusammenhang

Stellt man - zunächst für den Zeitraum 1958 bis 1974 - auf die Zuständigkeiten ab, aus denen sich die Aufgabe einer laufenden Aufsicht über die hier interessierenden beiden Betriebe und wassergefährdende Sachverhalte (laufende Verunreinigung insbesondere durch die Tanklager bzw. Faßlager) ergab,so kommt in erster Linie das Gewerbeaufsichtsamt in Betracht. Dieses war zu laufender Revision aus mehreren Regelungen verpflichtet:

- zum einen zum Vollzug des Arbeitsschutzes, der allerdings auf den Betrieb Kalisch/ Kolhoff wegen der geringen Zahl der Arbeitnehmer nur eingeschränkt zutraf,
- zum andern wegen der in beiden Betrieben verwendeten Dampfkessel,
- schließlich und insbesondere wegen des Umgangs mit brennbaren Flüssigkeiten.

Aus diesen Vorschriften ergab sich die Aufgabe einer periodischen Betriebsüberwachung, für deren 'Optik' - dem Regelungszweck dieser Vorschriften folgend, für die der Arbeitsschutz und die Vermeidung von Explosions- und Brandgefahr im Vordergrund sind, - der Boden- und Wasserschutz allerdings eher am Rande steht.

In diesem Zusammenhang sei daran erinnert, daß das Gewerbeaufsichtsamt/LAfA aufgrund seiner personellen Ausstattung (Aufsichtspersonal: 1960: 61, 1970: 66, 1980: 92, 1987: 83, jeweils ca. 15 im höheren Dienst), technischen Qualifikation und jahrelangen Revisionserfahrung als Aufsichtsbehörde innerhalb der Berliner Verwaltung eine einzigartige Stellung hatte und hat.

Unter dem Blickwinkel einer gewerberechtlichen Aufsichtszuständigkeit kam zwischen 1958 und 1974 - neben dem für überwachungsbedürftige Anlagen nach § 24 GewO zuständigen Gewerbeaufsichtsamt - auch der Gewerbeaußendienst beim Polizeipräsidenten in Betracht. Diese Zuständigkeit ergab sich 1958 daraus, daß zwar die Zuständigkeit für die Genehmigungen nach § 16 GewO beim SenWirtschaft begründet wurde, jedoch die Überwachungsaufgaben dem Polizeipräsidenten übertragen wurden, der "aus dem Geschäftsbereich des Senators für Wirtschaft und Kredit" für "die Überwachung von Gewerbebetrieben und gewerblichen Tätigkeiten, soweit sie nicht dem Gewerbeaufsichtsamt obliegt", zuständig wurde und hierfür den Gewerbeaußendienst einrichtete. Allerdings wurde dieser einerseits in spezialgesetzlich geregelten Bereichen, etwa im Lebensmittelrecht, tätig und übernahm andererseits zunehmend kriminalpolizeiliche Aufgaben im Bereich von Gewerbe- und Umweltdelikten einrichtete. Eine regelmäßige (präventive) Überwachung von Betrieben durch den Gewerbeaußendienst kam unter diesen Umständen nicht in Frage.

Die Aufsichtszuständigkeit über den Vollzug der LagerVO von 1970 liegt beim bezirklichen Bau- und Wohnungsaufsichtsamt.

1974 ergab mit Inkrafttreten des BImSchG auch in der Frage, ob und wie eine Aufsicht über Betriebe unter Umwelt-, also Boden- und Wasserschutzgesichtspunkten einzurichten und auszuüben sei, dadurch eine wichtige Änderung, daß der SenGesU für den Vollzug des BImSchG und hierbei nicht nur (in Ablösung des SenWirtschaft) für das Genehmigungsverfahren, sondern auch für die sich aus dem BImSchG ergebenden Aufsichtsaufgaben zuständig wurde. Diese Zuständigkeit des SenGesU blieb allerdings 'einstufig' organisiert - anders als beim Arbeitsschutz, wo SenGesU in seiner Arbeitsschutz-Zuständigkeit im Gewerbeaufsichtsamt/ LAfA eine nachgeordnete Vollzugsbehörde hatte, also 'zweistufig' organisiert war. Zwar wurde zeitweilig diskutiert, das überkommene Gewerbeaufsichtsamt zu einem Landesamt für Arbeits- und Umweltschutz (LASU) auszubauen, ihm also auch den Vollzug des BImSchG zu übertragen. Jedoch wurde der 'einstufigen' Vollzugsorganisation des BImSchG der Vorzug gegeben. Dabei blieb es auch, als der Vollzug des BImSchG 1981 dem neugebildeten SenStadtUm übertragen wurde.

2.5.4 Regelungsdefizite

Die im Zuge der Verwaltungsreform von 1958 durch die DVO-PolZG 1958 getroffene Zuständigkeitsregelung wies eine Reihe von als problematisch, wenn nicht fehlerhaft einzuschätzende Zuständigkeitszuweisungen auf, die sich auch in den Fällen Pintsch und Kalisch auswirkten.

Dies gilt zum einen für die Regelung, daß SenWirtschaft zwischen 1958 und 1974 für die Erteilung der gewerberechtlichen Genehmigung nach § 16 GewO zuständig war. Angesichts dessen, daß SenWirtschaft in erster Linie für die wirtschaftliche Entwicklung Berlin und deren Förderung zuständig war, und die Genehmigungszuständigkeit gemäß § 16 GewO es unter Umständen erforderlich machte, im Genehmigungsverfahren umweltschutzbezogene Auflagen gegebenenfalls auf Kosten der betrieblichen Entwicklung durchzusetzen, war ein Interessenkonflikt gegeben, der die Wahrnehmung der Genehmigungszuständigkeit nach § 16 GewO behindern konnte.

Eine problematische Zuständigkeitkeitsregelung ist in diesem Zusammenhang auch darin zu sehen, die gewerberechtlichen Zuständigkeiten auf vier Behörden zu zerstückeln: § 14 GewO-Anzeige = bezirkliches Wirtschaftsamt; § 16 GewO-Genehmigung = Wirtschaftssenator; § 24 GewO-Genehmigungs- und Aufsichtszuständigkeit = Gewerbeaufsichtsamt; sonstige gewerberechtliche Aufsichtszuständigkeit = Gewerbeaußendienst beim Polizeipräsidenten. Diese Zerstückelung wog umso mehr, als Behörden zuständig gemacht wurden, die überwiegend unterschiedlichen Fachverwaltungs- und Behördensträngen angehörten (Gewerbeaufsichtsamt = Sonderbehörde unter der Fachaufsicht des SenGesundheit; Gewerbeaußendienst = Polizeipräsident), was die Kooperation und Koordination von vornherein erschwerte.

Aufgrund der Aufspaltung und Verteilung der gewerberechtlichen Aufsichtsaufgaben machte sich zwischen 1958 und 1974 eine Lücke in der Wahrnehmung der gewerberechtlichen Aufsichtsaufgaben dadurch geltend, daß zwar klar geregelt wurde, daß das Gewerbeaufsichtsamt für die Aufsichtsaufgaben nach § 24 GewO zuständig sei, daß jedoch weniger eindeutig geregelt wurde, wer für den "Rest" der gewerberechtlichen Aufsichtsaufgaben (beispielsweise die Aufsicht darüber, ob genehmigungspflichtige Betriebe tatsächlich genehmigt sind) zuständig sein sollte. Die DVO-PolZG 1958 enthielt zwar die Vorschrift, der Polizeipräsident sei "aus dem Geschäftsbereich des Senators für Wirtschaft und Kredit" für "die Überwachung von Gewerbebetrieben und gewerblichen Tätigkeiten (zuständig), soweit sie nicht dem Gewerbeaufsichtsamt obliegt". Wie die weitere Entwicklung zeigte, nahm der Gewerbeaußendienst des Polizeipräsidenten jedoch eine umfassende gewerberechtliche Aufsicht über die Betriebe (außerhalb von § 24 GewO) von Anfang an nicht wahr. In dieser Entwicklung ist ein doppeltes Versagen der für die Ausarbeitung der Zuständigkeitsregelung der DVO-PolZG zuständigen Verwaltungsstelle(n) zu sehen. Zum einen scheint die gewerberechtliche Zuständigkeitsregelung von vornherein verfehlt. Zum andern ist zu bemängeln, daß die in der Regelung angelegte 'Lücke' in der gewerberechtlichen Aufsichtsaufgabe nicht rechtzeitig bemerkt und korrigiert wurde.

Dadurch, daß die Zuständigkeit für den Vollzug des BImSchG, die zwischen 1974 und 1981 beim SenGesU lag und seit 1981 beim SenStadtUm liegt, sowohl die Genehmigungs- als auch die (ordnungsbehördliche) Aufsichtsaufgabe umfaßt, ist seit 1974 - zumindest für den Vorschriftenbereich des BImschG - die 'Regelungslücke' im Hinblick auf die ordnungsbehördliche (Aufsichts-)Zuständigkeit geschlossen. Allerdings scheint die wirksame Institutionalisierung dieser Aufsichtsaufgabe durch die organisatorischen und personellen Rahmenbedingungen der zuständigen Senatsverwaltung bislang beschränkt. Dies gilt zum einen für die bislang unzureichende Personalausstattung, die es nicht erlaubt, eine laufende Betriebsüberwachung ernsthaft ins Auge zu fassen. Wie in der Kontroverse, die sich 1979 innerhalb der Umweltschutz-Abteilung des SenGesU, aus Anlaß der Beantwortung einer parlamentarischen Anfrage zum Fall Pintsch entzündete, deutlich wurde, gab es im Bereich laufender Genehmigungsverfahren einen solchen Bearbeitungsrückstand, daß an eine - gar laufende-

Überwachung genehmigter und auch (unter dem Blickwinkel etwaiger Genehmigungsbedürftigkeit) nichtgenehmigter Betriebe nicht zu denken war. Daran dürfte sich - ungeachtet eines deutlichen Personalzuwachses der Umwelt-Abteilung - nichts Grundlegendes geändert haben. Der Vorstoß, den SenStadtUm vor einiger Zeit unternahm, indem es den bezirklichen Bau-und Wohnungsaufsichtsämtern anbot, ihnen sollte je ein neuer Sachbearbeiter für die Wahrnehmung einer 'Industrieüberwachung' unter Umweltgesichtspunkten zugewiesen werden, zielte darauf, die nach wie vor bestehende "Aufgabenwahrnehmungslücke" zu schließen. Der Vorschlag von den bezirklichen Ämtern als personell völlig unzureichend zurückgewiesen.

Auch die Regelung, die Aufsichtszuständigkeit für die 1970 in Kraft getretene Lagerverordnung, VLwF, dem bezirklichen Bau- und Wohnungsaufsichtsamt (BWA) zu übertragen, war zumindest insofern problematisch, als 1970 von der für diese Regelung zuständigen Verwaltungsstelle(n) offenbar die personellen und technischen Anforderungen, die durch diese Zuständigkeit an die bezirkliche BWA gestellt werden, nicht berücksichtigt wurden. Dies galt insbesondere auch für die Aufsicht über die 'Altanlagen', die kurzfristig aufzuarbeiten die BWA überfordern mußten. (Inzwischen ist dieses Zuständigkeitsproblem dadurch entschärft, daß alle unter die Aufsicht des BWA fallenden ortsfesten Tanks in einer EDV-gestützten Datei erfaßt sind, die für die bezirklichen BWA beim SenStadtUm - Wasserbehörde - geführt wird und über die Betreiber von Lagern gegebenenfalls automatisch gemahnt werden, die periodisch erforderliche Prüfung ihrer Tanks durchführen zu lassen). Ungereimt ist im übrigen, daß die BWA hinsichtlich ihrer Zuständigkeit für die LagerVO nach wie vor fachaufsichtlich dem SenBauWohnen und nicht dem SenStadtUm (Wasserbehörde) unterstehen, obgleich die auf Grund des Berliner Wassergesetzes erlassene LagerVO auf den Grundwasserschutz gerichtet ist und damit die Fachaufsicht der Wasserbehörde, die bis 1981 beim SenBauWohnen war und 1981 in den SenStadtUm eingegliedert wurde, zweckmäßig wäre.

3. Fallstudie Pintsch

3.1 Überblick über die Fallstudie

Bodenverunreinigungen durch die seit den 20er Jahren in Neukölln ansässige Firma Pintsch Oel GmbH wurden erstmals 1972/73 bekannt, als das Land Berlin Teile des Betriebsgeländes erwarb und die BSR hier eine Müllumladestation errichteten. Die seinerzeit erforderlichen Bodensanierungsmaßnahmen führte das Land Berlin auf eigene Kosten durch, ohne zu versuchen, den Verursacher hierfür in Regreß zu nehmen. Auch unterblieben zunächst weitere Schritte zur genauen Ermittlung von Umfang und Gefährlichkeit der auf dem Pintsch-Gelände bestehenden Bodenbelastungen.

Aufgrund einer Anzeige im Jahre 1975 sowie einer Überprüfung betrieblicher Eigenwasserversorgungsanlagen 1977 wurden zuerst die Wasserbehörde und dann das Bezirksamt auf erhebliche Mängel bei den auf dem Pintsch-Gelände betriebenen Tankanlagen aufmerksam gemacht. Die Behörden versuchten zunächst, durch einvernehmliche Regelungen mit den Betreibern eine Beseitigung der Mängel zu erreichen.

Die Betreiber hielten einerseits zugesagte Mängelbeseitigungen an den bestehenden Anlagen nicht ein; andererseits bereiteten sie Schritte zu einer völligen Neukonzipierung der Einrichtungen vor, die insbesondere die Unterstützung des Senators für Wirtschaft als Wirtschaftsförderungsbehörde fanden. Im Rahmen der Vorgespräche über die Neuordnung des Betriebes erhielt auch der Senator für Gesundheit und Umweltschutz als immissionsschutzrechtliche Genehmigungsbehörde erstmals 1976 Kenntnis von dem Betrieb. Eine erste Betriebsbesichtigung zur Erfassung der betrieblichen Abläufe unter Immissionsschutzgesichtspunkten fand jedoch erst zwei Jahre später statt.

Eine Einigung über die Neukonzipierung des Betriebes in Form einer schrittweisen Sanierung kam vor allem deshalb nicht zustande, weil die Eigentümer der Firma neben der vom Senator für

Wirtschaft und dem Bezirksamt Neukölln zugesagten Übernahme der Abräumkosten für die ober- und unterirdischen Gebäudeteile auch die Übernahme der Bodensanierungskosten durch das Land Berlin verlangten. Dies wurde jedoch insbesondere von der Wasserbehörde abgelehnt, die vorab eine systematische Bestandsaufnahme von Art und Umfang der Bodenverunreinigungen auf dem gesamten Betriebsgelände durch Bohrungen forderte. Ab 1977 unternommene Versuche der Wasserbehörde, durch förmliche Anordnungen die Bodenuntersuchung durchzusetzen, scheiterten an Widersprüchen und Klagen der Eigentümer.

Erst eine parlamentarische Kleine Anfrage des Abgeordneten Boroffka (CDU) 1978 hatte zur Folge, daß sich ab 1979 auch die Immissionsschutzbehörde intensiver um den Betrieb kümmerte, wobei sie vor allem selbst bzw. durch entsprechende Aufforderungen an das Bezirksamt die Lagerbehältersituation des Betriebes mit rechtlichen Mitteln zu ordnen suchte. Hierdurch wurde einerseits der Druck auf die Eigentümer, die geplante Neuordnung des Betriebes auch tatsächlich zu beginnen, erheblich verstärkt. Andererseits verhinderten starke verwaltungsinterne Abstimmungsdefizite und offene Auseinandersetzungen zwischen Wasserbehörde, Immissionsschutzbehörde, Bezirksamt und LAfA, daß ein koordiniertes Vorgehen bei der behördlichen Behandlung der Problematik der Bodenbelastung zustande kam. Die Eigentümer konnten sich dabei u.a. auf selbst in Auftrag gegebenen Gutachten stützen, die das Vorliegen erheblicher Bodenverunreinigungen verneinten.

Durch einen Brand Ende 1981 wurden wesentliche Teile der Altölaufbereitungsanlage zerstört. Im Zusammenhang mit der nunmehr erforderlichen Neugenehmigung der Anlage konnte die Wasserbehörde ihrerseits die Durchführung von Bohrungen auf dem Grundstück durchsetzen, welche den erheblichen Umfang von Bodenverunreinigungen nachwiesen und die Erforderlichkeit einer Bodensanierung vor Errichtung der Neuanlage belegten. Bedingt durch diese Entwicklungen sowie durch die Entdeckung von Bodenverunreinigungen an anderen Betriebsstandorten, beantragte die Betreiberin 1984 den Konkurs. Das Land Berlin ordnete im Wege der

Ersatzvornahme die Bodensanierung ab Herbst 1984 an. Es gelang nicht einen Verursacher zu ermitteln und diesen an den Kosten zu beteiligen.

3.2 Ausgangssituation

3.2.1 Vorgeschichte der Firma

Die Firma Pintsch Oel GmbH betrieb auf den Grundstücken Gradestrasse 73 - 81, 83 - 89 (Hinterhof) und 83 - 89 (Nordseite) seit 1925 Altöl- und Rohteerverarbeitung. Die Anfänge des Betriebes sind in den Behördenakten nur unvollständig dokumentiert, da Teile der Unterlagen offensichtlich durch Kriegseinwirkungen verloren gingen. Erhalten sind lediglich u.a. Genehmigungsanträge bzw. Genehmigungen für eine Grube zur Entleerung von Kesselwagen von 1932, für einen 15 m hohen Schornstein von 1941 und für 2 Schmieröllagertanks von 500 bzw. 600 m^3 und 6 Altöllagertanks von je 250 m^3 Fassungsvermögen aus den Jahren 1935 und 1936. In den Genehmigungsanträgen hieß es u.a.: "Die Erweiterung wird bedingt durch die in den letzten Monaten anfallenden Altölmengen, welche nicht mehr in den vorhandenen Tanks untergebracht werden können. Es besteht daher die Gefahr, entgegen den Bestrebungen des Reichswirtschaftsministeriums die angebotenen Altölmengen nicht mehr aufzunehmen. Ferner fehlen für die in der Raffinationsanlage hergestellten Regenerate auch die nötigen Lagertanks. Eine Betriebseinstellung wäre daher nicht zu umgehen, wenn wir nicht die Tankanlage erweitern könnten."

Wie frühere Mitarbeiter für die Zeit zwischen 1937 und 1945 bezeugten, wurden vor allem während der Kriegsjahre und in den unmittelbaren Nachkriegsjahren, die sich aus der Altölverarbeitung ergebenden Abfallstoffe dadurch beseitigt, daß sie in "Säureteichen" abgelagert, zusammen mit Bauschutt vergraben oder einfach "in offene Gruben gekippt" wurden. Noch 1955 beantragte die Firma die Anlage von "Ablagerungsgruben" für "die Ablagerung der bei der Reinigung alter Öle zurückbleibenden nicht mehr verwertbaren Rückstände". Aus einem Vermerk des Stadtplanungsamts Neukölln vom 16.10.1955 ging hervor, daß es "keine Bedenken gegen die beabsichtigte Maßnahme (hatte). Ob das Einbringen der Öl-Rückstände in den Erdboden möglich ist, muß der (seinerzeit noch zuständige, d.V.) Polizeipräsident entscheiden. Bisher sind vermutlich keine Einsprüche erfolgt, da seit Jahren dort schon eine Grube, wie im Plan eingetragen, besteht."

Genehmigungen nach dem Gewerberecht sind in den Akten nicht vorhanden. Die Behörden akzeptierten die Angaben der Firma, daß die Genehmigung nach § 16 GewO 1923 erteilt, aber ebenso wie zwischenzeitliche Änderungsgenehmigungen durch Kriegsereignisse verloren gegangen sei. Ob und inwieweit in den Genehmigungen Vorkehrungen zur Vermeidung von Bodenverunreinigungen getroffen worden sind, läßt sich somit nicht rekonstruieren. Vermutlich dürfte die Einstellung der Behörden zu Fragen des Schutzes vor Bodenverunreinigungen jedoch ähnlich wie die in der Stellungnahme des Brandschutzamtes Neukölln vom 22.10.1935 zur Genehmigung der Tanklagererweiterung gewesen sein: "Keine Bedenken, wenn durch Herstellung einer Umwallung oder Umwandung bzw. durch Herstellung einer Grube Vorsorge getroffen wird, daß etwa ausfließendes Öl aufgefangen wird."

Zur Einschätzung des behördlichen Verhaltens in der Kriegs- und ersten Nachkriegsphase erscheint es insgesamt charakteristisch, daß offenbar noch die Auffassung vorherrschte, mit der Anlage von "Säureteichen" und der Vermischung mit Bauschutt seien mögliche Grundwassergefährdungen am Standort nicht verbunden.

3.2.2 Produktionsverfahren

Seit den 50er Jahren bestand der Betrieb im wesentlichen aus einer Benzoldestillations- und einer Altölraffinationsanlage (Altölraffinerie) und umfangreichen Tanklagern. Die Produktionsabläufe sind in der Betriebsbeschreibung, die die Firma Pintsch Oel GmbH am 15.11.1978 im Zusammenhang mit der Anzeige nach § 67 Abs. 2 BImSchG vorlegte, folgendermaßen erläutert:

Benzol-Destillation:

a) Rohbenzoleingang in Kessel- oder Tankwagen. Transport über Filter und Leitungen in Tanks.
b) Raffination: Rohbenzol wird mit Schwefelsäure behandelt und mit Natronlauge neutralisiert. Als Nebenprodukte fallen Säureteere und Abfallauge an, die in der chemischen Industrie abgesetzt werden, so daß keine Reststoffe verbleiben.
c) anschließende Destillation: Zerlegung von Rohbenzol in Motorenbenzole, Toluol, Xylol, Lösungsbenzole. Es verbleiben keine Zwischen- und Nebenprodukte.
d) "Aus Gründen des Immissionsschutzes wurde eine Wäsche im Anschluß an die Destillation eingebaut, die nur bei der Verladung zwischengeschaltet wird. Die gereinigte Abluft wird über Dach abgeblasen. Da das System geschlossen ist, sind weitere Emissionen ausgeschlossen."
e) Energieversorgung aus eigenem Kesselhaus (Heizöl EL; Genehmigungsbehörde: LAfA).

Die Produktionsmenge wurde 1978 mit 1.000 t Einsatzprodukte pro Monat angegeben, wobei auch kleinere Chargen verarbeitet werden könnten.

Altöl-Raffination:

a) "Das Altöl - angeliefert in Kesselwagen, Straßentankwagen oder Fässern - wird in die Ölauffanggruben abgelassen und den Lagertanks anschließend zugepumpt. Vor dem Ablassen der Fahrzeuge werden Proben entnommen, die im Labor auf Wasseranteile untersucht werden."
b) Vorraffination: Erwärmung des Altöls in Durchlauferhitzer auf 110 - 130°. Vordestillation (Trocknung) und Ableitung des Trockenöls in Lagertanks. Ableitung und Trennung von Wasser und Entwässerungsöl in Abscheidekasten.
c) Versetzung des Trockenöls unter Luftzufuhr mit Schwefelsäure. Nach 48 Stunden wird Säureteer aus den Agiteuren abge-

zogen "und zur Vernichtung bzw. Deponierung verbracht."

d) "Das nun getrocknete und gesäuerte Altöl wird mit Bleicherde versetzt und anschließend abgepreßt."

e) Destillation: Nach erneuter Bleicherdebehandlung wird das Altöl bei 290 - 340° in die verschiedenen Grundöl-Fraktionen gespalten.

f) Nachraffination, Feinfiltrierung: Von den Grundölen werden die Ölschlämme abgezogen, die wieder der Vorraffination zugeführt werden.

g) Die Öle werden desodoriert und mit Dampf behandelt. Es werden Additive zugeführt. Als Endprodukte entstehen Maschinen-, Motoren-, Getriebe-, Hydraulik- und Industrieöle.

h) Destillate mit einer Viskosität von 2,5° E/80° C werden gesondert nachraffiniert und als Verschnittprodukt in Mehrbereichsmotorenölen eingesetzt.

i) Ebenso wird der Vorlauf nachraffiniert und als Mischkomponente für Heizöl EL an Inhaber von Steuerlägern veräußert.

Mengenangaben zum Durchsatz der Altölraffinerie wurden nicht gemacht. Es wurde jedoch angegeben: "Die Schwundsätze liegen bei ca. 30% des eingesetzten Altöls und erklären sich aus der Verschiedenartigkeit desselben. Emissionen können nicht auftreten, da das System geschlossen ist."

Zur Abfallbeseitigung wurde (für 1978!) angegeben: "Als Abfallprodukte fallen Säureteer und oelhaltige Bleicherde an, die zur Deponie Wannsee als Sonderabfall verbracht werden müssen. Dafür liegen uns entsprechende Genehmigungen der BSR vor. Da uns aber eine Abnahmemenge von ca. 200 m^3 für den Säureteer bewilligt wurde, kann die Anlage nicht mehr kontinuierlich gefahren werden. Sie wird deshalb nur noch zweimal im Jahr für jeweils 96 Stunden in Betrieb genommen."

Tanklager:

Ein am 30.5.1979 von der Firma vorgelegtes Behälterverzeichnis enthält insgesamt 247 Positionen, bei denen für etwa die Hälfte noch existierende, überwiegend jedoch als "leer" bezeichnete Behälter und Tanks in der Größenordnung von 0,1 bis 500 m^3 angeführt waren. Einige Tanks waren an andere Firmen vermietet. Als 'kritische Punkte', bei denen Bodenverunreinigungen entstehen konnten, waren somit insgesamt einzustufen:

a) Der Eingangsbereich für die Anlieferung der Ausgangsprodukte, insbesondere die Ölauffanggrube.
b) Der Verbleib von Reststoffen, die während der Produktionsprozesse anfallen, insbesondere Säureteere und Abfallaugen der Benzol-Destillation sowie Entwässerungsöle, Ölschlämme, Säureteere und Bleicherde aus der Altölraffination.
c) Die Lagerung von Vor-, Endprodukten und Produktionsreststoffen.
d) Der Verbleib von angelieferten Ausgangsstoffen im Falle von Engpässen bei der Destillation und Raffination, insbesondere im Altölbereich.
e) Der Verbleib minderwertigerer Endprodukte.

Da die Behörden jedoch keine systematische Bestandsaufnahme der Betriebsabläufe und Mengendurchsätze sowie des Verbleibs der Reststoffe vornahmen, läßt sich aus den von den Behörden ermittelten und in den Akten enthaltenen Informationen nicht rekonstruieren, aufgrund welcher Engpässe im Produktionsprozeß und Verhaltensweisen der Betreiber und in welchen Zeiträumen die festgestellten Bodenverunreinigungen tatsächlich verursacht wurden.

Neben der Firma Pintsch Oel GmbH waren noch weitere, mit dieser verbundene Firmen auf dem Grundstück ansässig:

- Die Firma Pintsch Chemie betrieb einen Handel mit festen und flüssigen Chemikalien und unterhielt auf dem Grundstück ein Tanklager. Der monatliche Umschlag betrug 1979 300 t.

- Die Firma Fuchslocher war seit 1965 bei der Sammlung von Altöl und flüssigen Abfallstoffen tätig und unterhielt auf dem Gelände ein Zwischenlager.
- 300 m^3 Tankraum waren an die Firma GMU (laut Pintsch: "Gesellschaft für Materialrückgewinnung und Umweltschutz"; laut Behördenschreiben "Gelsenberg-Mannesmann Umwelttechnik") vermietet, die Bohrölemulsionen, Dick-, Dünn- und Galvanikschlämme entsorgte.

Die Bedeutung der Fa. Pintsch bestand über die Jahre darin, daß sie der wichtigste, wenn nicht einzige Entsorger für Altöl in Berlin war. Nach eigenen Angaben entsorgte die Firma 1979 90% des in Berlin anfallenden Altöls. Die Firma nahm dabei nicht nur Altöl aus Berlin, sondern auch aus Westdeutschland an.

3.2.3 Konkurs der Pintsch/Bamag und Eigentümerwechsel bei der Pintsch Oel GmbH

Zu Beginn der siebziger Jahre ging die Muttergesellschaft der Pintsch Oel GmbH, die Pintsch Bamag AG, in Konkurs. Das Land Berlin erwarb das Grundstück Gradestrasse 73 - 81, auf dem die BSR die Errichtung einer Müllumladestation planten. Die Pintsch Oel GmbH führte den Betrieb auf dem Grundstück Gradestraße 83-89 weiter. Die Gesellschafteranteile wurden am 1.1.1974 von "Societé Anonyme pour le Commerce et l'Industrie", Luxemburg und Clemens Graf von Stauffenberg erworben. Die Pintsch Oel GmbH erwarb am 14.9.1976 auch das bisher von der Julius Pintsch KG gepachtete Grundstück. Der Grunderwerb wurde Firma in einem Schreiben an den Senator für Wirtschaft vom 14.4.1978 folgendermaßen erläutert: "Der Erwerb des Grundstücks durch die Pintsch Oel GmbH wurde erforderlich, nachdem der zwischen der Julius Pintsch KG und Pintsch Oel GmbH seit dem 25.5.1938 bestehende Pachtvertrag von der Julius Pintsch KG zum 31.12.1971 gekündigt wurde und ein neuer Pachtvertrag nicht geschlossen werden konnte, weil die Julius Pintsch KG selbst in Auflösung begriffen und daher an langfristigen Nutzungsverträgen ihres Grundeigentums nicht interessiert war. Auf Antrag der Julius

Pintsch KG wurde durch Beschluß des Amtsgerichts Neukölln vom 2.10.1972 die Zwangsversteigerung des Grundstücks Gradestraße angeordnet. Es bestand die Gefahr, daß neben Grundstück und Gebäuden auch das Pintsch Oel GmbH gehörende Zubehör von einer Versteigerung erfaßt worden wäre."

Neben der Altölaufbereitungsanlage in Berlin betrieb die Pintsch Oel GmbH Altölverbrennungsanlagen an ihrem Stammsitz Hanau[2] und in Opladen.

3.3 Erste Hinweise über Bodenverunreinigungen

3.3.1 Frühe Hinweise (1953)

Daß das Industriegebiet Gradestraße insgesamt eine Reihe von Bodenverunreinigungen aus verschiedenen Quellen aufwies, war verschiedenen Verwaltungsstellen offensichtlich bereits längere Zeit bekannt. So hieß es in einem Schreiben des Gesundheitsamtes Neukölln an das Institut für Wasser-, Boden- und Lufthygiene des Bundesgesundheitsamtes vom 22.2.1979 im Zusammenhang mit einer gesundheitspolizeilichen Anordnung zur Eigenwasserförderung der Firma FFI, aufgrund der Feststellung von Phenolen und Kohlenwasserstoffen im Betriebswasser: "Bereits im Jahre 1953 muß von Ihrem Institut ein Gutachten über das Nachbargrundstück auf dem Gelände der früheren Schliemann-Teerchemie KG erstellt worden sein, aus dem hervorging, daß daraus täglich etwa 2,5 m^3 wässerige Kondensate mit hohem Phenol- und Pyridingehalt durch einen mindestens 36 m tiefen Rohrbrunnen in das Grundwasser geleitet worden sind. Das Grundwasser soll nach einer gutachterlichen Stellungnahme vom 13.9. 1965 noch 0,8 mg/l Phenol enthalten haben und einen deutlichen Geruch nach Teeröl gehabt haben ... Wir haben außerdem festgestellt, daß die Fa. Kasika, die in südlicher Richtung liegt, viele Jahre lang Teerlösungen

---

2 Zur behördlichen Behandlung der Hanauer Anlage siehe die Fallstudie von **Hans Weiss**, Wie geölt. Chronik eines ganz normalen Umweltskandals, in: DIE ZEIT, Nr. 39, 18.9.1987, S. 13-15.

mit organischen Lösungsmitteln hergestellt hat."

In einem Schreiben an die Wasserbehörde vom selben Tag verwies das Gesundheitsamt darauf, "daß in dem gesamten Industriegebiet ... bereits seit mehreren Jahren erhebliche Bodenverunreinigungen durch Chemikalien bekannt sind. Wir verweisen in diesem Zusammenhang auf Ihr Schreiben vom 10.7.1967 - VII E 431-6793/06-6-G6 - das sich auf ein benachbartes Grundstück der Firma FFI bezieht und in dem bereits darauf hingewiesen wird, daß in diesem Bereich Verunreinigungen bis zu einer Tiefe von 48 m unter Gelände zu erwarten sind und daß das Grundwasser in diesem Stockwerk als Trinkwasser nicht verwendet werden kann."

3.3.2 Entdeckung von Bodenverunreinigungen auf dem Gelände der Müllumladestation (1972/73)

Im Zuge der Planung und Errichtung der Müllumladestation der BSR auf den vom Land erworbenen Grundstücken Gradestraße 73-81 der Julius Pintsch KG wurden umfangreiche Altlasten entdeckt. Am 7.1.1973 berichtete "Der Tagesspiegel": "24.000 m^3 Säureteer als schädlicher Ballast. Senat wurde unfreiwilliger Eigentümer eines Abfallbeckens ... Seinen Ursprung hat der Säuresumpf in der Produktionskette der benachbarten Pintsch Oel GmbH. Diese unabhängig vom Schicksal der Pintsch-Bamag weiterarbeitende Firma hatte die Abfallgrube vorschriftsmäßig angelegt und betrieben". Beschwichtigend fährt der Bericht fort: "Wie Prüfungen ergaben, geht von dem Säureteer auch keine Gefahr für den Boden oder das Grundwasser aus. Er hat die Eigenschaft, sich zu setzen und in jahrelangen Prozesses allmählich zu verharzen. Nur kann man darauf nicht Wege anlegen oder Bauten errichten, dafür wäre er zu schwammig ... Er könnte nur transportiert werden, und dies wegen seiner allgemeinen unfreundlichen Eigenschaften nur in Spezialfahrzeugen. Diese verursachen erhebliche Unkosten."

Wie aus Sitzungsprotokollen einer verwaltungsinternen Arbeitsgruppe "Reinhaltung des Bodens und Abfallbeseitigung" beim Senator für Gesundheit und Umweltschutz zu entnehmen ist, wurden die Säureharze offensichtlich im Rahmen der Umlagerung der Deponie Marienfelde dort untergebracht. Weiterhin wurde in dieser Arbeitsgruppe (Protokoll vom 21.5.1974) der Verdacht geäußert, daß die Pintsch Oel GmbH weiterhin illegal Säureharze auf dem Nachbargelände ablagere. Dem sollte durch ein schnelles Verfüllen der Gruben vorgebeugt werden. Zur Sanierung der Grundstücke durch Bodenaustausch mußte das Land Berlin insgesamt 11 Mio. DM aufwenden, ohne daß nach außen Ansätze erkennbar wurden, den Verursacher zu den Kosten heranzuziehen. Auf die Frage des Finanzsenators vom 1.12.1975, ob die Pintsch Oel GmbH für die Sanierungskosten in Regreß genommen werden könne, antwortete die Wasserbehörde am 15.4.1976, ein Nachweis sei nicht möglich. "Insbesondere haben die von mir angeordneten Aufschlußbohrungen und der durchgeführte umfangreiche Erdaushub im Grenzbereich keinen Hinweis dafür erbracht, daß die Verunreinigungen vom (Pintsch Oel GmbH-Grundstück) herkommen könnten".

3.3.3 Vermutungen über Bodenverunreinigungen auf dem Pintsch-Restgelände

Dabei ist zu beachten, daß im Verlaufe der Sanierung mehrfach Vermutungen und Hinweise deutlich wurden, daß auch das weiterhin von der Pintsch Oel GmbH genutzte Grundstück verunreinigt sei:

a) Der Vermerk von IVb über eine Besprechung am 10.3.1975 zwischen BSR und den Referaten VIIc (Wasserbehörde) und IVb SenBauWohnen lautete: "Grundstück Pintsch, Gradestrasse 83 - 89, Nordseite. Das Betriebsgelände der Firma Pintsch Öl ist mit Anlagen zur Aufbereitung von Altöl dicht bebaut. Augenscheinlich sind der Untergrund sowie Straßen- und Gleisflächen mit Öl verunreinigt. Auflagen zum Schutze des Grundwassers sind hier dringend erforderlich". Zu dieser Passage findet sich die handschriftliche Anmerkung: "Dies ist Aufgabe der Wasserbehörde und nicht der Abt. IV. , die von einer Augenscheinnahme her kaum eine sachgerechte Beurteilung treffen kann".

b) Im Vermerk über einen ähnlichen Termin am 16.5.1975 hieß es: "Aufgrund der bisher auf dem Grundstück für die Müllumladestation gemachten Beobachtung ist eine Beeinflussung vom Grundstück Pintsch her anzunehmen. Vom Wasserwirtschaftsamt wurde berichtet, daß das Ergebnis der bisher auf dem Grundstück Pintsch durchgeführten Aufschlüsse wider Erwarten günstiger ausgefallen sind, als bei einigen Aufschlüssen des Grundstücks BSR. Der Umfang der Aufschlüsse auf dem Pintsch-Gelände ist jedoch laut Wasserwirtschaftsamt nicht ausreichend, um eine endgültige Aussage machen zu können. Es muß vielmehr angenommen werden, daß auch auf dem Pintsch-Gelände ein Bodenaustausch bis in größere Tiefen, in Grenzfällen bis zur Geschiebelehmschicht, notwendig ist. Unter diesen Gesichtspunkten wurde es von allen Beteiligten für notwendig erachtet, den auf der Grundstücksgrenze Pintsch-BSR herzustellenden Verbau so auszulegen, daß zu einem späteren Zeitpunkt auf dem Grundstück Pintsch ein entsprechend tiefer Aushub möglich ist ... Da von keiner Seite ausgeschlossen worden konnte, daß verunreinigtes Sickerwasser von dem Grundstück Pintsch erneut die sanierten Zonen auf dem Grundstück BSR verunreinigt, wurde vom Wasserwirtschaftsamt empfohlen, durch geeignete Maßnahmen eine gewisse Dichtigkeit des Verbaues zu erzielen".

3.3.4 Hinhaltende Reaktion der Wasserbehörde

Diese Vermerke verdeutlichen, daß der Wasserbehörde 1975 die Tatsache der Bodenverunreinigung auf dem Pintsch-Gelände bekannt war. Unklar bleibt dagegen, ob zum damaligen Zeitpunkt auch die Schwere der Verunreinigung bekannt war. Hierzu finden sich in den Akten widersprüchliche Feststellungen:

a) Der zitierte Vermerk vom 16.5.1975 deutet an, daß die Verunreinigung des Pintsch-Geländes eher geringer eingeschätzt wurde als die des BSR-Geländes. Es ist von 6 Bohrungen die Rede, die "keine schlechteren Ergebnisse erbracht (hätten) als außerhalb des Grundstücks".

b) Andererseits vermerkte der Vertreter der Wasserbehörde fünf Jahre später (20.6.1980) im Zusammenhang mit einem von der Firma in Auftrag gegebenen Gutachten: (Gegen das Gutachten) "sprechen die uns vorliegenden Bohrergebnisse aus dem Jahre 1975. Ich hatte im Zuge der Sanierung des Nachbargrundstücks BSR damals von der ausführenden Fa. S. einige wenige Bohrungen auf dem Pintsch Oel GmbH-Grundstück niederbringen lassen. Die Schichtenverzeichnisse weisen Benzolverunreinigungen noch in 10,30 m Tiefe nach". Als er diesen Befund später auch der Firma gegenüber erwähnte und gefragt wurde, ob dies seinerzeit der Firma mitgeteilt worden sei, äußerte der Vertreter der Wasserbehörde, "es sei seitens des Senats keinerlei Veranlassung gewesen, diese Ergebnisse dem jetzigen Eigentümer, Polizeipflichtigen und auch Investor offiziell mitzuteilen ...".

Insgesamt ist festzuhalten, daß die Wasserbehörde 1975 die Tatsache der Bodenverunreinigung auf dem Pintsch-Gelände kannte und vermutlich auch deutliche Hinweise auf die Schwere der Belastung hatte. Sie hielt die Angelegenheit jedoch offensichtlich nicht für dringlich genug, um sofortige Schritte zu einer genaueren Ermittlung der Bodenverunreinigung einzuleiten. Vielmehr beschränkte sie sich allein auf die Abwehr weiterer Belastungen des BSR-Geländes und unternahm nichts, um gegen den Verursacher selbst vorzugehen, geschweige denn, diesen für den Schaden auf dem BSR-Gelände regreßpflichtig zu machen. Auf ein Schreiben der BSR vom 26.5.1975 zur Frage der Finanzierung des Schutzes des BSR-Geländes vor einsickerndem und u.U. verschmutztem Grundwasser vom Nachbargrundstück her ("... Unzumutbar erscheint uns jedoch, von uns die Finanzierung von Maßnahmen zu verlangen, die das Eindringen von Öl verhindern sollen, das auf dem Nachbargrundstück vermutet wird ... Wenn SenBauwohnen der Meinung ist, daß auf dem heute von Pintsch Oel GmbH genutzten und Frau Elly Pintsch und Erben gehörenden Grundstück im Untergrund wassergefährdende Flüssigkeiten vorhanden sind, deren Ausbreitung auf Nachbargrundstücke verhindert werden soll, so muß die Finanzierung der dazu nötigen Maßnahmen dem Verursacher bzw. dem Besitzer des verschmutzten Grundstücks auferlegt werden. Auch der Betreiber der Anlage auf der anderen Grundstücksseite, die Firma L., wird wohl kaum veranlaßt werden können, auf ihre Kosten Abdichtungsmaßnahmen gegen das Eindringen von Öl aus dem Pintsch Oel-Grundstück zu veranlassen. Ebenso glauben wir nicht, daß Sie die Absicht haben, das angrenzende Straßenland auf Kosten Berlins gegenüber dem Pintsch-Grundstück abzudichten.") antwortete die Wasserbehörde lediglich: " ... die erwähnten Sanierungsmaßnahmen sind von der Waserbehörde weder verlangt noch angeordnet worden ..." und reduzierte ihre Anforderungen an den Verbau zwischen den beiden Grundstücken.

Weiterhin lehnte die Wasserbehörde das Drängen der BSR ab, die umliegenden Brunnen auf Wasserverunreinigungen hin zu untersuchen. In mehreren handschriftlichen Vermerken wurde dies mit einer möglichen Beunruhigung der Bevölkerung sowie mit den angeblich hinter der Forderung stehenden Interessen des Gutachters, "groß ins Geschäft zu kommen", begründet.

Die Tendenz der Wasserbehörde, 'keine schlafenden Hunde' durch die Ausdehnung der Suche nach Bodenverunreinigungen 'zu wekken', dürfte nicht zuletzt auch damit im Zusammenhang stehen, daß die Deponieraumkapazitäten Berlins vor dem Abschluß des Abfallbeseitigungsvertrags mit der DDR äußerst angespannt waren, so daß man eine weitere Erhöhung des Aufkommens an kontaminierten Böden durch das seinerzeit praktizierte Verfahren des Bodenaustauschs vermeiden wollte. Auch dürfte die Einstellung der Wasserbehörde durch die auch heute noch bestehende Vorstellung von der "räumlichen Arbeitsteilung" zwischen Trinkwassergewinnung im Westen und Norden der Stadt sowie allenfalls betrieblicher Eigenwasserversorgung im Südwesten gekennzeichnet gewesen sein. Aus dieser Perspektive bestand keine unmittelbare Gefährdung für das Trinkwasser, man glaubte deshalb, auf Sofortmaßnahmen verzichten zu können. Selbst wenn diese Situationseinschätzung noch zu akzeptieren wäre, erwies sich das Handeln der Wasserbehörde dennoch in dreierlei Hinsicht als mangelhaft:

1) Es wurden keine Schritte zur Beweissicherung über Art und Umfang der Bodenverunreinigungen auf dem Gelände der Pintsch Oel GmbH unternommen.
2) Andere Behörden - insbesondere die Bezirksverwaltung und die Immissionsschutzbehörde - die über eigene rechtliche Instrumente auf den Betrieb hätten Einfluß nehmen können, wurden nicht informiert.
3) Es wurden keine Überlegungen darüber angestellt, ob es sich bei den vorgefundenen Bodenverunreinigungen lediglich um "alte Sünden der Kriegs- und unmittelbaren Nachkriegsjahre" handelte oder ob von den bestehenden Betriebsabläufen und-praktiken des Unternehmens nach wie vor Bodenverunreinigungen ausgingen.

Vielmehr herrschte bei der Wasserbehörde offensichtlich die falsche Vorstellung vor, die Lage 'selbst im Griff zu haben'. Hierdurch unterblieb eine Beweissicherung, die später voraussichtlich bessere Handhaben dafür geschaffen hätte, die Betriebsabläufe zügig zu sanieren und u.U. die Verursacher noch in Regreß zu nehmen.

3.4 Hinweise von außen auf betriebliche Mißstände als Anlaß für Überprüfungsaktivitäten der Wasserbehörde

3.4.1 Investitionsvorhaben der neuen Eigentümer

Die neuen Eigentümer der Pintsch Oel GmbH entwickelten expansive unternehmerische Aktivitäten. Zwischen Oktober 1974 und Mai 1978 wurde das Stammkapital der Pintsch Oel GmbH von ursprünglich 1,4 Mio. DM auf knapp 5 Mio. DM erhöht. Ab 1976 verhandelte die Firma mit verschiedenen Senats- und Bezirksstellen über umfassende Neuinvestitionspläne und Möglichkeiten der Förderung mit öffentlichen Mitteln (siehe Abschnitt 3.7).

Zudem wurde die Pintsch Chemie GmbH (ab 1980 "UCH Universal Chemie Handels GmbH", ab 28.6.1983 Fa. Kruse Chemie Berlin KG) gegründet, die das Einsammeln und den Verkauf von Altöl und anderen Altchemikalien sowie aufbereiteten Produkten übernahm (Unternehmensgegenstand laut Eintragung vom 26.2.1980 im HR Charlottenburg: "Der Einkauf, die Sammlung, die Bearbeitung, die Beseitigung und der Vertrieb von chemischen, petrochemischen und mineralölhaltigen Produkten und Abfällen"). Am 19.11. 1979 wurde die Firma Pintsch Envirotec GmbH gegründet (StK 200.000 DM) und am 8.2.1980 mit dem Unternehmensgegenstand "Die Ausübung entsorgender Funktionen der gewerblichen Wirtschaft, insbesondere zur Sammlung und Lagerung sowie zum Transport und Verkauf von Altöl im Rahmen aller gesetzlichen Bestimmungen" ins HR Charlottenburg eingetragen. Diese Verschachtelung[3] blieb für den Ausstehenden - nicht zuletzt für die Behörden - verwirrend, zumal - wie in einem Interview gesagt wurde - diese Firmen praktisch von einem Büro ausgeführt wurden, in dem "die Geschäftsführer der verschiedenen Firmen durcheinanderliefen".

3.4.2 Anzeige aus interessierten Kreisen (1975)

Im Zusammenhang mit den zunehmenden Aktivitäten der Gruppe erhielt die Wasserbehörde am 15.10.1975 ein Schreiben aus interessierten Verbandskreisen: "Auf dem Gelände der Pintsch Oel GmbH hat sich jetzt die Firma Pintsch-Chemie niedergelassen. Nach meinen Informationen unterhält die genannte Firma dort eine größere Tankanlage für Salzsäure ... Wie ich höre, soll diese Tankanlage jedoch nicht den gesetzlichen Vorschriften entsprechen; vor allem sollen Auffangwannen und eine Neutralisationsanlage fehlen, so daß bei einer Leckage o.ä. das Grundwasser gefährdet wäre ... Ich darf um vertrauliche Behandlung bitten."

Aufgrund dieser Anzeige führte die Wasserbehörde - ohne das Be-

---

3 Laut **H. Weiss**, a.a.O. S. 15, vermutet die Hanauer Staatsanwaltschaft, daß die Pintsch Envirotec vorwiegend der Gewinnverschiebung bei der Altölbeseitigung diente, indem zwischen Pintsch Envirotec und Pintsch Oel GmbH vereinbarte Altöllieferpreise nachträglich so verändert wurden, daß bei Pintsch Oel GmbH keine Gewinne anfielen und diese "in der Buchung der 'Envirotec' dann irgendwie verschwunden" sind.

zirksamt als zuständige Genehmigungsbehörde nach der Lagerverordnung zu beteiligen - am 11.2.1976 eine Ortsbesichtigung durch, zu der folgendes vermerkt ist: "Den Erläuterungen der Firma Pintsch konnte entnommen werden, daß ein beachtlicher Teil der Anlagen (Behälter, Rohrleitungen usw.) entfernt werden soll als Folge von
1. Überalterung, aber auch wegen
2. Produktionsumstellungen. Als Abrißtermin steht der 3.3.1976 fest ... Nach Angaben der Firma P. liegen Unterlagen, wie Zeichnungen usw. bedauerlicherweise nicht vor. Die Firma P. wird deshalb auf Veranlassung der Wasserbehörde unverzüglich damit beginnen, Bestandsunterlagen, wie Zeichnungen und Erläuterungsberichte und dergleichen mehr, zu erarbeiten und der Wasserbehörde als Arbeitsgrundlage für alle weiteren Maßnahmen zur Verfügung zu stellen. Nach Vorliegen dieser Unterlagen wird der TÜV seine Arbeit an Ort und Stelle aufnehmen und mit der Feststellung der Mängel beginnen."

3.4.3 TÜV-Gutachten und Vereinbarung über einen Sanierungsplan für die Lagerbehälter (1977)

Nachdem der in Aussicht gestellte Termin für den Abriß der Tanks verstrichen war, forderte die Wasserbehörde die Pintsch Oel GmbH und Pintsch-Chemie am 24.4.1976 förmlich auf, ihre Anlagen vom TÜV überprüfen zu lassen. Der Gutachtenauftrag an den TÜV wurde daraufhin am 22.6.1976 von der Pintsch Oel GmbH erteilt. Die Fa. Pintsch Chemie GmbH entzog sich der Begutachtung durch den TÜV, ohne daß dies von der Wasserbehörde beanstandet worden wäre.

Das am 11.10.1976 vorgelegte Gutachten wies auf erhebliche Mängel hin. Es kam zu dem Ergebnis: "Zu der gesamten Anlage gehören:

1. 25 oberirdisch aufgestellte Flachbodentanks ... aufgestellt in 5 Auffangräumen,
2. 4 unterirdische Behälter,
3. 6 oberirdisch aufgestellte Tanks ...

Die ... Tanks unterliegen der Prüfpflicht nach der VbF und der VLwF.

Zu 1.: ... Da die Dichtheit der Sohle (der Auffangräume) nicht gewährleistet ist, bestehen sowohl für das darunter befindliche Erdreich als auch für das Grundwasser unmittelbar Verschmutzungsgefahr.

Zu 2.: ... Die Behälter sind für die Lagerung brennbarer und wassergefährdender Flüssigkeiten ungeeignet."

Am 15.2.1977 verständigte sich Pintsch Oel GmbH daraufhin mit der Wasserbehörde über einen "Sanierungsplan", wonach ein Großteil der Lagertanks von Pintsch Oel GmbH "abgewrackt" werden solle, wie dies bereits ein Jahr vorher als unmittelbar bevorstehend zugesagt worden war. Diese informelle Vereinbarung wurde von Pintsch Oel GmbH in einem Schreiben vom 15.3.1977 an die Wasserbehörde bestätigt.

3.5 Erste bezirkliche Aktivitäten

3.5.1 Versäumnisse des BWA beim Vollzug der Lagerverordnung

Hier ist anzumerken, daß die vom TÜV angesprochenen
- Verordnung über brennbare Flüssigkeiten (Ordnungsbehörde: Gewerbeaufsichtsamt) bereits 1960,
- VLwF 1970 (Ordnungsbehörde: Bezirkliches Wohnungsaufsichtsamt),

in Kraft getreten war. Zusätzlich hätten der Bezirk aufgrund seiner Zuständigkeit für die BrandschutzsicherheitsVO sowie das Gewerbeaufsichtsamt als Ordnungsbehörde mit Zuständigkeiten im Arbeitsschutz im Rahmen ihrer Kontrolltätigkeiten von der Existenz der Tanks und ihrem Zustand Kenntnis erhalten müssen. Für Altlager, die vor Inkrafttreten des LagVO (1970) bestanden, verlangt die VLwF, daß sie bis zum 31.10.1970 anzuzeigen und- je nach Alter der Tanks - bis zu einem bestimmten Zeitpunkt nachzurüsten waren. Die Pintsch Oel GmbH war also verpflichtet, bis 31.10.1970 die Tankanlage unter Beifügung von Unterlagen anzuzeigen und bis zum 31.10.1971 nachzurüsten. Das BWA war als Ordnungsbehörde verpflichtet, die Beachtung dieser Vorschrift urch Pintsch Oel GmbH zu überwachen, unterließ es jedoch von sich aus, die Beachtung der VLwF durch Pintsch Oel GmbH anzumahnen.

Der Grund für diese Untätigkeit ist in erster Linie in personeller Überlastung zu sehen. Als die Zuständigkeit der BWA für den Vollzug der LagerVO begründet wurde, wurde offenbar verkannt, welche zusätzliche Belastung damit auf die BWA zukam, ging es doch in erster Linie um die zahlreichen Öltanks in Wohngebäuden. Bezogen auf Neukölln mit 300.000 Einwohnern, mochten dies 10.000 bis 20.000 Öltanks bedeuten, für die das BWA Ordnungsbehörde nach Maßgabe der LagerVO wurde. Die Probleme um das Tanklager bei Pintsch Oel GmbH konnten dem BWA Neukölln außerdem um so leichter entgehen, als diese Firma seit Jahren nicht mehr mit Bauanträgen an das BWA herangetreten war. Aus ähnlichen Gründen ist es auch nicht zu einer Brandsicherheitsschau durch BWA gekommen, die gemäß der "VO über die Brandsicherheitsschau" von 1964 alle drei Jahre stattfinden soll.

Inwieweit das Gewerbeaufsichtsamt seine Aufgaben bei der Betriebskontrolle zum Arbeitsschutz und nach der Verordnung über brennbare Flüssigkeiten wahrnahm und ob es hierbei gegebenenfalls zu Beanstandungen hinsichtlich der im TÜV-Gutachten monierten Sachverhalte kam, läßt sich aus den Akten nicht rekonstruieren, da für diesen Bereich der Aktenzugang verweigert wurde. Es ist jedoch festzuhalten, daß

1) im Jahre 1976 offensichtlich die vom TÜV monierten Mißstände trotz der bereits seit 1960 bestehenden VbF-Regelung vorlagen,
2) sich in den Akten anderer Behörden keine Hinweise auf Beanstandungen seitens des Gewerbeaufsichtsamtes finden.

3.5.2 Besichtigung der Eigenwasserversorgungsanlagen durch das Gesundheitsamt (1977)

Der Bezirk Neukölln, der von der Wasserbehörde weder in der Frage der Sanierung des BSR-Grundstückes noch im Zusammenhang mit dem TÜV-Gutachten beteiligt worden war, wurde am 26.1.1977 anläßlich einer vom Gesundheitsamt im Industriegebiet durchgeführten Besichtigung der Eigenwasserversorgungsanlagen erstmals auf vermutliche Grundwasserverunreinigungen bei mehreren Betrieben aufmerksam:

1) Zech-Autoschrottpresse (Gradestr. 123, ehemaliges Grundstück Schliemann Teerchemie): Braunfärbung und undefinierbarer Geruch des Wasser. "Im Boden befinden sich Behälter mit irgendwelchen Flüssigkeiten. (Bei der Abteilung Bauwesen ist dies bekannt. Vor einigen Jahren wurde angeblich eine Unbedenklichkeitsbescheinigung für diese Behälter ausgestellt). Frage: Hat diese Unbedenklichkeitsbescheinigung heute noch Gültigkeit? Riskiert man hier nicht die Gefahr einer möglichen Grundwasser-Verseuchung?" Aufgrund einer Probenahme ein Jahr später, die eine siebenfache Grenzwertüberschreitung für PAK ergab, zu der Vertreter des Instituts für Wasser-, Boden- und Lufthygiene laut Vermerk des Gesundheitsamtes sagte, "daß diese extreme Überschreitung der aromatischen Kohlenwasserstoffe so stark sei, wie er sie noch nie bei seinen Untersuchungen gehabt habe, auch nicht bei Flußwasseruntersuchungen", wurde die Eigenwasserversorgung stillgelegt.

2) Linde AG (Gradestraße 91): Braunfärbung und undefinierbarer Geruch: "Von der Firma Pintsch Oel soll hier u.a. auch ein Beitrag zur Verschlechterung des Grundwassers geleistet worden sein."

3) Pintsch Oel GmbH: "Herr M. vom technischen Betrieb (der Pintsch Oel GmbH) gab ebenfalls an, daß das Grundwasser braun ist und einen undefinierbaren Geruch hat. Auch er sprach von einer Verseuchung des Erdreiches durch die frü-

here allzu große Sorglosigkeit einiger Anlieger".

Das Gesundheitsamt schlug daraufhin dem Bau- und Wohnungsaufsichtsamt
1. Untersuchung des Grundwassers,
2. Überprüfung der Lagerbehälter,
3. Prüfung von Bodenverunreinigungen,
vor. "Eine latente Gefahr ist insofern vorhanden, als daß die Firma Efha (Lebensmittelbranche, d.V.) nur wenige hundert Meter von diesen Brunnen entfernt ist." Allerdings wurde auch angeführt, daß die Grundwasserentnahme offensichtlich aus unterschiedlichen Schichten erfolgte, da die Brunnen von Linde und Pintsch 10-14 m, der Brunnen von Efha dagegen 30 m tief seien.

3.5.3 Verzicht des BWA auf förmliche Mittel zur Durchsetzung der Tanklager-Sanierung

Bei einer unter Beteiligung des TÜV vorgenommenen Ortsbesichtigung am 25.2.1977 sagte die Pintsch Oel GmbH zu, drei undichte Tanks zu ersetzen, das verunreinigte Erdreich auszutauschen, die Auffangwannen instandzusetzen und sämtliche TÜV-Gutachten beizubringen. Ein 600 m^3-Tank wurde stillgelegt, weil er bei einer Bodendicke von 5,5 mm eine Durchkorrosion und mehrere Korrosionen von 4 mm aufwies. Im Vermerk des BWA Neukölln über den Ortstermin stand unter anderem: "Gemäß § 18 LagVO müssen alle Tanks für wassergefährdende Flüssigkeiten bis 31.12.1975 so mit Schutzvorkehrungen ausgerüstet sein, daß eine schädliche Verunreinigung des Grundwassers bei Undichtwerden nicht zu besorgen ist. Die Tankanlagen der Fa. Pintsch stehen in Auffangwannen und entsprechen eigentlich dieser Vorschrift. Durch einfache Besichtigung kann man jedoch erkennen, daß die Auffangwannen schadhaft sind, auch die Tanks müssen vom TÜV überprüft werden."

Trotz dieses eindeutigen Verstoßes gegen Anforderungen der Lagerverordnung setzte das BWA dem Betrieb jedoch keine förmliche Frist zur Behebung der Mängel. Man verließ sich vielmehr, auch hier informell, auf die am 16.3.1977 von der Pintsch Oel GmbH abgegebene schriftliche Erklärung, daß die Tankfelder bis Ende 1977 saniert würden. Der Anregung des Gesundheitsamtes auf Überprüfung nach möglichen Bodenverunreinigungen ging das BWA nicht nach. Zudem reagierte es nicht von sich aus darauf, daß Pintsch Oel GmbH den zugesagten Sanierungstermin nicht einhielt.

3.6 Erste Kontakte zum Senator für Gesundheit und Umweltschutz als immissionsschutzrechtliche Genehmigungsbehörde

3.6.1 Erstes Gespräch auf Initiative der Firma (1976)

Der Senator für Gesundheit und Umweltschutz als immissionsschutzrechtliche Genehmigungsbehörde erfuhr offensichtlich am 18.5.1976 erstmals von der Existenz der Firma, als deren Vertreter im Zusammenhang mit dem geplanten Grunderwerb von sich aus an die Behörde herantraten, um sich darüber zu informieren, ob nach Kauf mit etwaigen immissionsschutzrechtlichen Auflagen zu rechnen sei. Die Firmenvertreter erläuterten dabei u.a.: "Als wesentliche Verfahrensänderung ist z.Zt. die Umstellung von der Produktion von Schmierölen aus Altölen zu schweren und leichten Heizölen zu verzeichnen. Diese Umstellung ist erforderlich, da die Beseitigung des Säureteers, der bei der Schmierölproduktion in großen Mengen anfällt, in Berlin nicht mehr gewährleistet ist, d.h., die Verträge laufen in diesem Jahr aus. Der jetzige Abnehmer des Säureteers ist die BSR auf der Deponie Wannsee. Die Firma hat noch einen Vertrag, der ihr eine Ablagerung von 450 t in 1976 gestattet. Die Hälfte ist davon z.Zt. erfüllt, und sie wird auch noch bis zum Ende des Jahres den Rest ablagern. Bei der Produktion von leichtem und schwerem Heizöl bleibt ein anderer Schlamm zurück, der bei genügend langer Absetzdauer als stichfester Schlamm abgegeben werden darf. Das ölverschmutzte Wasser wird in fahrbaren Emulsionsspaltanlagen beseitigt. Z.Zt. sind keine Erweiterungen geplant. Nach dem Eigentumswechsel wird eine Emulsionsspaltanlage errichtet, Auftragsausführung durch die Fa. K.! - für mich von anderer Seite her als nicht seriös bekannt -. Die Frage nach der Neutralisation und Aufarbeitung wurde wie folgt beantwortet: Die Verbringung nach Westdeutschland oder Aufbereitung in Berlin, d.h. Entgiftung, ist zu kostspielig und wird z.Zt. nicht erwogen. Es werden Versuche in Westdeutschland durchgeführt, daß Zementfabriken den Säureteer in ihren Drehöfen verbrennen ... Diese Versuche sind aber noch nicht abgeschlossen.

Es wurde und wird auch z.Zt. Altöl aus Westdeutschland angeliefert, um hier aufgearbeitet zu werden. Hinweis von SenGesU, daß es nicht in unserem Sinne liegt, auch Abfall aus Westdeutschland zu bekommen, der hier abgelagert werden muß. SenGesU kann zu der beabsichtigten Eigentumsveränderung keine Angaben machen, da sie rein privatwirtschaftlicher Natur ist. Von ihr sind keine extremen Auflagen zu erwarten, die die Existenzgrundlagen des Betriebes gefährden können."

Obwohl in diesem Vermerk bereits sehr deutlich neuralgische Punkte im Abfallmengenbereich hätten erkannt werden können, war dies für die Genehmigungsbehörde - oder den ebenfalls am Gespräch beteiligten Vertreter der Abfallwirtschaftsverwaltung-offensichtlich noch kein hinreichender Anlaß, die betrieblichen Verhältnisse durch eine Ortsbesichtigung näher in Augenschein zu nehmen oder zumindest nach der derzeitigen genehmigungsrechtlichen Situation zu fragen. Das Gespräch blieb vielmehr für das Handeln der Immissionsschutzbehörde völlig folgenlos.

3.6.2 Erste Ortsbesichtigung und Bitte um Anzeige der genehmigungsbedürftigen Anlage (1978)

Eine erste Ortsbesichtigung fand vielmehr erst zwei Jahre später am 9.5.1978 statt, nachdem die Wirtschaftsförderung die Immissionsschutzbehörde um eine Stellungnahme darüber gebeten hatte, ob der Betrieb langfristig an diesem Standort bleiben könne oder ob das Gelände für eine Erweiterung der BSR-Umladestation aufgegeben werden müsse. Bei dieser Besichtigung wurde

festgestellt, daß die Firma Pintsch Oel GmbH monatlich 1.500 t Altöl aufbereite und daß zusätzlich
- die Firma Fuchslocher als Altölsammelbetrieb,
- die GMU als Sammelbetrieb für Galvanikschlämme,
- ein Chemikalienlager der Pintsch-Chemie,

auf dem Grundstück vorhanden waren.

Der Vermerk über die Ortsbesichtigung lautete: "Von den Vertretern der Firma Pintsch Oel GmbH wurde ausgeführt, daß ein Großteil des Geländes saniert werden soll, wobei zusätzliche Tankkapazitäten neu errichtet werden sollen und überhaupt an eine wesentliche Erneuerung der Gesamtanlage gedacht wird. Die Vertreter der Genehmigungsbehörde wiesen darauf hin, daß über die Firma Pintsch Oel GmbH und den Betrieb keinerlei Unterlagen vorliegen. Die Firma wurde gebeten, eine Anzeige nach § 67 Abs. 2 BImSchG mit den dazu notwendigen Unterlagen über Lage, Art und Umfang des Betriebes einzureichen, damit davon ausgehend dann die Genehmigung für die Neuerrichtung der Anlage erfolgen kann."

Der Firma teilte die Genehmigungsbehörde am 18.5.1978 mit: "Ich bin zu der Auffassung gelangt, daß Ihr Betrieb eine Anlage zur Destillation von Erdölerzeugnissen darstellt und somit eine Anlage im Sinne des § 2 Nr. 27 der 4. Durchführungsverordnung zum Bundes-Immissionsschutzgesetz ist. Wie Sie glaubhaft versichert haben, wird der Betrieb schon über Jahrzehnte betrieben und Ihre eigenen Genehmigungspapiere sind durch Kriegseinwirkung verloren gegangen. Da mir ebenfalls keine Unterlagen vorliegen, bitte ich Sie mir die Anlage gemäß § 67 Abs. 2 BImSchG anzuzeigen ... Die Festschreibung des jetzigen Zustandes ist auch insoweit erforderlich, als von Ihnen bauliche Veränderungen wesentlichen Umfangs auf dem Grundstück geplant und Änderungen gemäß § 15 BImSchG nur genehmigt werden können, wenn die Anlage in ihrer Gesamtheit bereits bekannt ist."

Auch hier hätte sich die Genehmigungsbehörde - etwa durch Rückfrage bei dem für die Feuerungsanlage zuständigen LAfA oder beim BWA als Bauaufsichtsbehörde - gegebenenfalls zunächst darüber informieren können, welche Informationen dort über den Betrieb oder etwaige Beanstandungen in Bezug auf den Umweltschutz vorlagen. Stattdessen wurde durch die pauschale Annahme, der Betrieb sei bereits genehmigt und lediglich seiner Anzeigepflicht nach § 67 BImSchG nicht nachgekommen, vorschnell eine mögliche Verhandlungsposition gegenüber dem Unternehmen geräumt. Im November 1978 reichte der Betrieb die angeforderten Unterlagen (zum Inhalt siehe Abschnitt 3.2.2) ein.

3.7 Bemühen der Pintsch Oel GmbH um eine Übernahme der Bodensanierungskosten durch die öffentliche Hand (1977-1983)

Parallel zu den geschilderten Aktivitäten von Wasserbehörde, Bezirksamt und Immissionsschutzbehörde versuchte die Pintsch Oel GmbH, eine öffentliche Förderung für die Bodensanierung und für eine umfassende Neukonzipierung der Anlage zu erhalten. Mit Schreiben vom 12.5.1977 beantragte Pintsch Oel GmbH beim BA Neukölln, Sanierungsverwaltungstelle, die Übernahme der "künftigen Sanierungsaufwendungen" aus Landesmitteln gemäß den "Abräumrichtlinien 1975". In dem Antrag wurde u.a. auf die Bedeutung einer Neukonzipierung der Anlage für den Umweltschutz ("... außer einer gesetzesgerechten Entsorgung haben wir uns das Ziel gesetzt, Vorsorgeerfordernisse insbesondere im Rahmen der Wasser- und Luftreinhaltung zu verwirklichen und somit einen aktiven Beitrag zum Umweltschutz zu leisten.") sowie auf expansive Investitionsabsichten ("... unser Werk Berlin fortzuführen und wesentlich auszubauen") hingewiesen.

Beim Senator für Wirtschaft meldete Pintsch Oel GmbH am 27.7. 1977 einen umfassenden Erstattungsanspruch an, der sich nicht nur auf die Abräumung des Grundstücks (Entfernung der Gebäude usw.), sondern auch auf Maßnahmen der Bodensanierung durch Bodenabtragung, Wiederauffüllung, Kippgebühren für Boden mit über 5% Ölanteil und Erstattung von Vorleistungen (400.000 DM) bezog.

Während die Behörden einerseits bereit waren, den Richtlinien entsprechend die Abräumkosten für das Grundstück zu übernehmen, bestand andererseits behördlicherseits Unklarheit über eine mögliche Beteiligung an den Kosten der Bodensanierung. In einem Schreiben vom 5.8.1977 teilte die Wasserbehörde Pintsch Oel GmbH, die sich in dieser Frage auf das "Einvernehmen des Wirtschaftssenators" berufen hatte, mit, dieses Einvernehmen habe sich nur auf die beim BA Neukölln beantragten Abräumungskosten bezogen. Weitergehende Maßnahmen der Bodensanierung könnten aus Mitteln der öffentlichen Hand nicht finanziert werden. Zugleich wurde jedoch auch vage in Aussicht gestellt, daß hier noch weitere Erwägungen verfolgt werden könnten.

Gespräche über die Neukonzipierung der Anlage und über eine Beteiligung der öffentlichen Hand an den Bodensanierungskosten wurden in unterschiedlicher Häufigkeit in den folgenden Jahren bis 1983 geführt. Die dabei von der Pintsch Oel GmbH verfolgte Zielsetzung, einerseits einer schrittweisen Grundstücksanierung zuzustimmen, die mit einer Neukonzipierung der Anlage einherging, andererseits aber jede Verpflichtung zur Übernahme der Bodensanierungskosten zu vermeiden, wird beispielhaft in einem Schreiben der Firma an den Senator für Wirtschaft vom 14.4.1978 erkennbar:

"Die Übernahme etwaiger zusätzlicher Aufwendungen durch den Senat - insbesondere der Aushub und Austausch ölverseuchten Bodens - befindet sich in der Erörterung (Grundstückssanierung). Während von Seiten des Wasserwirtschaftsamtes - zuletzt schriftlich durch eine Anordnung an uns (siehe Abschnitt 3.10., d.V.) - eine abschnittsweise Sanierung auf dem Programm stand, wie sie auch unseren betrieblichen Erfordernissen entspricht ...", hatte sich die Firma bereiterklärt, einen Kostenüberblick einschließlich Probebohrungen zu ermitteln. Dazu hieß es: "Unsere diesbezüglichen Recherchen haben jedoch zu der Erkenntnis geführt, daß eine solche vorherige sorgfältige und komplette Kostenermittlung sehr zeitraubend, sehr kostspielig und nicht sachgemäß ist. Je sorgfältiger man sein will, je sicherer man also sein möchte in bezug auf die Ermittlung der anfallenden

Kosten, je aufwendiger und zeitraubender ist es. Ohne eine lückenlose oder umfassende Untersuchung kann jedoch das Wasserwirtschaftsamt voraussichtlich keine vorbehaltlose Vorabererklärung derart abgeben, daß mit der Erledigung eines bestimmten festgelegten Arbeitsumfanges die Sanierung beendet ist. Wir selber wären genötigt, das gesamte Investitionsprogramm detailliert vorab zu planen (ggf. auch uns vorab genehmigen zu lassen), wiewohl es ein Mehrstufenplan ist, der sich über mindestens fünf Jahre erstreckt und dessen einzelne Schritte von der Arbeitsweise der vorherigen Schritte und der zwischenzeitlichen Geschäftsentwicklung mit bestimmt werden. Wir plädieren daher für ein abschnittsweises Vorgehen bei der Ausführung des Investitionsprogrammes durch uns, der öffentlichen Abräumung und Sanierung des Geländes durch den Senat im Prinzip in der Weise, wie in unseren früheren Besprechungen detailliert erörtert und von SenBauWohn Abt. VII c 2 am 15.9.1977 angeordnet. Die Zielsetzung geht dabei dahin, in einem Zeitraum von fünf Jahren in 3 - 4 Abschnitten unser Investitionsprogramm von ca. 8,0 bis 10,0 Mio. DM auszuführen und in zeitlicher und sachlicher Abstimmung hiermit die öffentliche Abräumung und Sanierung unseres Geländes durch den Senat beschließen und ausführen zu lassen.

Der 1. Abschnitt, so schlagen wir vor, beinhaltet den Gebäudekomplex von der Straße her gesehen vorne links, auf dem unsere neue Tankfarm errichtet werden soll sowie das Gelände, auf dem das ehemalige Filtergebäude steht. ... Dieser Grundstücksteil, der vorher abgeräumt und saniert werden muß, ist etwa 4.000 m^2 groß. Auf diesem zuerst genannten Teil soll zur Erhaltung und Sicherstellung unserer Entsorgungsaufgaben in Berlin die bestehende Lagerkapazität für Altöl, sonstige flüssige Schadstoffe und auch für unsere re-raffinierten Öle erweitert und so erstellt werden, daß sie dem Stand der Technik und den gesetzlichen Bestimmungen des Umweltschutzes, insbesondere auch in wasserrechtlicher Beziehung entsprechen." Nach Schätzung der Firma sollte die geplante Tankkapazität von 4.650 m^3 "die Gesamtentsorgung Berlins von ölhaltigen flüssigen Schadstoffen" gewährleisten. Die Investitionskosten der Firma wurden auf 2,3 Mio.

DM geschätzt. Im Zuge der mit dem Bezirksamt mündlich vorbesprochenen öffentlich geförderten Abräumung sollten dabei auf 1.539 m² Fläche 6.432 m³ Boden abgeräumt und verbracht werden.

"Damit verbleibt in der nichtöffentlichen Abräumung eine Fläche von 2.061 m². Wir schätzen, daß an dieser Stelle der Boden bis in eine Tiefe von ungefähr 2 m austauschbedürftig ist. Dies ergibt im ungünstigen Fall 4.122 m³. Aufgrund des Langfristvertrags des Senats mit der DDR betragen die Deponiekosten für ölverunreinigtes Erdreich mit einem Ölgehalt von max. 5 Gewichtsprozente (und diesen Wert werden wir nie erreichen) DM 4,43/m³. Das ergibt einen Betrag von DM 18.260,--. Hier müßten noch die Transport- und Aufladekosten, die wir mit DM 25,--/m³ veranschlagen, gerechnet werden. Das wäre dann noch einmal ein Betrag von DM 103.050,--. Hinzu kommen Kosten für 4.000 m² = 8.000 m³ Verfüllboden à 18,00 = DM 144.000,--. Zusätzliche Abschottaufwendungen für die Tankfelder III und IV in einer Gesamtlänge von 40 m = 87.000,-- Insgesamt ergeben sich also für die 1. Teilabschnitt Kosten in Höhe von DM 352.310,--, aufgerundet ca. 360.000,--, die wir bitten zu übernehmen."

Für den 2. Abschnitt wurde die Erneuerung der Abwassertechnik vorgesehen. Hierzu hieß es erläuternd: "Schon heute nehmen wir den verschiedensten Berliner Industriebetrieben ca. 500 moto an Bohrölemulsionen und ca. 200 moto an Dick-, Dünn- und Galvanikschlämmen ab. Die neue Anlage, in Verbindung mit der neuen Tankfarm, versetzt uns in die Lage, danach alle Mengen der o.a. Sorten aus Berlin aufzunehmen und problemlos für die Umwelt aufzuarbeiten und die hierbei anfallenden Abwässer den neuesten Vorschriften entsprechend zu klären." Die Investitionskosten wurden auf 1,2 Mio. DM geschätzt.

Im 3. Abschnitt sollte die Raffinationsanlage abgeräumt werden. Stattdessen "werden wir zum Zwecke einer kontinuierlichen Auslastung unserer Produktion und einer ertragsfördernden Diversifikation unsere Produktionstiefe erweitern und hierfür eine Fluxöl-Destillationsanlage bauen mit einem Investitionsvolumen von ca. 0,4 Mio. DM. Damit verbunden ist auch die vom Bundeswirtschaftsministerium gewünschte weitergehende Aufarbeitung des Altöls zu ausgereifteren Produkten und die Schaffung neuer Arbeitsplätze." Zudem wurde auf Vorgespräche mit dem BMFT und dem Umweltbundesamt über die Förderung einer Großversuchsanlage zur schwefelsäurefreien Altölaufbereitung verwiesen, die den Anfall von Säureharz und ölhaltiger Bleicherde vermeiden und ein Investitionsvolumen von 7 - 8 Mio. DM umfassen sollte.

Als 4. Abschnitt wurden weitere Entsorgungsaktivitäten, z.B. durch Erstellung und Betrieb einer Verbrennungsanlage, angedeutet.

Das Schreiben schloß mit dem Resumée: "Die Aufwendungen für die sehr teuere, zeitaufwendige und streitverursachende Generaluntersuchung des ganzen Komplexes entfällt und es kann sofort gehandelt werden."

Dieses Schreiben wurde der Immissionsschutzbehörde von der Wirtschaftsförderung im Zusammenhang mit der bereits angesprochenen Prüfung des Geländebedarfs für eine BSR-Erweiterung zugesandt. Im Anschreiben der Wirtschaftsförderung vom 25.4.1978 hieß es hierzu u.a.: "Um andererseits nicht einen faktischen Investitionsstopp für die grundsätzlich wirtschaftspolitisch sehr interessant erscheinenden Aktivitäten des Unternehmens eintreten zu lassen, müßte die Entscheidung über einen zusätzlichen Flächenbedarf der BSR an dieser Stelle schnell getroffen und ggf. die Umsetzung des Betriebs kurzfristig angestrebt werden. Der Betrieb und seine umweltschutzrelevanten Besonderheiten dürften Ihrem Haus auch im Hinblick auf dessen Entsorgungsfunktion weitestgehend bekannt sein ... Andererseits besteht m.E. am Erhalt der Firma in Berlin insbesondere deshalb ein besonderes Interesse, weil die Pintsch Oel GmbH u.a. wesentlich zur umweltschonenden Entsorgung Berlins unter Berücksichtigung von Altölen in den Wirtschaftskreislauf beiträgt."

3.8 Scheitern einer ersten förmlichen Anordnung der Wasserbehörde zur Grundstückssanierung (1977)

Mit Schreiben vom 15.9.1977 erließ die Wasserbehörde, die bisher versucht hatte, sich informell mit Pintsch Oel GmbH zu einigen - für den jetzigen Verfahrensstand überraschend - nunmehr eine förmliche wasserbehördliche Anordnung: Zunächst wurde daran erinnert, daß die Firma im Februar 1976 Abrißarbeiten zum 3.3.1976 versprochen hatte: "... sind bis heute keine weiteren nennenswerten Anstrengungen Ihrerseits unternommen worden. ... Meine bisherigen Erfahrungen sowie die vorliegenden Verhältnisse lassen eine Grundwasserverunreinigung besorgen, § 34 WHG ... Nach § 11 II ASOG sind Sie für den Zustand verantwortlich. Zur Beseitigung der Schäden wird folgendes angeordnet:
1. ... mit einer abschnittsweisen Sanierung einverstanden,
2. ... jeweils abgeräumten ... Flächenabschnitte ... zu melden, damit eine Überprüfung des Untergrunds in Form von Aufschlußbohrungen oder Bodensondierungen durchgeführt werden kann,
3. ... verunreinigtes Erdreich ... auszuheben ... ordnungsgemäß zu beseitigen, ...
4. ... Verfüllung ..."

Diese förmliche Anordnung erreichte faktisch das Gegenteil dessen, was sie hätte bewirken sollen: Gegen die Anordnung erhob Pintsch Oel GmbH Widerspruch und klagte beim Verwaltungsgericht Berlin mit dem Ergebnis, daß die Anordnung 1980 aufgehoben werden mußte.

Indem die Wasserbehörde anstelle des bisher verfolgten Ziels der informellen Einigung mit der Pintsch Oel GmbH nunmehr das formelle Vorgehen der Anordnung wählte, machte sie sich faktisch für mehrere Jahre handlungsunfähig:

- Zum einen trat eine zeitliche Verzögerung dadurch ein, daß die Wasserbehörde - wenn sie schon den Weg des förmlichen Vorgehens wählte - die förmliche Anordnung nicht konsequent genug ausgestattet und nicht den sofortigen Vollzug angeordnet hatte.

- Zum andern wurde der Gegenstand der Anordnung über Jahre hinweg verzögert, weil das Verwaltungsgericht erst sehr viel später eine Entscheidung fällte.
- Zudem unterlag die Wasserbehörde auch noch in der Sache selbst.

3.9 Parlamentarische Anfrage als Anstoß für weitere Behördenaktivitäten

3.9.1 Parlamentarische Anfrage des Abgeordneten Boroffka (CDU) (1978/79)

Im Juni und August kam es zu mehreren Beschwerden der Mitarbeiter benachbarter Firmen über ruß- und ölhaltige Abgase der Pintsch Oel GmbH, die von der Immissionsschutzbehörde routinemäßig durch telefonische Rückfrage bei der Firma bzw. Abgabe an das LAfA behandelt wurden. Zitiert sei das Antwortschreiben des Sachbearbeiters an Mitarbeiter der BSR: "Dieser Vorgang am 10.8.1978 war ein einmaliger Schaden. ... Ich hoffe, Ihnen mit diesen Angaben gedient zu haben und wünsche Ihnen nicht, daß in Ihrer Anlage jemals ein Defekt auftritt, der zu Beschwerden der Anwohner Anlaß gibt."

Erhebliche interne Behördenaktivitäten löste dagegen am 1.11. 1978 die parlamentarische Kleine Anfrage (Nr.03388, Drs.7/1628, S. 6) über mögliche Umweltschädigungen durch Altölaufbereitung aus, mit der der Abgeordnete Boroffka (CDU) den Fall Pintsch erstmals öffentlich aufgriff. Der Abgeordnete fragte den Senat u.a.:

"3. Steht zu befürchten, daß weitere, bedenkliche Rückstände oder Bodenverunreinigungen auf dem neben der Müllumladestation liegenden Restgelände des Vorbesitzers zu erwarten sind?

4. Welche Auflagen wurden der betreffenden Firma seit 1972 bis heute aufgegeben, die aus der weiter von ihr betriebenen Altölaufbereitung zu besorgende Umweltschädigung auf ein

vertretbares Mindestmaß zu beschränken?

5. Wurde durch entsprechende Kontrollen sichergestellt, daß die Auflagen in vollem Umfang eingehalten worden sind?"

Hierauf antwortete der Senat am 7.2.1979 u.a.: "**Zu 3.**: Mit neuen Bodenverunreinigungen ist nicht zu rechnen, jedoch lassen die bisherigen Erfahrungen aus ähnlichen Sanierungsvorhaben Bodenverunreinigungen aus der Zeit vor 1972 auch auf dem Restgelände befürchten. ... Der Grundstückseigentümer hat bereits einen Teil der Bebauung abgerissen und die oberflächlichen Verunreinigungen entfernt. Im übrigen werden vor der Durchsetzung der bereits angeordneten generellen Untergrundsanierung weitere Auflagen, die die Anlage betreffen, auch im Hinblick auf die finanzielle Belastbarkeit des Grundstückseigentümers nicht für zweckmäßig gehalten.

Zu 4.: Keine. Nach den bisherigen Erkenntnissen der Überwachungsbehörden gehen von den jetzt noch betriebenen Anlagenteilen keine Umweltschädigungen aus, welche die Erteilung von Auflagen nach §17 BImSchG erforderlich gemacht hätten. Der Betreiber der Anlage hat den zuständigen Senatsdienststellen Pläne vorgetragen, auf Grund deren die Anlage abschnittsweise erneuert und modernisiert werden soll. Ein entsprechendes Vorhaben werde von Besitzern solcher Abfälle, Nachweis über Art, Menge und Beseitigung verlangen, ebenso das Führen von Nachweisbüchern. Auf Verlangen sind der zuständigen Behörde Nachweisbücher und Belege vorzulegen. Weiterhin haben Abfallbesitzer und Beseitigungspflichtige den Beauftragten der Überwachungsbehörde Auskunft über Betrieb, Anlagen, Einrichtungen und alle sonstigen der Überwachung unterliegenden Gegenstände zu erteilen. Sie haben das Betreten von Grundstücken und den Zugang zu Abfallbeseitigungsanlagen zu gestatten. Auch haben sie die zur Prüfung notwendigen Arbeiter und Werkzeuge bereit zu stellen.

Nach der Fassung des AbfG von 1976 ist der Betreiber einer Anlage, in der Abfälle dieser Art (§ 2 Abs 2) anfallen, der Beförderer dieser Abfälle, sowie der Betreiber einer Abfallbeseitigungsanlage nach § 11 Abs. 3 gehalten Abfallbelege der zuständigen Behörde vorzulegen. Die Abfallnachweis-Verordnung vom 2. 6.1978 regelt im einzelnen die Handhabung des Nachweisverfahrens in § 1 Abs. 3 werden verschiedene Anlagen als Abfallerzeuger, die zur Führung eines Nachweisbuches verpflichtet sind, genannt. Dazu gehören auch Anlagen zur Destillation von Altöl, Schmieröl oder organischen Lösemitteln sowie ein breites Spektrum der chemischen Industrie."

3.9.2 Interne Auseinandersetzungen aufgrund der Anfrage im Bereich SenGesU (1978/79)

Während beim Senator für Gesundheit und Umweltschutz bisher nur die Sachbearbeiter-Ebene des Genehmigungsreferats mit der Firma befaßt war, wurde durch die Kleine Anfrage nunmehr auch die Abteilungsleiter-Ebene offensichtlich erstmals mit der Bodenverunreinigung konfrontiert. Der stellvertretende Abteilungsleiter schaltete sich mehrmals mit - überwiegend handschriftlich dokumentierten - Vermerken und Weisungen an die Fachreferate der Umweltschutzabteilung in die Bearbeitung ein und suchte diese zu eigenen Sachverhaltsermittlungen sowie gegebenenfalls zu ordnungsbehördlichen Maßnahmen gegenüber der Firma zu veranlassen.

In einem Vermerk vom 16.11.1978 an das Abfallbeseitigungsreferat, der sich auf ein in den durchgesehenen Akten nicht enthaltenes Schreiben der Pintsch Oel GmbH vom 23.8.1978 zur Verzögerung der Bundeszuschüsse für die Altölaufbereitung sowie auf einen ebenfalls nicht aufgefundenen Vermerk vom 6.11.1978 (vermutlich eine Ressortbesprechung zur Kleinen Anfrage) bezog, hieß es: "Mit Rücksicht auf die bekannten Bodenverunreinigungen durch die Firma Pintsch in der Gradestraße bitte ich, den Grafen von Stauffenberg unter Hinweis auf § 2 Abs. 1 des Altölgesetzes darauf hinzuweisen, daß die laufenden Zuschüsse zu den anderweitig nicht zu deckenden Kosten nur gewährt werden, wenn die Altöle gewässer- und bodenunschädlich beseitigt werden. Ich bitte Sie sich unverzüglich die Antwort des SenBauWohn (für die

Bearbeitung der Kleinen Anfrage federführend, d.V.) auf die Anfrage des Abgeordneten Boroffka zu beschaffen und den Sachverhalt hinsichtlich der Bodenverunreinigungen usw. ggf. noch aufklären zu lassen. ... Herr ... (Verwaltungsmitarbeiter, d.V.) erklärte mir kürzlich, daß der Boden auf dem Gelände der Fa. Pintsch bis 1 m über dem Grundwasserspiegel mit Oel usw. verunreinigt sein soll. Der Bausenator soll deshalb seit über einem Jahr Bodenproben gezogen haben. Ich bitte Sie, den Sachverhalt hierzu genauestens recherchieren zu lassen. Sollte der Sachverhalt zutreffen, so bin ich sehr daran interessiert zu erfahren, welche ordnungsbehördlichen Maßnahmen SenBauWohn getroffen hat. ... Ich halte es für nicht vertretbar, solche Zustände zu dulden, andererseits aber wegen des o.g. Sachverhalts (Beschwerde der Firma über die Auszahlung der Zuschüsse nach dem Altölgesetz zu lediglich 80%, d.V.) von einer Existanzbedrohung der Firma Pintsch zu sprechen."

Das Mitzeichnungsverfahren zur Kleinen Anfrage löste eine interne Kontroverse zwischen dem stellvertretenden Abteilungsleiter und dem Genehmigungsreferat der Umweltabteilung des Senators für Gesundheits- und Umweltschutz aus: Das Genehmigungsreferat SenGesUm hatte die Mitzeichnung für die Beantwortung davon abhängig gemacht, daß der federführende Senator für Bau- und Wohnungswesen Antworten auf die Fragen 3 und 4 übernahm, die das Auftreten neuer Bodenverunreinigungen nach 1972 verneinten und die Erforderlichkeit von nachträglichen Auflagen ausschlossen (s.o.). Dabei deutete das Genehmigungsreferat insbesondere die Frage 4 so, als sei speziell nach nachträglichen Anordnungen auf der Grundlage des Bundes-Immissionsschutzgesetzes gefragt worden, nicht jedoch generell nach Auflagen zur Vermeidung und Beseitigung von Bodenverunreinigungen aufgrund sämtlicher einschlägiger Rechtsvorschriften. Zu diesen Antworten des ihm unterstellten Fachreferats vermerkte der stellvertretende Abteilungsleiter am 16.1.1979: "Die Genehmigungsbehörde tritt im Rahmen des Möglichen für ordnungsgemäßen Betrieb ein, wirkt aber <u>nicht</u> an Täuschung des Parlaments <u>mit</u>."

Hierauf rechtfertigte der Referatsleiter der Genehmigungsbehörde seine Formulierung u.a. damit: "... gibt es keine Erkenntnisse über neue Bodenverunreinigung. Die Schwierigkeit des Nachweises der Kausalität der Verunreinigungen trifft nur die Baubehörde und ist nicht Gegenstand der Anfrage. ... Mir ist ein schuldhaftes Handeln von Mitarbeitern des Referats nicht erkennbar."

Der stellvertretende Abteilungsleiter merkte hier an: "An den Bodenverunreinigungen sicher nicht. Aber Pflicht, im Rahmen unserer Zuständigkeit und des Dienstes, bezüglich weiterer es zu verhindern."

Der stellvertretende Abteilungsleiter setzte sich daraufhin selbst mit der Wasserbehörde (SenBauWohn) in Verbindung und vermerkte über ein Gespräch am 19.1.1979: "Nach den Ursachen der Ölverschmutzung befragt, erklärten Herr (zwei Mitarbeiternamen, d.V.), diese seien nicht bekannt. Die Frage, ob mit neuen (nach 1972 entstandenen) zu rechnen sei, wurde dahin beantwortet, daß dies nach den dortigen Erkenntnissen nicht der Fall sei. Absolut ausschließen konnte (Name, d. V.) dies aber auch nicht. Im Hinblick auf die vorliegenden Verunreinigungen wäre dies egal.

Unsere Begründung für die Änderung der Antwort zu 3 und 4 war (Name, d.V.) sichtlich unangenehm, weil er durch Hinweis auf die Verfügung ... zum Ausdruck bringen wollte, überhaupt etwas getan zu haben. ... Die Formulierung zu 4. unseres Entwurfs ... Auflagen deshalb nicht erforderlich, "weil nach bisherigen Erkenntnissen von den jetzt noch betriebenen Anlagenteilen keine Umweltschädigungen ausgehen" war ihm ebenfalls unangenehm, weil ihm m.E. eine solch eindeutige Aussage nicht möglich ist."

Der stellvertretende Abteilungsleiter vermerkte weiterhin, daß die Wasserbehörde nicht bereit sei, SenGesU ihre Akten zur Einsichtnahme zuzusenden. Weiterhin verwies er auf die "Pflicht der Genehmigungsbehörde, Tätigkeit der Überwachungsbehörde bei solchen Schäden zu überwachen bzw. sich zumindest zu informieren."

Aufgrund des Drängens des stellvertretenden Abteilungsleiters setzte sich die Genehmigungsbehörde am 23.1.1979 mit dem Sachbearbeiter des Abfallbeseitigungsreferats in Verbindung, der den Betrieb schon einmal selbst besichtigt hatte: "Nach seinen Erkenntnissen ist um die Entleerungsgrube (im hinteren Teil des Grundstücks) eine Betonbefestigung, die sich auch in die Fahrwege hineinzieht. Wenn die Betondecke dicht vergossen und nicht gebrochen ist, kann kein Öl in den Untergrund gelangen. Die Betonbefestigung ist jedoch stark verschmutzt und ließ daher eine genaue Prüfung, ob sie sich in einem ordnungsgemäßen Zustand befindet, bisher nicht zu. Er hat aber trotz seiner häufigen Besuche keinen Anlaß zur Vermutung, daß die Betondecke nicht dicht ist. Herrn (Sachbearbeiter des Abfallbeseitigungsreferats, d.V.) wurde jedoch empfohlen, die Pintsch Oel GmbH das Sauberhalten der Betondecke zur Auflage zu machen. Im übrigen wies er darauf hin, daß für die Überwachung des ordnungsgemäßen Zustandes der Entleerungstanks das BWA Neukölln zuständig ist und empfahl, die dortigen Erkenntnisse sich vermitteln zu lassen. Ein Betriebsbeauftragter für Abfall wurde bisher nicht bestellt."

3.9.3 Weisung des stellvertretenden Abteilungsleiters SenGesU Abt. V zum weiteren Vorgehen gegenüber der Firma

Am 26.1.1979 reagierte der stellvertretende Abteilungsleiter auf die bisherige Untätigkeit der Genehmigungsbehörde mit einer Weisung, die zugleich detaillierte Anweisungen für das ordnungsrechtliche Vorgehen gegenüber dem Betrieb enthielt: "Ich bedauere, daß trotz einer hier seit langem ... bekannten Kleinen Anfrage, die unseren Bereich als Genehmigungsbehörde berührt, die erforderliche Sachaufklärung nur äußerst dürftig betrieben wird. Es ist geradezu unglaublich, daß mir ... (Wasserbehörde SenBauWohn, d.V.) in Gegenwart des Sachbearbeiters ... (Genehmigungsbehörde SenGesU, d.V.) unwidersprochen erklärt werden kann, ... über die Ursachen der (Grundwasser-/Bodenverunreinigungen) nichts zu wissen. Während hier im Hause Erkenntnisse darüber sind, die ich nicht habe, weil dort nicht oder nur unvollkommen neu recherchiert wird. Ich bitte Sie nunmehr, unverzüglich das Versäumte nachholen zu lassen und mich über

3.1 die Ursachen der s.o.,
3.2 vorhandene Anlagen nach VbF bzw. VLwF,
3.3 wenn Anlagen zu 3.2 vorhanden,
3.31 nach § 19 VLwF angezeigt (Frist war 31.10.1970, sonst Ordnungswidrigkeit (§ 21 (1) der VLwF),
3.32 geprüft bei einem Zeitraum/punkt § 18 Abs. 6 in Verbindung mit Abs. 3 VLwF (letzte Frist war 31.12.1975 (Nr. 3), sonst OWi (§ 21 (1) Nr. 2),
3.33 Anlagen entsprechend Vorschriften insb. § 5 VLwF
 a) Leckanzeigegerät,
 b) doppelwandig (Abs. 1),
 c) Auffangraum? (Abs. 2),
 § 6 VLwF, § 7 VLwF. Sonst OWi nach § 21 (1) Nr. 1 VLwF,
3.34 Anlagen spätestens 5 Jahre nach letzter Prüfung überprüft (vgl. § 8 Abs. 1 Nr. 3), sonst OWi nach § 21 Abs. 1 Nr. 2 VLwF bzw. soweit VLwF auch oder allein einschlägig (vgl. § 8 Abs. 3 VLwF),
3.4 ob entsprechende Vorschriften, insbes. §§ 9, 12, 13, 14, 16, 21 VbF eingehalten. Hier liegen im Falle von Verstößen Straftaten vor.

Ferner Akten BWA Neukölln überprüfen.

5. Sachlage SenWi zur Sanierung mit öffentlichen Mitteln (Steuerzahler soll jetzt Bodenaushub/austausch, Verfüllung bezahlen!!) ermitteln.
6. Wenn Versäumnisse BWA Neukölln, was ich angesichts der vagen Auskünfte fast mit Sicherheit annehme, dann ist Antwort zu 4. auch für uns sehr problematisch."

3.9.4 Interne Sachverhaltsermittlungen der immissionsschutzrechtlichen Genehmigungsbehörde

Erst diese Weisung veranlaßte nunmehr die Genehmigungsbehörde zu etwas intensiveren eigenen Sachverhaltsermittlungen. Es wurde folgender Fragenkatalog an drei andere Referate der eigenen Abteilung verschickt:

"1. Sind Ihnen bestehende Bodenverunreinigungen auf dem jetzigen Restgrundstück der Pintsch Oel GmbH bekannt?

2. Wie wurde Ihnen die Information über die Bodenverunreinigungen zugänglich gemacht bzw. wie weit ist diese Information fundiert und abgesichert?

3. Sind Ihnen Umstände bekannt, die weitere, d.h. neue Bodenverunreinigungen durch die Anlage vermuten lassen und wenn ja, wie weit sind diese Erkenntnisse gesichert?

4. In welcher Eigenschaft ist Ihnen die Information zugänglich gemacht worden?"

Die Umfrage ergab, daß allen drei angeschriebenen Referaten die Ölverunreinigungen bekannt waren, wobei sie z.T. über sehr detaillierte Informationen verfügten. Alle drei Referate waren von der Wasserbehörde bzw. aufgrund ihrer früheren Tätigkeit beim Senator für Bau- und Wohnungswesen hierauf aufmerksam gemacht worden. In einer Antwort vom 18.2.1979 heißt es z.B.: "Die genannten Bodenverunreinigungen sind mir seit 1974/75 bekannt, als ich mit einem Mitarbeiter der Wasserbehörde eine Betriebsbegehung vornahm. Diese Begehung fand auf Wunsch der Wasserbehörde statt. Bei dieser Besichtigung wurde eine großflächige Ölverunreinigung des Bodens festgestellt (z.T. Öllachen, braun-schwarze Verfärbungen): Da eine nachteilige Beeinträchtigung des Grundwassers, auch in der näheren Umgebung, nicht auszuschließen war, wurde vereinbart, Wasseruntersuchungen der in der Nähe liegenden Eigenwasserversorgungsanlagen und Straßenbrunnen durch ein Labor durchzuführen. Die Untersuchungen ergaben z.T. geringfügige Veränderungen der natürlichen Beschaffenheit durch chemische Verunreinigungen. Da aus meiner Sicht keine gesundheitliche Gefahr bestand, war eine Schließung der Brunnen nicht angebracht. Außer den Laborbefunden und eines Aktenvermerks liegen über die oben beschriebenen Vorgänge bei mir keine weiteren Unterlagen vor. Die Bodenverunreinigungen wurden durch eigene Beobachtungen festgestellt. Bodenuntersuchungen wurden meines Wissens nur auf dem Nebengrundstück vorgenommen."

Die Antwort vom 6.2.1979 lautete daraufhin: "Mein damaliger Referatsleiter ... hatte mich ca. im Jahre 1973 zu einer Ortsbesichtigung des Firmengeländes mitgenommen. Anwesend waren auch Mitarbeiter von SenBauWohn. In einer (angeblich abgedichteten) Grube im Erdboden befand sich ein "Teich" - ca. 30 m² - mit einer braunen Flüssigkeit, angeblich Rückstände der Altölaufbereitung. Nach meiner Erinnerung wurde die Angelegenheit seinerzeit federführend von SenBauWohn bearbeitet. Wie sie von unserem Haus weiter verfolgt wurde, ist mir nicht bekannt."

Keines der drei Referate hatte jedoch seinerzeit die Genehmigungsbehörde der eigenen Abteilung von seinen Beobachtungen unterrichtet. Man verließ sich offensichtlich darauf, daß eine andere Instanz tätig würde.

Die Frage nach neuen Bodenverunreinigungen wurde von einem Referat ohne weitere Begründung verneint, von dem zweiten nicht beantwortet. In der Antwort vom 18.2.1979 hieß es: "Nein. Es ist aber anzunehmen, daß der Untergrund weiter verunreinigt wird, wenn nicht in der Zwischenzeit die Anlage überprüft worden ist (technische Prüfung, insbesondere Druckprüfungen von unzureichend gesicherten Behältnissen (ohne ölundurchlässige Wannen bzw. technische Sicherheitseinrichtungen)."

3.9.5 Personelle Überlastung des Genehmigungsreferats

Aufgrund der Weisung des stellvertretenden Abteilungsleiters nahm das Genehmigungsreferat zwar eigene Aktivitäten auf, doch kam es immer noch nicht zu einer Ortsbesichtigung. Verantwortlich hierfür dürfte insbesondere der im Vergleich zum Arbeitsaufwand äußerst knappe Personalbestand des Referates gewesen sein. In einer Rückstandsmeldung des zuständigen Sachbearbeiters an seinen Referatsleiter vom 30.1.1979 wurden als aufzuarbeitende Rückstände mit Bearbeitungspriorität

"- 8 abschließende Genehmigungsverfahren,
- 7 Checklisten zu Genehmigungsverfahren,
- 4 Anlagen der GASAG,
- 15 nachträgliche Anordnungen für die GASAG,
- 4 Beschwerden über Brauereien,
- 11 zu überwachende laufende Genehmigungsverfahren,
- Bearbeitung der Anzeige nach § 67 Abs. 2 BImSchG Pintsch Oel GmbH"

angeführt. Als auch in den nächsten Wochen nicht zu bearbeitende Rückstände wurden

"- Auswertung von 50 Mitteilungen nach § 16 BImSchG,
- 42 Listen zu § 16-Mitteilungen der Firma Schering sowie 37 Änderungen,
- 28 § 16-Mitteilungen der Firma Akzo,
- 11 Anzeigen nach § 67 BImSchG"

angegeben.

Diese Liste zeigte zum einen, für welches Spektrum großer Betriebe ein einziger Sachbearbeiter gleichzeitig zuständig war, zum andern war die Prioritätensetzung erkennbar, die allgemein für die Tätigkeit von Genehmigungsbehörden im Umweltschutz bestand:[4] Mit erster Priorität wurden Neu- und Änderungsgenehmigungen bearbeitet, da deren zügige Abwicklung für die Investitionstätigkeit und Betriebsabläufe der Unternehmen von zentraler Bedeutung war. Ebenfalls hohe Priorität hatten vorliegende Bestandsfälle über die Beschwerden der Bevölkerung oder öffentliche Aufmerksamkeit. Daneben verblieb nur noch sehr wenig Zeit für die laufende Überwachung von Bestandsanlagen, über die keine direkten Beschwerden vorliegen. Aufgrund dieses Handlungsmusters, welches primär durch Personalknappheit bedingt war, ist es erklärlich, warum einerseits - wie dargestellt - innerhalb der Umweltschutzabteilung zwar eine Vielzahl von Informationen über die Mängel im Betrieb der Firma Pintsch vorlagen, andererseits diese Informationen allein jedoch noch kein Anlaß

---

4 Vgl. auch **Mayntz, R. u.a.**, Vollzugsprobleme der Umweltpolitik, Wiesbaden 1978.

zum Handeln waren. Es mußte erst der Druck von außen in Form der Kleinen Anfrage hinzukommen, damit die Behörde - mit den hier beschriebenen internen Auseinandersetzungen um die Art und Weise des Tätigwerdens - allmählich eigene Aktivitäten entwikkelte.

Diese eigenen Aktivitäten wurden in einer Besprechung beim Senatsdirektor am 14.2.1979 festgelegt, bei der der stellvertretende Abteilungsleiter und der Leiter des Genehmigungsreferats die Pressereaktionen auf die Kleine Anfrage erörterten. Im Vermerk des stellvertretenden Abteilungsleiters hieß es dazu: "2 Problemkreise:

a) <u>frühere</u> Bodenverunreinigung - zuständig SenBauWohn. In dem Mitzeichnungsschreiben hat der Hilfsreferent von V (Umweltschutzabteilung, d.V.) unsere Position verdeutlicht, was wir als Versäumnis betrachten (s.u., d.V.) ...
b) <u>jetzt</u>-Zustand der Anlage - zuständig V H (Genehmigungsbehörde, d.V.). Unsere Aussage, Erteilung von Auflagen (nachträgliche Anordnung) war nicht notwendig, war etwas keck, weil wir die Anlage noch gar nicht voll kennen; die Firmenunterlagen fehlen noch immer."

Zur selben Besprechung vermerkte der Referatsleiter der Genehmigungsbehörde: "... 2. Wegen verspäteter Anzeige (§ 67) ist OWi-Verfahren einzuleiten, ...
3. Überprüfung der Anlage ist sofort in Angriff zu nehmen, um Aussage von SenGesU in kleiner Anfrage ("nach bisherigem Erkenntnisstand gehen keine Umweltschädigungen aus, die die Erteilung von Auflagen nach § 17 BImSchG erforderlich gemacht hätten") zu erhärten. Dafür erforderlich:
- Besprechung zwischen beteiligten Verwaltungen,
- Betriebsbegehung. Ggfs. TÜV-Gutachten.
Über die sich bei der Überprüfung ergebenden Konsequenzen ist die Leitung zu informieren (Stillegung?). Für das Sachgebiet V H 3 hat die Bearbeitung dieses Vorgangs - neben der Betriebsgenehmigung (unleserlich, d.V.) - höchste Priorität."

Ob bei der Besprechung mit dem Senatsdirektor auch auf die personellen Engpässe und Arbeitsrückstände in der Genehmigungsbehörde hingewiesen wurde, geht aus beiden Vermerken nicht hervor. Die Einschaltung der Verwaltungsspitze hatte zumindest zur Folge, daß die Genehmigungsbehörde nunmehr ihrerseits beim BWA Neukölln die Bauakten anforderte. Allerdings zeigte ein Vermerk des Sachbearbeiters vom 30.5.1979, wonach die § 67-BImSchG-Anzeige von Pintsch Oel GmbH immer noch nicht vorlag, die Bauaktendurchsicht sehr zeitaufwendig und die Weisung "höchste Priorität" daher stark zu relativieren war.

3.9.6 Kontakte der immissionsschutzrechtlichen Genehmigungsbehörde zu BWA und LAfA (1979)

Erst am 27.6.1979 schloß die Genehmigungsbehörde die Prüfung der Bauakten ab. Im Vermerk hierzu hieß es u.a., daß die Altölaufbereitungsanlage nach § 16 der Gewerbeordnung bzw. dem Bundes-Immissionsschutzgesetz genehmigungsbedürftig sei, bereits 1955 sei festgehalten worden, daß die Genehmigungsbescheide fehlten. Der Anlagenbegriff sei bei der immissionsschutzrechtlichen Genehmigung weit auszulegen und schließe Nebenanlagen ein. "Lagerbehälter oder Baulichkeiten, die dieser Anlage nicht dienen oder von anderen Betrieben genutzt werden, können auch wenn sie auf dem Grundstück aufgestellt sind, nicht zur Genehmigungspflicht subsumiert werden. Das BWA Neukölln ist gem. § 10 Nr. 1 DVO-ASOG in Verb. m. § 8 Abs. 1 VLwF zuständige Überwachungsbehörde für Lagerbehälter. Genehmigungsbehörde nach VbF, sofern die Anlagen nicht unter BImSchG fallen, ist das LAfA."

Zugleich wies die Genehmigungsbehörde das BWA darauf hin, daß die Prüfzeugnisse des TÜV für die Tanks fehlten: "... Pintsch Oel GmbH (hat) bis heute versäumt, die gesetzlich vorgeschriebenen Bescheinigungen vorzulegen, ohne daß irgendwelche Konsequenzen daraus gezogen wurden, obwohl der TÜV bereits 1976 erhebliche Bedenken gegen die weitere Verwendung geäußert hat."

In einem Schreiben der Genehmigungsbehörde an das LAfA vom 2.7.

1979 hieß es: "Es konnte von mir bisher noch nicht einwandfrei ermittelt werden, welche Behälter unter die BImSchG-Genehmigungspflicht fallen. Fest steht lediglich, daß die mit dem Stichwort Senat gekennzeichneten Tankbehälter (Tank Nr. 59-63, 126-129, 142-145, 231 und 232) mit insgesamt 294.300 l der Benzoldestillation zuzurechnen sind. Welche Behälter im einzelnen der Altölaufbereitung zuzurechnen sind, muß von mir noch ermittelt werden. Ferner weise ich darauf hin, daß zwar die Firma Pintsch-Chemie für die von ihr betriebenen Tankgefäße einen Prüfauftrag an den TÜV vergeben hat (4.11.78), mir aber darüber keine Unterlagen vorgelegen haben. Ich habe dazu lediglich eine Aufstellung der Behälter und deren Fassungsvermögen, die mir von der Wasserbehörde zur Verfügung gestellt wurde."

Das LAfA antwortete hierauf am 27.7.1979: "Auf dem o.g. Grundstück ist das Erdreich in erheblichem Umfang mit wassergefährdenden Flüssigkeiten verunreinigt. Das LAfA ist im vorliegenden Fall Aufsichtsbehörde nach den Bestimmungen der VbF. Veranlassungen, die eine Abänderung bzw. Beseitigung des Zustandes zur Folge haben, müssen jedoch von der Genehmigungsbehörde erfolgen. Wir bedauern daher Ihnen von hier mitteilen zu müssen, daß eine Initiative hinsichtlich der Beseitigung der Grundwasser-Verunreinigung von hier nicht ergriffen werden kann. In Angelegenheiten des Arbeitsschutzes werden wir alle erforderlichen Maßnahmen ergreifen."

Auf die Frage der Behälter-Prüfungen wurde dabei überhaupt nicht eingegangen.

3.9.7 Kontroverse zwischen immissionsschutzrechtlicher Genehmigungsbehörde und Wasserbehörde

Im Zusammenhang mit der Kleinen Anfrage des Abgeordneten Boroffka wurde auch deutlich, daß das Verhältnis zwischen der bei SenGesU ressortierenden Umweltschutzabteilung und der Wasserbehörde bei SenBauWohn nicht durch sachorientierte Zusammenarbeit, sondern durch ein fast schon skurrile Züge annehmendes

Abgrenzungsverhalten geprägt war, welches die Problemlösung erheblich erschwerte. Bereits im vorherigen Abschnitt war zu erkennen, daß

- die Wasserbehörde zuerst auf das Problem der Bodenverunreinigungen aufmerksam geworden war und bei den seinerzeit an Betriebsbesichtigungen beteiligten Mitarbeitern der Umweltschutzabteilung den Eindruck erweckt hatte, daß sie mit eigenen Mitteln diese Probleme lösen werde,
- die Genehmigungsbehörde trotz des Fehlens jeglicher eigenen Ortskenntnis im Mitzeichnungsverfahren für die Kleine Anfrage die Antwort durchgesetzt hatte, die Bodenverunreinigungen seien vor 1972 eingetreten, immissionsschutzrechtliche Auflagen seien nicht erforderlich,
- deutliche - wohl auch persönliche - Animositäten zwischen einzelnen Mitarbeitern beider Ressorts bestanden.

Diese Aspekte seien hier noch einmal durch weitere Vermerke aus der Zeit der Beantwortung der Kleinen Anfrage belegt.

Erhebliche Schwierigkeiten hatte die Umweltschutzabteilung bereits mit ihrer Bitte, die Akten der Wasserbehörde einsehen zu können. Am 29.1. teilte der Referatsleiter der Genehmigungsbehörde seinem stellvertretenden Abteilungsleiter mit, daß die Wasserbehörde "... keine Notwendigkeit für den SenGesU (sieht), diese Vorgänge einzusehen ('Ich sehe nicht ein, warum diese Vorgänge für Sie erforderlich sind.')." Am folgenden Tag rief der Leiter der Wasserbehörde an und teilte mit, daß die Vorgänge beim Gericht seien und daß er "das, was für Sie von Bedeutung ist," kopieren lassen wolle. Hierzu vermerkte der stellvertretende Abteilungsleiter am 6.2.1979: "Die Äußerungen sind typisch für (die Wasserbehörde, d.V.), was die Zusammenarbeit angeht. Was für uns von Bedeutung ist, bestimmen wir als Herr der Genehmigungsverfahren und unsere Pflichten nach BImSchG."

Im Mitzeichnungsverfahren zur Kleinen Anfrage wurde der Wasserbehörde die Bitte um Akteneinsicht am 30.1.1979 noch einmal schriftlich mitgeteilt: "Ich bitte Sie zu veranlassen, daß mir die dortigen Vorgänge betreffend des Grundstücks Gradestraße

83-89 kurzfristig zur Einsicht übersandt werden, damit ich im Rahmen meiner Zuständigkeit als Genehmigungsbehörde - die Anlage der Pintsch Oel GmbH stellt eine solche nach § 2 Nr. 27 der 4. Verordnung zur Durchführung des Bundes-Immissionsschutzgesetzes dar - prüfen lassen kann, ob hier weitere Maßnahmen erforderlich sind."

Zudem schrieb die Genehmigungsbehörde an die Wasserbehörde: "Ich erlaube mir folgende Bemerkung: Da Sie einen Bodenaustausch für erforderlich halten, ist mir Ihr Verzicht auf eine Anordnung der sofortigen Vollziehung gem. § 80 Abs. 2 Nr. 4 VwGO und somit Ihr Antwortentwurf zu 5. nicht recht verständlich. ...".

In einem Vermerk der Genehmigungsbehörde zur Akteneinsicht heißt es weiterhin: "Am 16.2.79 rief Herr (Sachbearbeiter der Wasserbehörde, d.V.) an und fragte nach den Beweggründen für unsere Nachfrage. Nachdem ihm der Sachverhalt mitgeteilt wurde, sagte er zu, das Az des VG Berlin herauszusuchen. (Nach Auskunft des Sachbearbeiters der Wasserbehörde waren die Akten wegen des laufenden Verwaltungsstreitverfahrens mit der Firma über die wasserbehördliche Anordnung derzeit beim Verwaltungsgericht, d.V.) Kurze Zeit später ruft Herr (Referatsleiter der Wasserbehörde, d.V.) an und fragt nach unseren Beweggründen. Er wurde an (stellvertretender Abteilungsleiter Umweltschutzabteilung, d.V.) verwiesen. Daraufhin hat der U. das GeschZ des VG beim VG Berlin selbst ermittelt."

Das Gespräch mit dem Verwaltungsgericht ergab zudem, daß die Akten dort nicht vorlagen, nachdem sie am 8.2.1979 - und nicht bereits im Januar - bei der Wasserbehörde angefordert worden waren. Schließlich wurden am 15.3.1979 kopierte Auszüge aus den Akten zugesandt.

In der Frage des von der Genehmigungsbehörde monierten Fehlens der sofortigen Vollziehbarkeit der wasserrechtlichen Anordnung reagierte die Wasserbehörde am 2.3.1979 mit einer Antwort an den Senatsdirektor: "Was die von Ihnen angeschnittene Frage der sofortigen Vollziehbarkeit der von der Wasserbehörde erlassenen Anordnung angeht, so darf ich hierzu grundsätzlich bemerken, daß der vorgesehene Bodenaustausch im Hinblick auf die geographische Lage Berlins wie auch mit Rücksicht auf die Eigenwasserversorgung unserer Stadt mit Trinkwasser von mir grundsätzlich als das geeignete und erforderliche Mittel zur Sanierung des Untergrundes angesehen wird. Dieses Erfordernis einer umfassenden Beseitigung von Verunreinigungen des Untergrunds besagt jedoch nichts über die zeitliche Dringlichkeit und generell über den Ablauf von Sanierungsmaßnahmen. Auch Sie vertreten in dem von Ihnen vorgeschlagenen Antwortentwurf die Auffassung, daß bei der Durchsetzung der erforderlichen Maßnahmen Rücksicht auf die finanzielle Belastbarkeit des Pflichtigen zu nehmen ist. Auch dieser Gesichtspunkt stand der Erklärung der sofortigen Vollziehbarkeit der wasserbehördlichen Anordnung entgegen. Da bei der in Rede stehenden Großverunreinigung gegenwärtig keine zusätzlichen Momente eingetreten sind, spricht gegen die Annahme der Unabweisbarkeit einer sofortigen Sanierung gerade auch für die Beurteilung durch die Gerichte, die Tatsache, daß die Verunreinigung durch die schon seit 1925 bestehende Anlage verursacht worden ist." Zur Frage der Akteneinsicht wurde mitgeteilt: "Hierzu muß ich allerdings bemerken, daß sich die wasserbehördlichen Ermittlungen grundsätzlich auf den Schutz des Grundwassers beschränken und nicht die von Ihnen zu prüfende und gegebenenfalls zu genehmigende Anlage zum Gegenstand haben."

3.10 Behördenaktivitäten aufgrund der Lagerverordnung und VbF (1979)

3.10.1 Entwicklungen auf dem Betriebsgelände

Am 22.6.1979 meldete die Berliner Morgenpost unter der Schlagzeile "Giftfässer ausgelaufen", daß am 21.6. die Feuerwehr in einer "gespenstischen" Aktion 29 Fässer ins Freie bringen mußte, von denen vier durchgerostet waren. Es handelte sich um eine Havarie bei der Fa. Fuchslocher auf dem Grundstück. Auch dieser Anlaß trug mit dazu bei, das Behördenhandeln nunmehr deutlich zu beschleunigen und den Druck auf das Unternehmen zur Durchführung von Sanierungsmaßnahmen zu erhöhen.

Am 28.6.1979 berichtete das LAFA dem SenGesU über den Vorfall bei Fuchslocher. Hier heißt es u.a., "daß gefährliche Arbeitsstoffe ausgelaufen sind ... Lagersituation mangelhaft. Da wir nur bezüglich des Arbeitsschutzes entsprechende Maßnahmen anordnen können, bitten wir Sie, im Rahmen Ihrer Zuständigkeit zu prüfen, ob die Firma - wie sie zur Zeit betrieben wird- weiter geduldet werden kann." Am 16.8.1979 teilte das LAFA SenGesU und der Wasserbehörde mit, daß bei Fuchslocher Fässer herumlägen.

Die Pintsch Oel Berlin GmbH teilte dem SenGesU mit Schreiben vom 5.7.1979 die Stillegung und teilweise Demontierung der Benzolanlage mit. Zugleich kündigte sie beim Senator für Wirtschaft ihren von 1959 stammenden Vertrag über die Rohbenzolaufbereitung. In einem Schreiben vom 19.7.1979 an den Senator für Wirtschaft kündigte sie u.a. an, daß ein von UBA und BMFT zu förderndes Projekt zur Entwicklung neuer Destillationsverfahren der Altölaufbereitung nunmehr entscheidungsreif sei und daß ein 30 m breiter Grundstücksstreifen für die Zufahrt der Müllumladestation an die BSR abgegeben werde. Zur Frage der Bodensanierung hieß es in diesem Schreiben: "Falls Sie - entgegen unserem Antrag vom 14.4.1978 - von vornherein eine sich über das Gelände erstreckende Bohrung wünschen und kein abschnittsweises Vorgehen (und damit auch eine abschnittsweise Entscheidung ihrerseits entfallen muß) sehen, bitten wir Sie hiermit, die Aufwendungen für die Bohrungen zu übernehmen. Die Höhe bezifferten wir laut Angebot Berlin Consult mit 130 TDM für die Bohrungen selbst und mit 80 TDM für die Erstellung eines Gutachtens. ... Mit Ihnen sind wir der Auffassung, daß diese Versuchsbohrungen dazu dienen sollen, zu klären, ob und in welcher Größenordnung Sanierungserfordernisse gegeben sind."

Zur Altölaufbereitung teilte die Firma mit, daß man bis 1975

die Raffinate zu höherwertigen Schmierölen verarbeitet habe. "Wegen der Schließung der Deponie Wannsee und der für die BSR noch nicht gegebenen Möglichkeit der Verbringung unserer Raffinationsrückstände (Säureharz und ölverschmutzte Bleicherde) in die DDR waren beide Berliner Firmen (die Firma Pintsch und ein konkurrierendes Altölbeseitigungsunternehmen, d.V.) genötigt, die weiterführenden Produktionsstufen stillzulegen. Eine Wiederaufnahme dieser Weiterverarbeitung (zu Fluxöl und Schmierölen) ist dringlich, weil vor allem
a) das Altöl zum Verbrennen zu schade ist,
b) Schmieröle - aus Altöl hergestellt - als Preisregulator vom Bund erwünscht sind,
c) die Rohstoffsicherung über Recycling sich bessert.
In Berlin werden von den beiden Spezialfirmen nur wir in der Lage sein, einen solchen auf die Dauer existenznotwendigen, modernen und wirtschaftlichen, allen Umweltansprüchen genügenden, weiterplanenden Altöl-Aufarbeitungsbetrieb zu praktizieren."

Die Firma verwies auf ihr Vorhaben, 3 weitere 50 m^3-Tanks mit einem Investitionsvolumen von 2,6 Mio. DM aufzustellen und für 800.000 DM eine Abwasseranlage zu errichten, die auch Öl-Wassergemische trennen könne. Insgesamt seien Investitionen von 14 Mio. DM vorgesehen, von denen 50% Eigenanteil der Firma seien. Das Arbeitsplatzvolumen werde dadurch von derzeit 28 auf 50 erhöht und die geplante Produktpalette erweitert.

Am 1.8.1979 fand bei SenWiV unter Beteiligung von SenGesU, SenBauWo und Pintsch Oel GmbH zu diesem Vorhaben eine Besprechung statt, bei der die Notwendigkeit von Aufschlußbohrungen zur Ermittlung von Art und Umfang der Bodenverunreinigungen angesprochen wurde. Zudem wurde dem Betrieb seitens der Genehmigungsbehörde erstmals mit einer Untersagung gedroht: "Als Folge dieser Versäumnisse besteht die Notwendigkeit, kurzfristige Abhilfe zu schaffen. Sollte dies nicht erfolgen, müßte der Betrieb der Altölraffination wegen fehlender Betriebsgenehmigung untersagt werden." Die Pintsch Oel GmbH sagte daraufhin die Auftragserteilung für Probebohrungen zu und verpflichtete sich gegenüber dem BWA, "als den dringendsten Punkt dafür Sorge zu

tragen, daß alle Tanks vom TÜV abgenommen werden".
Im Zusammenhang mit dieser Besprechung vermerkte der Vertreter der Genehmigungsbehörde zudem auch: "Da die Pintsch Oel GmbH kurzfristig eine Berliner Pintsch Oel Berlin GmbH gegründet hat, (Anfang des Jahres) bestand seitens der Behörden der Verdacht, daß die Firma sich über einen Konkurs aus der Verantwortung stehlen wolle. Der U. hielt es daher für erforderlich, den zuständigen Sachbearbeiter für die Förderung des Versuchsprojekts (Neuprojekt) beim Umweltbundesamt über diesen Verdacht zu informieren. Herr (Umweltbundesamt, d. V.) führte dazu aus, daß die Förderung der Firma für das Forschungsvorhaben an Berlin gebunden sei und Antragsteller die Pintsch Oel GmbH sei. Bei einer Rücknahme des jetzt bestehenden Antrags und Neustellung durch die Pintsch Oel GmbH (Hanau) wäre eine völlige Neubetrachtung des Forschungsvorhabens erforderlich, die mit Sicherheit (laut Herrn ...) andere Ergebnisse bringen würde. Herr ... wies weiter darauf hin, daß die Voraussetzung für die Altölaufbereitung in Westdeutschland praktisch nicht gegeben ist und daher auch kein Interesse für die Förderung dieses Forschungsprojektes besteht. Im übrigen sind die Geschäftsgebahren der Firma hinlänglich bekannt, insbesondere da beim BMFT ein ehemaliger Mitarbeiter der Pintsch Oel GmbH in führender Position tätig ist. Es besteht also kaum die Chance, daß die Firma das Forschungsprojekt woanders durchführen könnte."

Mit Schreiben vom 13.8.1979 bestätigte Pintsch Oel Berlin der Genehmigungsbehörde, daß für die Tanks 120 und 121 Tankfelder wiederhergerichtet worden seien durch
- Aushebung ca. 1 m verseuchten Bodens,
- Wiederverfüllung und Verdichtung mit sauberem Sand,
- Ziehen einer Begrenzungsmauer,
- Betonieren des Tankfeldbodens.

In Vorbereitung der TÜV-Abnahme seien die Tanks 101-108 gereinigt worden. Wegen der Urlaubszeit habe der TÜV-Auftrag noch nicht erteilt werden können. Eine Ortsbesichtigung durch die Genehmigungsbehörde am 12.9.1979 ergab hierzu, daß die Tanks 120 und 121 eine neue Auffangwanne erhalten hatten. "Ein Bodenaustausch war offensichtlich nicht durchgeführt worden." Die Tanks 101 - 108 seien vom TÜV begangen und "nach Auskunft des Geschäftsführers auch mit positivem Ergebnis abgenommen" worden. Auch das Tankfeld III sei vom TÜV begangen worden, doch liege noch kein Ergebnis vor. Danach sollten die Tankfelder I und II begangen werden. Auf dem Gelände liefen Bohrungen für Bodenproben.

Das am 7.9.1979 vorgelegte Ergebnis der TÜV-Prüfung für die Tanks 101 - 120 zeigte, daß drei Tanks (109, 114, 117; jeweils 50 m^3, verfüllt mit "Steinschwämmen") erhebliche Korrosionen aufwiesen und nicht für die Lagerung wassergefährdender Flüssigkeiten in Betracht kamen, während die übrigen Tanks geeignet waren.

3.10.2 Ermittlungen der Staatsanwaltschaft wegen Verdachts der Grundwasserverunreinigung (1979)

Mit Schreiben vom 14.8.1979 wandte sich auch die Staatsanwaltschaft beim Landgericht Berlin an die Behörden im Rahmen eines Ermittlungsverfahren, das gegen Verantwortliche der Pintsch Oel GmbH "wegen Vergehens nach § 38 WHG" eingeleitet wurde. Es bestehe "der Verdacht, daß (durch) die Pintsch Oel GmbH jahrelang bis Anfang 1976 Altöl und Chemikalien ungesichert ins Erdreich eingelassen wurden und dadurch Verunreinigungen des Grundwassers eintraten". Hierzu teilte die Genehmigungsbehörde der Staatsanwaltschaft am 26.9.1979 mit, daß der Betrieb 1960 die Anzeigepflicht nach § 16 der Gewerbeordnung versäumt habe, "... Erkenntnisse über eine Grundwasser-Verunreinigung durch die Firma Pintsch Oel GmbH liegen mir nicht vor. Eine Wasserprobe im Brunnen der Firma FFI ergab eine Wasserverunreinigung durch Vergasertreibstoff. Für diese Verunreinigung kann mit ziemlicher Sicherheit die Firma Pintsch Oel GmbH ausgeschlossen werden." Zudem wurde auf die laufenden Gutachten zur Frage der Bodenverunreinigung sowie auf mögliche Verunreinigungen durch den früheren Betrieb hingewiesen. Auf dem Schreiben an die Staatsanwaltschaft findet sich zudem der handschriftliche Vermerk:

"Nach den Erkenntnissen von V J 1 ist das ganze Gebiet verseucht. Ursachen sind noch nicht bekannt."

3.10.3 Anweisungen der Hauptverwaltung an das BWA zum Vorgehen nach der Lagerverordnung (1979)

Mit Schreiben vom 28.8.1979 forderte die Wasserbehörde das BWA mit Durchschlag an SenGesU auf, in der Frage der Lagerverordnung aktiv zu werden: "Nach meinen Feststellungen sind die ... Lagerbehälter gemäß § 18 Lagerverordnung noch immer nicht mit den nach dieser Verordnung vorgeschriebenen Schutzvorkehrungen usw. versehen. ... Unter Berücksichtigung der Tatsache, daß die Gesamtanlage zum Zeitpunkt des Inkrafttretens der VLwF länger als 15 Jahre bestand, hätte die Umrüstung der Gesamtanlage ausnahmslos bis zum 31.12.1971 vollzogen sein müssen. Die Gesamtanlage unterlag außerdem der Anzeigepflicht. ... Die auf dem Grundstück vorhandenen Auffangräume sind brüchig und öldurchlässig, sowohl im Wand- wie auch im Bodenbereich. In letzterem Falle vielfach gänzlich unbefestigt ... Was den Inhalt und den Verwendungszweck der Tanks anbelangt, so läßt die Glaubwürdigkeit dieser Firma (d.h. Pintsch Oel GmbH, d.V.) sehr zu wünschen übrig, wie die Erfahrungen gezeigt haben ... Was die Firma PCh anbelangt, so möchte ich in diesem Zusammenhang auf die unhaltbaren Verhältnisse auf diesem Betriebsgelände hinweisen. Das trifft vor allem für die Umschlagsanlage zu, sowohl für den Füll- als auch für den Abfüllbereich. Der Abfüllbereich liegt über einem betonierten Auffangbecken. Dieses Becken beispielsweise besaß einen Auslauf, der im unbefestigten Tankfeld mündete. Vermutlich bediente man sich jahrelang dieser verantwortungslosen Methode der "Entsorgung". Es ist zu befürchten, daß der Inhalt bei sogenannten Nacht- und Nebelaktionen im Gelände verschwindet oder aber im Teltowkanal landet ...".

Im Zusammenhang mit der geplanten Anordnung nach der VLwF findet sich auch ein Vermerk der Genehmigungsbehörde über ein Telefonat mit dem Sachbearbeiter beim BWA vom 25.9.1979: "Der U. bat (den Sachbearbeiter beim BWA, d.V.), der Firma jedoch soviel Spielraum zu lassen bei der Terminsetzung, daß sie in der Lage ist, die Dinge in wirtschaftlicher Form abzuwickeln. Herr (Bezirksamt, d.V.) sagte dies zu."

3.10.4 Ergebnislose Ordnungsverfügungen des Bezirksamtes und des LAFA (1979)

Aufgrund einer Betriebsbesichtigung am 4.9.1979 stellte das BWA am 11.9. gegenüber Pintsch-Chemie fest, daß 9 oberirdische Lagerbehältnisse ohne Auffangwanne und der Umfüllplatz nicht befestigt sei. In einer Ordnungsverfügung forderte es die Firma auf, TÜV-Gutachten vorzulegen.

Gegen Pintsch Oel Berlin erließ das BWA am 13.9.1979 eine Ordnungsverfügung: "Aufgrund von §§ 5, 6, 7, 8, 9, 10, 12 der gemäß § 23,V BerlWG erlassenen VLwF müssen wir Sie auffordern,
1. die vorgenannten Lagerbehälter ... sichtbar außer Betrieb zu nehmen, ...
5. das einwandige Altöl-Sammelbecken nicht mehr in Betrieb zu nehmen. ... Einem Weiterbetrieb der gesamten Anlage bzw.eines Teils der Anlage nach dem 30.11.1979 kann nur dann vom BWA zugestimmt werden, wenn die Mängel am Tanklager ... beseitigt sind und die Beseitigung der Mängel durch ein TÜV-Gutachten dem BWA nachgewiesen wird".

Gegen die Verfügungen des BWA legten Pintsch-Chemie am 8.10. 1979 und die Pintsch Oel Berlin am 10.10.1979 Widerspruch ein. In ihrem Widerspruch argumentierte die Pintsch Oel Berlin zum einen, die Abräumarbeiten seien 1977 nicht erfolgt, weil über die Anträge auf Übernahme der Abräum- und Sanierungskosten behördlicherseits nicht entschieden worden sei. Zum andern berief sich die Firma darauf, daß nach den Ergebnissen der beiden vorliegenden Gutachten (siehe unten) "eine Gefährdung des Grundwasserspiegels nicht gegeben sei."

In der Folgezeit bemühte sich das BWA darum, die Zuständigkeit für die Tanklager mit dem Argument an den SenGesU abzugeben, es handele sich um den Teil einer nach BImSchG genehmigungsbedürftigen Anlage. Im Schreiben zu Pintsch-Chemie vom 4.11.1979 hieß es: "Obwohl der Betreiber behauptet, keine Anlage gemäß §§ 3 und 4 BImSchG zu errichten, sind wir der Auffassung, daß Sie die zuständige Genehmigungsbehörde sind, weil dieses Lager ohne erkennbare Abstände im Betriebsgelände der Pintsch Oel Berlin steht. Wir geben Ihnen dies zur Kenntnis und bitten Sie, als zuständige Genehmigungsbehörde tätig zu werden."

SenGesU folgte dieser Argumentation jedoch nicht und bestand auf der Zuständigkeit des Bezirkes, da das Tanklager nicht Bestandteil einer genehmigungsbedürftigen Anlage sei.

Als ähnlich wirkungslos erwies sich eine Anordnung des LAfA vom 17.10.1979, welches "aufgrund von § 24a GewO i.V.m. § 6 DampfkesselVO und § 6 VbF ... für die vier Heizöltanks, die in Verbindung mit der Dampfkesselanlage betrieben werden, die Erstellung einer Auffangwanne" anordnete. Aufgrund eines Widerspruchs der Pintsch Oel GmbH nahm das LAfA diese Anordnung am 26.11. 1979 zurück und stimmte dem Vorschlag der Pintsch Oel GmbH zu, "den gesetzmäßigen Zustand auf andere Weise herzustellen". Auch das LAfA machte in einem Schreiben vom 3.12.1979 an SenGesU die Abgrenzung seiner Zuständigkeiten kenntlich: "Um Mißverständnisse zu vermeiden, teilen wir Ihnen mit, daß LAfA nur zu Ziffer II 2 Feuerungsanlage mit Nebenanlage der Firma Pintsch Oel Berlin die Genehmigungsbehörde ist."

3.11 Betriebliche Umgestaltungsaktivitäten der Firma

3.11.1 Gutachten im Auftrag der Firma verneinen die Schwere von Bodenverunreinigungen (1979 - 1981)

Nach der Besprechung vom 1.8.1979 gab Pintsch Oel Berlin GmbH aufgrund eines eigenen Bohrkonzeptes vier Gutachten in Auftrag, die sich aus Firmensicht mit den Problemen der Boden- und Wasserverunreinigung auseinandersetzten.

1) Bereits zwei Wochen nach Auftragserteilung lag am 1.9.1979 ein erstes Gutachten vor, welches - ohne sich auf eigene Bohrungen und Probenahmen beziehen zu können - zum Ergebnis kam, daß die "seitens der Wasserbehörde erklärte Besorgnis einer Verunreinigung des Grundwassers infolge von Mineralölprodukten ... nicht berechtigt" sei.

2) Eine am 3.9.1979 bei der Bundesanstalt für Materialprüfung in Auftrag gegebene Analyse einer Wasserprobe aus dem Tiefbrunnen im Kesselhaus ergab am 1.10.1979, daß "weder eine deutliche anorganische Belastung der Wasserprobe durch Chloride und Sulfate noch eine Belastung durch organische Inhaltsstoffe festgestellt werden" konnte.

3) Am 20.4.1980 legte der erste Gutachter ein zweites Gutachten vor. Grundlage waren 44 Rammsonden bis zu einer Tiefe von 5 m, von denen 18 auf den Ölgehalt untersucht worden waren. Als höchster Ölgehalt wurde ein Anteil von 1,46% in 4-5 m Tiefe angegeben. Zu den Untergrundverhältnissen heißt es, daß bei 86% der Rammsonden Lehmuntergrund angetroffen worden sei. Die "... angetroffenen Sande sind mit an Sicherheit grenzender Wahrscheinlichkeit als Einschließungen im Lehm zu betrachten." Insgesamt "... lassen sich für den Schutz des Grundwassers gegen Verunreinigung drei Hauptkriterien ermitteln,
   1. Bodenart,
   2. Viskosität der Medien,
   3. Tiefenlage der Grundwasseroberfläche". Diese Voraussetzungen seien bei der Pintsch Oel GmbH "fast in idealer Weise erfüllt".

Die Wasserbehörde blieb gegenüber den Ergebnissen dieses Gutachtens skeptisch. In einer Stellungnahme vom 4.3.1980 hieß es: "Durch die bisher hier vorliegenden geologischen und hydrogenologischen Untersuchungen muß die Besorgnis der Grundwasserverunreinigung aufrecht erhalten bleiben". Es wurde darauf verwiesen, daß bei den Bohrungen der Ölgehalt mit zunehmender Tiefe wachse.

4) Am 16.11.1981 kam ein weiterer "Bericht über die chemisch analytische Untersuchung von Bodenproben" aufgrund von Bohrungen zu dem Ergebnis: "Von den insgesamt 155 durchgeführten Rammkernsondierungen weist keine einzige einen als kritisch anzusehenden Mineralölgehalt von 5% oder höher auf".

Sehr deutlich wird allerdings, daß keines der vier Gutachten nach Fragestellung und Methodik geeignet war, die Frage des Vorliegens von Bodenverunreinigungen umfassend zu überprüfen:

- Das unter 1) angeführte Gutachten setzte sich lediglich allgemein mit den Bodenverhältnissen am Standort auseinander, ohne bestimmte Proben zu analysieren.
- Bei dem Gutachten 2) handelt es sich lediglich um eine einzelne Probe, die zudem als Wasserprobe entnommen worden war.
- Bei den Gutachten 3) und 4) wurden zwar Bodenproben untersucht, doch wurde lediglich der Mineralölgehalt der Proben und nicht etwa das Vorkommen spezifischer Inhaltsstoffe analysiert.

Die zitierten Gutachten dienten eher in der Hauptsache, die Argumentation der Firma, daß eine umfassende Bodensanierung nicht erforderlich sei, zu unterstützen.

3.11.2 Vorbereitungen zur Errichtung eines neuen Tanklagers (1980)

Parallel zur Erstellung der Gutachten unternahmen die auf dem Grundstück ansässigen Firmen nunmehr Schritte zur Umgestaltung des Betriebs:

- Pintsch Oel Berlin stellte einen Bauantrag zum Umbau der Auffangwannen der Lagertanks Nr. 101 bis 109. Bei einer Besichtigung am 11.1.1980 stellte SenGesU fest, daß die Tanks 99 und 101 - 119 abgeflanscht waren, im Bereich der Auffangwannen verschmutzter Boden ausgehoben und die Tankfeldeinfriedung abgerissen wurde: "Wenn das BWA und die Wasserbehörde die Tankfelder weiter zum Betrieb zulassen (Herrichtung entsprechend VLwF) steht auch unsererseits einem Betrieb nichts im Wege." Der Tank 121 war stillgelegt, und die Tanks 120, 17 und 18 wurden noch betrieben. "Die Firma plant nach wie vor eine Erneuerung der Anlage."

- Am 7.1.1980 beantragte die Firma Fuchslocher bei SenGesU die Genehmigung eines Zwischenlagers von Lösungsmitteln nach § 7,II AbfG. - In seiner Stellungnahme vom 17.3.1980 zu diesem Vorhaben stellte das BWA heraus: "Die Firma hat in den vergangenen Jahren auf dem o.a. Gelände wassergefährdende Flüssigkeiten gelagert, ohne auf entsprechenden Grundwasserschutz zu achten ... Bedenken, der Firma Fuchslocher die Erlaubnis zur Lagerung und Umfüllung wassergefährdender Flüssigkeiten zu erteilen, weil wir nicht davon überzeugt sind, daß von dieser Firma bei den Arbeiten laufend die VLwF beachtet wird." - Hierauf antwortete SenGesU am 3.4.1980: "Da von den anderen angeschriebenen Fachbehörden keine Bedenken gegen die Erteilung der Genehmigung ... bestehen, bitte ich Sie, mir detaillierte Aussagen über konkreten Verstöße gegen die VLwF zu machen". Am 11.6.1980 teilte das BWA mit, seit 1977 wisse es, daß Fuchslocher auf dem Grundstück ansässig sei. "Zum Vorwurf müssen wir der Firma Fuchslocher machen, daß sie ohne ständige Ermahnung nicht bereit ist, ordnungsgemäße Zustände herzustellen und erhalten zu lassen". SenGesU setzte sich schließlich - nach langer Verfahrensdauer - mit Genehmigung vom 22.1.1982 über die Bedenken von BWA hinweg.

- Am 4.2.1980 fragte Pintsch Oel Berlin beim SenGesU an, ob ein Kühlturm für die Raffinerie mit 6 m Höhe und 100 m^3/h Durchlaufleistung genehmigungspflichtig sei. Als die Genehmigungsbehörde dies verneinte, wurde am 12.3.1980 ein Bauantrag beim BWA gestellt.

- Am 5.5.1980 stellte die Universal Chemie HandelsGmbH einen Bauantrag zur Errichtung eines Tanklagers.

3.11.3 Erneute wasserbehördliche Anordnung (1980)

Der Senator für Wirtschaft forderte am 16.5.1980 die Wasserbehörde auf: "Um den weiteren Fortgang der von der Firma beabsichtigten Investitionen - inbesondere die Durchführung der öffentlichen Abräumung - nicht unnötig zu verzögern, bitte ich Sie um kurzfristige Stellungnahme, ob aufgrund des vorliegenden Gutachtens davon ausgegangen werden kann, daß keine bzw. nur geringfügige Bodenverunreinigungen vorliegen".

Hierauf bestritt die Wasserbehörde am 20.6.1980 die Förderungswürdigkeit des Vorhabens, "denn das ganze Grundstück ist ... nach wie vor in einem beklagenswerten Zustand. ... Dagegen sprechen die uns vorliegenden Bohrergebnisse aus dem Jahre 1975. Ich hatte im Zuge der Sanierung des Nachbargrundstückes BSR damals von der ausführenden Firma S. einige Bohrungen auf dem Pintsch Oel GmbH niederbringen lassen. Die Schichtenverzeichnisse weisen Benzolverunreinigungen noch in 10,30 m Tiefe nach." Mit dieser Stellungnahme wurde die der Wasserbehörde bekannte Tatsache des Vorliegens erheblicher Bodenverunreinigungen erstmals auch anderen Behörden mitgeteilt.

Über eine Ortsbegehung am 6.6.1980 vermerkte die Wasserbehörde, daß die oberirdischen Tankanlage noch immer ohne eine vorschriftsmäßige Auffangwanne war. "Wegen der noch fehlenden Auffangwanne konnten die Lagerbehälter vom BWA Neukölln bislang nicht genehmigt werden und dürfen deshalb nicht gefüllt werden. Geschäftsführer von Pintsch Oel GmbH bestätigte auf Befragen, daß die Tanks leer seien." Im Gegensatz dazu stellte die Wasserbehörde fest, daß sie bereits gefüllt und benutzt wurden. Das gleiche galt für andere Behältnisse, "... (es wurde) bewußt auf mein Befragen hin die Unwahrheit gesagt ... die Firma (hat es) auch hier wieder darauf ankommen lassen ... Die Firma versucht nun offensichtlich dies alles zu umgehen ... offeriert wieder einmal etwas neues... Man überreichte der Wasserbehörde als einzige Unterlage zwei Prospekte in englischer Sprache und versprach baldmögliche Ergänzung ... weiß nur zu gut um die

Schwierigkeiten mit der Stahlbetonwanne und täuscht auch hier wieder wissentlich die beteiligten Behördenvertreter ... propagiert allerorts utopische Neubauvorhaben, Pilotprojekte u.a.m. sowohl beim UBA wie auch beim SenWiV, um Bundeszuschüsse und Steuerbegünstigungen ... feilschend ... Ein exemplarisches höchstmögliches Bußgeld ist hier m.E. angebracht".

Am 21.7.1980 erließ die Wasserbehörde schließlich erneut eine wasserbehördliche Anordnung gegen Pintsch Oel GmbH betreffend "Lagerung und Umschlag wassergefährdender Flüssigkeiten": "Ich fordere Sie hiermit auf, unverzüglich Maßnahmen einzuleiten, daß diese ordnungswidrig in Betrieb genommenen Tanks geleert und anlagenmäßig vom laufenden Betrieb getrennt werden". Diese "wasserbehördlichen Anordnung" enthielt jedoch keinerlei Hinweis darauf, auf welche Rechtsgrundlagen sie sich stützt. In der Anordnung wurde nicht ein einziger Paragraph zitiert. Zudem wurde in der Sache eher "lagerordnungsrechtlich" denn wasserrechtlich argumentiert, obwohl die Handlungsgrundlage der Wasserbehörde aufgrund der Zuständigkeitsverteilung allein das Wasserrecht war.

3.11.4 Erneutes Bemühen des BWA zur Abgabe seiner Zuständigkeiten (1980) und Anordnung aufgrund der VLwF (1981)

In einem Schreiben vom 15.8.1980 an SenGesU beklagte sich das BWA, daß sich die Pintsch Oel Berlin GmbH über seine Verfügung vom 13.9.1979 (siehe Abschnitt 3.10.4) hinweggesetzt habe und das beanstandete Tanklager über den 30.11.1979 hinaus weiter benutze. Dabei ging das BWA irrtümlich davon aus, Pintsch Oel Berlin GmbH habe gegen diese Verfügung keinen Widerspruch eingelegt. Das Schreiben schloß mit der Bitte, der SenGesU möge "zuständigkeitshalber gemäß § 20 Ziff 1 und 2 BImSchG der Firma Pintsch Oel GmbH den Betrieb der Tanklager und Rohrleitungen mindestens solange zu untersagen, bis Ölauffangwannen und Rohrleitungen gemäß unserer Anordnung vom 13.9.1979 den Forderungen der VLwF entsprechen und dies durch ein Gutachten des TÜV nachgewiesen wurde."

Hierauf wiederholte SenGesU mit Schreiben vom 27.8.80 seinen Verweis auf die Zuständigkeit des BWA: "Aufgrund dieser Zuständigkeit liegt ein unanfechtbarer und somit vollziehbarer Verwaltungsakt vor. Ich bin daher nicht in der Lage, Ihre Anordnung vom 13.9.1979 durchzusetzen, und empfehle, selbst Maßnahmen des Verwaltungszwanges durchzusetzen".

Hierzu hieß es in einer Antwort des BWA vom 23.9.1980: "Mit Schreiben vom 15.8.1980 hatten wir Sie davon in Kenntnis gesetzt, daß auf dem Grundstück umweltgefährdende Zustände herrschen und zwar aufgrund baulicher Mängel und aufgrund der Betriebsführung. Selbstverständlich sind wir gemäß unserer Verfügung vom 13.9.1979 tätig und drängen auf Beseitigung der baulichen Mängel ... können aber nicht verhindern, daß dieser Betrieb mehr oder weniger provisorisch weitergeführt wird und dadurch zu einer weiteren Umweltgefährdung führt. Aus unserer Sicht gesehen müßten Sie zuständigerweise aufgrund von § 20 BImSchG tätig werden."

Zuletzt erließ das BWA schließlich am 21.4.1981 gegen Pintsch Oel Berlin GmbH eine weitere auf die Lagerverordnung gestützte Verfügung. Die Firma sei der Verfügung vom 13.9.1979 bis jetzt nicht nachgekommen. Aufgrund des Widerspruchs vom 16.10.1979 sei "für die Reparatur der Anlage einer Terminverlängerung zugestimmt worden". Nunmehr werde die Pintsch Oel Berlin aufgefordert, "die Lagerbehältnisse sichtbar außer Betrieb zu nehmen", spätestens 4 Wochen nach Unanfechtbarkeit der Verfügung. Zugleich erfolgte die Androhung eines Zwangsgelds von 2.000,-- DM.

Auch gegen diese Verfügung legte die Pintsch Oel Berlin am 19. 6.1981 Widerspruch ein. Darin wurde ausgeführt, inzwischen seien alle Tanks, außer 6, außer Betrieb genommen worden. Für diese sechs Tanks (115, 116, 118, 119, 120, 121) wurde um weitere Benutzung gebeten, bis das neue Tanklager errichtet sei. Am 31.7.1981 half BWA dem Widerspruch ab, indem es eine erneute Fristverlängerung bis 31.7.1982 einräumte.

3.11.5 Vorgespräche über die Neugestaltung des Tanklagers (1980/81)

Mit dem Senator für Gesundheit und Umweltschutz führte der von der Pintsch Oel Berlin mit der Planung beauftragte Architekt zwischenzeitlich am 30.10.1980 ein Vorgespräch über die Genehmigung eines neuen Tanklagers einschließlich einer Neutralisationsanlage für die Altölaufbereitung. Es wurde deutlich gemacht, daß hierfür eine Änderungsgenehmigung nach § 15 BImSchG erforderlich sei, da es sich um Bestandteile der Altölaufbereitungsanlage handele: "... Es wurde seitens SenGesU nochmals dringlich darauf hingewiesen, daß auch die Belange der Wasserbehörde bzgl. der Bodensanierung zu berücksichtigen sind. Diesbezüglich wurde die Firma gebeten, sich mit SenBauWohn in Verbindung zu setzen."

Es wurde vorbesprochen, daß der Antrag für das Tanklager bis Ende 1980 eingereicht werden solle. Mit Baubeginn wurde für Sommer 1981 gerechnet. Nach Fertigstellung sollten die derzeit betriebenen Tanks 118-120 abgerissen werden. Weitere Tanks seien derzeit nicht in Betrieb.

Am 23.1.1981 erinnerte SenWiV die Wasserbehörde erneut an die noch ausstehende Stellungnahme zum Grad der Bodenverunreinigung. Zudem wandte sich die Pintsch Oel GmbH mit Schreiben vom 24.2.1981 an den Senator für Bau- und Wohnungswesen - IVbB1- wegen der Förderung der Abräumkosten und verwies auf die Bedeutung des Investitionsvorhabens, welches auch die Unterstützung der Wirtschaftförderung Berlin GmbH fand: "Wir beabsichtigen, ... die modernste und umweltfreundlichste Raffinerieanlage für Altöl zu errichten, die für unsere Industrie, nicht nur für Europa, richtungsweisend sein wird." Das Unternehmen berief sich auf eine 'Präjudizierung', die seiner Auffassung nach seitens des SenWiV entstanden war, "indem uns nach den Grundsätzen der Richtlinien ... die Grunderwerbsteuer für einen Erwerb unseres Grundstücks erlassen wurde".

Die Wasserbehörde ließ sich hierdurch jedoch nicht beeindrucken und nahm am 27.2.1981 eine weitere Begehung vor, zu der vermerkt ist: "Tanklager verölt und macht einen verwahrlosten Eindruck. Es wird weiter umgeschlagen ... In Anbetracht der Untätigkeit der Behörden wurde U(nterzeichnetem) gegenüber bereits der Verdacht der Begünstigung geäußert".

Zudem fand am 27.2.1981 ein Termin zwischen Wasserbehörde, Vertretern der Pintsch Oel GmbH und der Wirtschaftsförderung Berlin GmbH statt, die bei dieser Gelegenheit die Verhandlungsführung für die Pintsch Oel GmbH übernahm. Die Wirtschaftsförderung stellte vorab heraus, daß aus der Sicht des Investors ohne den "absolut klaren 'Persilschein' seitens der Wasserbehörde über die absolute Boden- und Grundstücksfreiheit von aller Art von Verunreinigungen" keine neuen Initiativen zu erwarten seien. Die Senatsstellen, vor allem die Wasserbehörde, drängten dagegen auf Tiefbohrungen bis 10 m. Als die Pintsch Oel GmbH dies ablehnte, gab die Wasserbehörde erstmals zu erkennen, daß bei den Bohrungen, die 1975 im Zusammenhang mit der Sanierung des BSR-Grundstücks bei der Pintsch Oel GmbH veranlaßt worden waren, Benzolspuren im Grundwasser in 10 m Tiefe gefunden worden waren. Auf die Frage, weshalb dies damals die Pintsch Oel GmbH nicht mitgeteilt worden sei, antwortete der Vertreter der Wasserbehörde ausweichend.

Am 23.6.1981 erließ die Wasserbehörde gegen die Pintsch Oel GmbH einen Bußgeldbescheid wegen des Weiterbetriebs der fehlerhaften Lagerbehälter. Einen Monat später dagegen wurde die Pintsch Oel GmbH vom BWA Neukölln zugestanden, die fehlerhaften Lagerbehälter bis 31.7.1982 weiterzubenutzen. Der SenBauWohn IVC bestätigte mit Schreiben vom 15.3.1981 die besondere Förderungswürdigkeit des geplanten Vorhabens der Neuerrichtung der Altölraffinerie und befürwortete die Übernahme der Abräumkosten. Zudem fand am 17.3.1981 eine weitere Besprechung zwischen Wasserbehörde und Pintsch Oel GmbH statt, bei dem sich die Pintsch Oel GmbH bereit erklärte, ein mit der Wasserbehörde abgestimmtes Bohrprogramm auszuarbeiten und zu finanzieren.

3.11.6 Genehmigungsverfahren für das Tanklager (1981)

Am 30.3.1981 reichte Pintsch Oel Berlin GmbH bei SenGesU den Genehmigungsantrag für Errichtung und Betrieb eines Tanklagers von 8 ober- und 4 unterirdischen Tanks mit einem Gesamtvolumen von 2.940 m^3 ein. Die Genehmigungsbehörde leitete den Antrag am 2.4.1981 zur Stellungnahme an drei Fachreferaten der eigenen Abteilung sowie BWA und GesA Neukölln und dem LAfA zu. Die Wasserbehörde wurde dagegen zunächst nicht am Verfahren beteiligt. In seiner Stellungnahme vom 4.6.1981 vermerkte das Abfallbeseitigungsreferat des SenGesU: "Der Pintsch Oel Berlin GmbH ist ... zur Auflage zu machen, daß auf dem beabsichtigten Gelände, - falls erforderlich - der Boden ausgetauscht wird. Ggf. ist hier der SenBauWohn mit einzubeziehen, um zu entscheiden, ob und wenn ja welche Bereiche derartig verunreinigt sind, daß ein Bodenaustausch notwendig ist."

Erst danach wurde mit Datum vom 27.7.1981 vermerkt, daß der Wasserbehörde von dem Vorhaben nichts bekannt war und daß sie in den nächsten Tagen die Unterlagen zugesandt bekäme. Der Erörterungstermin am 18.8.1981, an dem die Wasserbehörde nicht teilnahm, ergab, daß das Vorhaben grundsätzlich genehmigungsfähig sei, daß jedoch noch weitere Unterlagen vorzulegen seien.

Seit März 1981 häuften sich zudem noch die Beschwerden über Geruchsbelästigung durch die Altölaufbereitungsanlage. Die Genehmigungsbehörde stellte fest, daß der Gestank mit der Kühlung der Destillationsanlage und dem Abwasser zusammenhingen. Sie erließ schließlich am 21.8.1981 eine nachträgliche Anordnung nach § 17 BImSchG zur Beseitigung der Geruchsbelästigung mit sofortiger Vollziehung. Obwohl die Firma fristgerecht zum 25.9. die Durchführung der angeordneten Maßnahmen anzeigte, blieben auch danach Beschwerden nicht aus. Am 16.10.1981 vermerkte die Genehmigungsbehörde: "Möglicherweise gehen die Geruchsbelästigungen auch noch von den alten Tanks aus."

Im Anschluß des Erörterungstermin vom 18.8.1981 gingen die Anforderungen der beteiligten Behörden für die Genehmigung des Tanklagers ein. Das Gesundheitsamt Neukölln forderte die Beseitigung der Geruchsbelästigungen. Die Stellungnahme der Wasserbehörde wurde am 17.9.1981 zwar telefonisch angekündigt, lag jedoch erst am 7.12.1981 schriftlich vor. Die Wasserbehörde verlangte insbesondere: "Bei der Außerbetriebsetzung und Stilllegung alter, insbesondere unterirdischer Anlagen, wie z.B. Rohrleitungen, Tanks usw., ist zu beachten, daß diese grundsätzlich abzubauen und eine Verfüllung alter Lagerstätten erst nach der Reinigung derselben erfolgen darf, wobei eine Abnahme durch meinen Beauftragten vorauszugehen hat. Das Grundstück ist mit einer wasserundurchlässigen Befestigung zu versehen. Die Entwässerung hat über entsprechende Abwasserbehandlungsanlagen zu erfolgen. Eventuelle unterirdische Rohrleitungen zum Transport wassergefährdender Stoffe sind im Schutzrohr zu führen. Der Neubau des Lagers entbindet den Bauherrn nicht von der Notwendigkeit eventueller vorheriger Boden- und Grundwasser-Sanierungen auf dem Grundstück. Die tatsächliche Durchführung der Neubaumaßnahme macht eine Unbedenklichkeitserklärung der Wasserbehörde für das jeweils in Aussicht genommene Grundstück erforderlich."

Diese und die übrigen Auflagen und Bedingungen der beteiligten Behörden wurden von der Genehmigungsbehörde in den Entwurf des Genehmigungsbescheids für das Tanklager übernommen, der der Firma am 22.12.1981 zur Vorab-Stellungnahme zugesandt wurde.

3.12 Ansätze zu einer Koordination der unterschiedlichen Behördenaktivitäten (1981)

3.12.1 Betriebsbesichtigung der Wasserbehörde (11.9.1981)

Am 11.9.1981 machte die Wasserbehörde eine unangemeldete Betriebsbesichtigung bei der Pintsch Oel GmbH. In dem Vermerk, der auch SenGesU als Immissionsschutzbehörde und dem Gewerbeaußendienst beim Polizeipräsidenten zugestellt wurde, hieß es:

"1. Schwere Verunreinigungen durch ausgelaufene wassergefährdende mineralölhaltige Stoffe innerhalb der ungeschützten Tankfelder ... Den hierfür zuständigen Behörden ist dies seit längerer Zeit bekannt (handschriftliche Anmerkung am Rand: "BWA NKln") ...,

2. Die vom TÜV überprüften und m.E. nicht genehmigten, ungeschützt stehenden Behälter sind entgegen wiederholter Warnung des Unterzeichnes in den laufenden Betrieb einbezogen ...,

3. Mache aufmerksam, daß der etablierte Chemiebetrieb noch immer ohne Neutralisationsanlage ist. Allen Beteiligten (handschriftlicher Randvermerk: "BWA Nkln, SenGesU") ist bekannt, daß die Abwässer bisher wild in das Tankfeld ..., dessen Untergrund nicht geschützt war, abgelassen wurden ... Dieser seit Jahren anhaltende umweltgefährdende Zustand ... hat neuerdings durch das Bekanntwerden schwerer Gewässerverunreinigungen (GW) neue Akzente erhalten ... Die Tragweite dieser bekannten, jahrelang verursachten Verunreinigungen ist noch nicht zu übersehen. ... Einer weiteren Verschlimmerung des gegenwärtigen Zustandes ist nur durch eine sofortige, von der zuständigen Behörde zu verfügenden Betriebsstillegung, Einhalt zu gebieten. ... Es ist darauf hinzuweisen, daß dieser Betrieb die Altöle ... überwiegend von außerhalb Berlins bezieht, und zwar in sehr großen Mengen". Zudem wurde darauf verwiesen, daß es in Berlin noch einen anderen Betrieb für Altöl- und Sonderabfallverarbeitung gebe.

3.12.2 Erster gemeinsamer Behördentermin (27.10.1981)

Dieser Vermerk führte am 27.10.1981 zu einem Behördentermin "über das weitere Vorgehen" beim Bezirksamt Neukölln, an dem die Wasserbehörde, die Genehmigungsbehörde und der Gewerbeaußendienst teilnahmen. Dem Gesprächsprotokoll der Genehmigungsbehörde zufolge, erläuterte der Vertreter der Wasserbehörde zunächst diesen Vermerk. Er wies dabei auf die "noch nicht abgeschlossene Bodenuntersuchungen eines Gutachters hin, bei der erhebliche Verunreinigungen des Bodens durch wassergefährdende Flüssigkeiten in Richtung zur Grundstücksgrenze der Firma Linde gefunden wurden." Hierzu fragte der stellvertretende Abteilungsleiter der Umweltschutzabteilung (vgl. oben) SenStadtUm nach, "ob die seitens der Wasserbehörde (die Antwortformulierung stammte von der Immissionsschutzbehörde, d.V.) seinerzeit in Beantwortung der Anfrage Boroffka getroffene Aussage, daß von dem Bereich Pintsch/Gradestrasse keine Grundwassergefährdungen mehr ausgehen, damals unrichtig war oder aufgrund welcher konkreten Tatsachen das Gefahrenpotential nunmehr höher eingeschätzt wird." Auch das BWA wurde gefragt, weshalb ungeschützte Tankfelder von der Pintsch Oel GmbH weiterbetrieben werden dürften, obgleich die Lagerverordnung seit 1970 bestimmte Standarde fordere, die nicht beachtet worden seien: "Herr ... erläutert daraufhin, die seitens des BWA seit Inkrafttreten der Lagerverordnung getroffenen Maßnahmen bzw. Anordnungen. (Er) wird diese bis zum nächsten Gespräch unter Hinweis auf die festgestellten Verstöße nach der Lagerverordnung tabellarisch auflisten. Ferner sind für das weitere Vorgehen Angaben ... erforderlich, die nur durch das BWA aufgrund der dort vorhandenen Unterlagen erstellt werden können, u.a.: Wann wurde der Betrieb errichtet, durch die Genehmigung welcher Behörde?"

Es wurde auch zur Sprache gebracht, weshalb das BWA mit Schreiben vom 31.7.1981 der Pintsch Oel GmbH gestattete, die Tankanlage bis 31.7.1982 weiter zu betreiben. "Auch hierzu sind entsprechende Aussagen des BWA erforderlich, unter welchen Sicherheitsaspekten dieses genehmigt wurde". Bezüglich Pintsch-Chemie wurde festgestellt, daß es sich nicht um nach BimschG genehmigungsbedürftige Anlagen handele, so daß diese voll in die Zuständigkeit des BWA fielen. "Eine Anordnung wäre - wie dies bereits im Jahre 1979 erfolgte - weiterhin unstrittig durch das BWA zu treffen".

Zur Frage der Bodensanierung wurde vermerkt: "Es bleibt anzustimmen, inwieweit Aussagen über die notwendigen Bodensanierungsmaßnahmen im Genehmigungsverfahren zu konkretisieren sind (Tanklager nach § 15 BImSchG) oder ob eine selbständige Anordnung seitens der Wasserbehörde über das Sanierungskonzept erfolgt."

Das BWA Neukölln machte über die Besprechung am 27.10.1981 folgenden Vermerk: "Es ging um die Gefahr der Grundwasserverunreinigung durch Pintsch Oel GmbH und um die Feststellung, daß es durch das Betriebsgebahren von Pintsch Oel GmbH zu einer Grundwasserverunreinigung kommen kann. Es wurde festgestellt, daß SenStadtUm das neue geplante Tanklager noch nicht genehmigen kann, weil von der Wasserbehörde noch keine Aussage darüber gemacht wurde, wieviel und ob Bodenaustausch unter dem neuen Tanklager erfolgen muß. SenStadtUm wurde von BWA nochmals darauf hingewiesen, daß er als Genehmigungsbehörde nach § 20 BImSchG den Betrieb untersagen muß, wenn Pintsch Oel Berlin Auflagen der Behörden nicht erfüllt oder das Personal unzuverlässig ist".

3.12.3 Erneuter Behördentermin (16.11.1981)

Ein weiterer Behördentermin fand am 16.11.1981 bei SenStadtUm statt, es waren neben den bereits genannten Stellen und dem TÜV auch die, allerdings nicht anwesende, Fachaufsicht über das BWA Neukölln beim SenBauWohn eingeladen ("Trotz Einladung und persönlichem Hinweis auf die Wichtigkeit der Angelegenheit im Hinblick auf den Antrag der Wasserbehörde vom 17.9.1981, die Tankanlage stillzulegen"). Im Mittelpunkt des Behördentermins am 16.11.1981 stand zunächst wiederum vorrangig die Frage nach Zuständigkeiten und Versäumnissen. Dabei wählte das BWA die 'Vorwärtsstrategie', d.h es bezweifelte, daß die Lagerverordnung auf die alte Tankanlage der Pintsch Oel GmbH anwendbar sei: "Nach seiner Auffassung sind die Kriterien des § 1, II VLwF erfüllt, so daß das Tanklager mithin nicht der Lagerverordnung unterliegt". Dies wurde "unter Bezugnahme auf die amtliche Begründung zur Lagerverordnung" zurückgewiesen, "da bei dem von der Pintsch Oel GmbH betriebenen Tanklager die Kriterien des § 1 II Nr. 1-3 LVLwF eindeutig nicht gegeben sind". Die Vertreter der Senatsverwaltung gingen übereinstimmend davon aus, daß die

Zuständigkeit für den Vollzug der Lagerverordnung bei den bezirklichen Bauaufsichtsämtern liege, wie dies seinerzeit von der Fachaufsicht bei SenBauWohn ausdrücklich bestätigt worden sei. Zugleich wurde auch Kritik an der Abwesenheit der Fachaufsicht geübt, denn die "... Fachaufsicht erstreckt sich auf die recht- und ordnungsgemäße Erledigung der Aufgaben der nachgeordneten Ordnungsbehörde ... und auf die zweckentsprechende Handhabung des Verwaltungsermessens (§ 7, ASOG). Angesichts eklatanter Verstöße gegen die wichtigsten Bestimmungen der Lagerverordnung, die nochmals von der Wasserbehörde substantiiert zusammengestellt werden, ist es völlig unverständlich, daß die Fachaufsichtsbehörde untätig bleibt, sogar nicht einmal zu einer koordinierenden Besprechung erscheint."

Die Vertreter des BWA versuchten daraufhin, eine Unterscheidung zwischen der 'Überwachung der Lagerverordnung' (Kontrolle der Tanks usw.) einerseits und einer Überwachung der 'Art der Betriebsführung' andererseits zu konstruieren. Wenn überhaupt, so könne das BWA nur für die erstere Überwachung zuständig sein. Wer zuständig war, die 'Art der Betriebsführung' zu kontrollieren, ließ der Vertreter des BWA offen. Weiterhin verwies er auf die immissionsschutzrechtliche Zuständigkeit des SenGesU bzw. nunmehr SenStadtUm. Diesen 'Entlastungsangriff' hatte ein Vertreter des BWA bereits eingangs der Sitzung vergeblich dadurch vorzubereiten gesucht, daß er darauf bestand, in der Tagesordnung solle es nicht "Betrieb der alten Tankanlage", sondern "der vorhandenen Altölraffinerie" heißen.

Ordnungsbehördliche Einwirkungsmöglichkeiten nach dem Immissionsschutzrecht wurden von den Vertretern der Genehmigungsbehörde jedoch bestritten: "SenStadtUm ist zuständig für den Vollzug des BImSchG. Ihm obliegt insoweit lediglich die Durchführung von Genehmigungsverfahren für genehmigungsbedürftige Anlagen, soweit es sich um Neuerrichtungen bzw. wesentliche Änderungen handelt. Die Überwachungszuständigkeit wird durch den Schutzbereich des BImSchG begrenzt. Nachträgliche Anordnungen durch SenStadtUm können sich daher nur auf immissionsschutzrelevante Regelungsinhalte beziehen. Für eine derartige

Anordnung besteht z.Zt. jedoch kein Anlaß. Ebenso kommt eine Stillegung gemäß § 20 I BImSchG z.Zt. nicht in Betracht, da die gesetzlichen Voraussetzungen (Verstoß gegen immissionsschutzrechtliche Auflagen oder eine vollziehbare Anordnung) nicht vorliegen. Im Falle der Tankanlage geht es um den Vollzug des § 18, I VLwF, für den das BWA zuständig ist."

Zu den Genehmigungen der 'alten Tankanlagen' konnte der Vertreter des BWA "nur bedingt Angaben machen. Alte Genehmigungen über die Errichtung der Tanks bzw. deren wesentliche Änderungen liegen nicht vollständig vor und sind teilweise durch Kriegseinwirkungen verloren gegangen. Konkrete Aussagen über das Alter der Tanks können daher vom BWA nicht getroffen werden." Zum bisherigen Vorgehen des BWA gegen die Pintsch Oel Berlin GmbH stellte der Vertreter des BWA vor allem die Anordnung vom 13.9. 1979 ab, "mit der (der) Pintsch Oel GmbH bestimmte Maßnahmen aufgegeben wurden, die (dies steht in bemerkenswertem Gegensatz zu den Einschätzungen der Wasserbehörde vom 17.9.1981, d.V.) zum größten Teil erfüllt worden sind". In der Anordnung diesem wurde auch die TÜV-Prüfung vom Oktober 1979 erwähnt, durch die "die Dichtheit der Behälter bestätigt" worden sei. "Auf der Grundlage dieses TÜV-Berichtes und unter Berücksichtigung des seitens von Pintsch Oel Berlin GmbH beabsichtigten Neubaues eines Tanklagers sind dem Betreiber vom BWA jeweils Fristverlängerungen, letztmalig bis zum 31.7.1982, für den Vollzug der Lagerverordnung gewährt worden. Dieses sei ... unter dem Aspekt Verhältnismäßigkeit der Mittel auch von der Rechtsabteilung des BA Neukölln mitgetragen und von seinem Stadtrat so gebilligt worden."

Der Versuch des BWA-Vertreters, die Verantwortung für das bisherige Untätigbleiben dem TÜV als dem maßgeblichen Gutachter zuzuschieben, widersprach der anwesende TÜV-Vertreter mit dem Hinweis, "daß sich diese Überprüfung dem Auftrag gemäß nur auf die Tankbehälter selbst, nicht auf den Untergrund, Tankanschlüsse, Rohrleitungen, Auffangräume und Schutzvorkehrungen erstreckt habe. Der TÜV habe im übrigen bereits 1976 auf die Tatsache hingewiesen, daß die Tankanlage nicht den Vorschriften der Lagerverordnung entspreche."

Zum weiteren Vorgehen gegen Pintsch Oel Berlin GmbH stellte man "eindeutig klar, daß unverzüglich Maßnahmen zur Einhaltung der Lagerverordnung durch das BWA zu treffen sind". Dies sei "aus der bisherigen Nichterfüllung der Vorschriften der Lagerverordnung" abzuleiten. "Es sollten daher die nach § 20 VLwF erforderlichen Unterlagen unverzüglich durch das BWA angefordert werden. Diese Unterlagen waren nach § 19,II, 20 VLwF vom Betreiber beim BWA bis zum 31.10.1970 (!!!, drei Ausrufezeichen im Protokoll, d.V.) vorzulegen."

Die Aufhellung, inwieweit Boden und Grundwasser auf dem Grundstück verschmutzt seien, spielte bei der Besprechung keine zentrale Rolle. Es wurde lediglich ein Gutachten zitiert. Die darin "ermittelten Chlorkohlenwasserstoffe deuten auf neuere Verschmutzungen hin, möglicherweise durch die Fa. Fuchslocher, was noch genauer untersucht wird." Der vorgesehene Tagesordnungspunkt "Sanierung und Genehmigungsverfahren der Neuanlage Pintsch Oel Berlin GmbH" wurde nicht behandelt: "Gesonderte Absprache mit der Wasserbehörde, da nur noch deren Auflagen (z.B. Bodenaushub) für das Genehmigungsverfahren fehlen."

Im Anschluß an eine Betriebsbesichtigung am 2.12.1981 schlug die Pintsch Oel GmbH SenStadtUm in einem Schreiben vom 3.12. 1981 folgende einvernehmliche Zwischenlösung vor:

"1. Wir erhalten eine bis 31.7.1982 befristete Betriebsgenehmigung für die Tanks 99, 118-120, 243-246 ohne nochmalige TÜV-Abnahme.
2. 101-117 und 121 werden durch uns bis 10.1.1981 entleert und können überprüft werden."

Bis zum 15.12.1981 wurde ein Abbruchplan für das Tanklager angekündigt.

3.13 Brand bei Pintsch Oel GmbH als Grund für erhöhte Durchsetzungsfähigkeit von Behördenanordnungen

3.13.1 Brand am 18.12.1981

Die Bemühungen der Behörden um die Durchsetzung ihrer Forderungen wurden dadurch wesentlich erleichtert, daß am 18.12.1981 Teile der Altölaufbereitungsanlage abbrannten. In einem Vermerk der Genehmigungsbehörde über eine Ortsbesichtigung am selben Tag heißt es: "Der gesamte Destillationsbereich dürfte nicht mehr instandzusetzen sein. Der Brand ist an der Vakuumkolonne ausgebrochen und hat diese total zerstört. Nach Aussagen von Herrn (Betriebsleiter, d.V.) handelt es sich um einen Schaden von ca. 3 - 4 Mio. DM. Es müßte eine völlig neue Anlage errichtet werden. In einem abschließenden Gespräch stellte U. klar, daß an einen Wiederaufbau der Aufbereitungsanlage, in dem vor dem Brand vorhandenen Zustand nicht zu denken sei, ohne daß ein sicherheitstechnisches Gutachten beigebracht wird. Es sei der zweite Brand in diesem Jahr. Hinzu kommt, daß neben den rechtlichen Problemen der Anlage, die Feuerwehr sich kaum in der Lage sieht, einen ordnungsgemäßen Brandschutz zu gewährleisten. Bei einer generellen Neuerrichtung und Neukonzeption der Aufbereitungsanlage ist ein neues Genehmigungsverfahren gem. § 15 BImSchG erforderlich. Herr ... wird dies der Geschäftsleitung übermitteln. Herr ... gibt weiterhin an, daß nun generell das weitere Verfahren festzulegen sei, da eine Zug-um-Zug-Sanierung der Altanlage nun nicht mehr möglich sei. Sämtliche alten Tankanlagen sollen noch in diesem Jahr entleert werden, deren Inhalt wird noch vor Wegfall der bisher gewährten Provisionen zum 1.1.1982 abgegeben. Es bleibt lediglich der zur Dampfkesselanlage gehörende Tank zu eigenen Heizungszwecken erhalten."

Mit dem Brand hatten sich für die Behörden die rechtlichen Voraussetzungen sowie ihre Verhandlungsposition deutlich verbessert, da nun kein Bestandsschutz- oder Arbeitsplatzargumente mehr vorgebracht werden konnten, denn der Betrieb ruhte nach dem Brand. Die Behörden warteten nun die Vorlage neuer Genehmigungsanträge abwarten konnten.

3.13.2 Mitteilung SenStadtUm, daß die Neuerrichtung der Anlage genehmigungsbedürftig sei (28.12.1981)

Am 28.12.1981 teilte die Genehmigungsbehörde der Firma mit: "Der Senator für Bau- und Wohnungswesen teilte mit Vermerk vom 17.9.1981 mit, daß bei Bohrungen auf Ihrem Grundstück zur Ermittlung der Bodenverhältnisse erhebliche Mengen wassergefährdender Flüssigkeiten, teilweise von 7,1 g/Liter festgestellt wurden. Ferner werden durch Mängel in der Betriebsführung bei der Überwachung der Mitarbeiter laufend weitere weiträumige Verschmutzungen auf dem Gelände verursacht, so daß die Gefahr fortlaufender Bodenverunreinigungen besteht. Die derzeit noch betriebenen Tankfelder, die seit Inkrafttreten der VLwF vom 27. 5.1980 bisher nicht diesem geforderten Stand der Technik angepaßt wurden, befinden sich nach Abriß der ursprünglich noch vorhandenen Auffangwannen in einem Zustand, der keinerlei Sicherheitseinrichtungen bei einem Ölunfall vorsieht. Die Wasserbehörde bat daraufhin um sofortige Stillegung Ihres Betriebes, da unter dem Aspekt der zweifelsfrei notwendig werdenden Bodensanierungsmaßnahmen auf Ihrem Gelände der Zeitpunkt des Betriebs des von Ihnen geplanten neuen Tanklagers noch nicht abzusehen ist.

Anläßlich der in diesem Zusammenhang anberaumten Besichtigung Ihres Betriebes am 2.12.1981 fand ich nicht nur den oben geschilderten Sachverhalt über den Zustand der alten Tanklager und des Betriebsgeländes bestätigt, sondern mußte auch feststellen, daß im Bereich des Gebäudes für die Destillation, für die ich selbst zuständige Ordnungsbehörde bin, starke Ölverschmutzungen unterhalb der Destillationskolonne aufgetreten waren. Ich hatte daher vor, nochmals ordnungsbehördliche Maßnahmen für diesen Bereich zu treffen. Durch den Brand der Destillationsanlage am 18.12.1981, der diese total zerstörte, haben sich weitere Maßnahmen vorerst erübrigt.

Sollte beabsichtigt sein, eine neue Aufbereitungsanlage dem derzeitigen Stand der Technik gemäß zu errichten und zu betreiben, bedarf es hierfür der Durchführung eines Verfahrens gemäß § 15 BImSchG, da es sich um eine genehmigungsbedürftige wesentliche Änderung Ihres Betriebs handelt. Ich bitte daher ggf. rechtzeitig einen entsprechenden Antrag bei meiner Behörde einzureichen.

Bei der Besprechung am 2.12. in Ihrem Hause wurde hinsichtlich des Weiterbetriebs des alten Tanklagers vereinbart, daß die von Ihnen bis zur Inbetriebnahme der neuen Tanks zur Aufrechterhaltung des Betriebs benötigten alten Tanks vom TÜV in sicherheitstechnischer Hinsicht überprüft werden sollten. Von dieser Überprüfung kann ich nicht absehen, da nur nach einer solchen Begutachtung beurteilt werden kann, ob diese Tanks noch bis zum 31.7.1982 betrieben werden dürfen oder ggf. sofort stillzulegen sind. Ich kann daher Ihren im Schreiben vom 3.12.1981 geäußerten Vorschlag nicht befürworten."

3.13.3 Abrißplan für das alte Tanklager (2.2.1982)

Am 2.2.1982 legte Pintsch Oel Berlin GmbH den für Mitte Dezember zugesagten Abrißplan für das Tanklager vor. Danach waren zwei ober- bzw. unterirdische Altölsammelbecken demontiert, zwei weitere gereinigt und für Februar zur Beseitigung vorgesehen. Eine Reihe von Tanks sollte im Januar und Februar verschrottet werden. Als verbleibende Tanks wurden bezeichnet:

- 140A, befüllt mit Schmieröl,
- 99, 112, 115, 116, 118, 119, 244-247 entleert und entschlammt, aber nicht TÜV-rein,
- 110, 111, 113, befüllt mit Destillationsrückstand,
- 120, befüllt mit Altöl,
- 121, befüllt mit Altöl, Senatsreserve.

Die TÜV-Inspektion sei noch nicht durchgeführt worden, weil die Tankentleerung wegen der Witterung Probleme aufwerfe und "durch den Brand der Fluxölanlage sich die Frage stellt, inwieweit das vorhandene Tanklager nach der Entleerung noch einer TÜV-Inspektion unterzogen werden soll. Letztere Frage kann erst Mitte Februar beantwortet werden, wenn aufgrund der Schadensregulierung mit dem Brandversicherer entschieden sein wird, ob die abgebrannte Destillationsanlage an gleicher Stelle und nach gleicher Bauart wiederaufgebaut werden muß, oder ob eine neue Aufbereitungsanlage errichtet werden kann. Bei einer Reparatur wäre aus Zeitgründen eine Reinigung und TÜV-Inspektion der zur Produktion notwendigen Tanks sinnvoll, nicht aber bei einem Neubau der Anlage, wegen der entsprechend langen Bauzeit. Zu der in Ihrem Schreiben angesprochenen Gesamtsanierung kann noch nicht abschließend Stellung bezogen werden. Zum einen ist durch den Globalvorbehalt der Wasserbehörde im Genehmigungsbescheid (richtig müßte es heißen: Entwurf des Genehmigungsbescheids, d.V.) jede Aktivität unsererseits, das neue Tanklager mit den Zusatzinvestitionen und Hilfseinrichtungen zu bauen, blockiert. Zum andern warten wir noch immer auf eine verbindliche Aussage der Wasserbehörde, was zu tun sei. Wir bitten Sie deshalb um Verständnis, daß unsererseits erst nach Klarstellung dieser Situation ein Konzept für die Zug-um-Zug-Sanierung vorgelegt werden kann."

3.13.4 Anforderungen der Genehmigungsbehörde an die Neuerrichtung der Anlage (5.2.1982)

Nach einer Besprechung mit der Firma und dem Versicherungsunternehmen stellte die Genehmigungsbehörde am 5.2.1982 die Forderungen nach

1) einer gutachterlichen Aussage über den baulichen Zustand und die Standfestigkeit des Gebäudes bei erneutem Betrieb der Destillationsanlage,
2) brandschutztechnischer Untersuchung,
3) Gutachten über die Sicherheit der Anlage in Bezug auf Arbeits- und Nachbarschutz,
4) Emissionsgutachten,
5) Gutachten über die Dichtigkeit des Gebäudes sowie der schadstofführenden Leitungen zur Sicherung des Bodens.

Erst danach sei zu beurteilen, ob eine etwaige Reparatur als wesentliche Änderung nach § 15 BImSchG genehmigungspflichtig sei oder nicht. "Ich weise nochmals darauf hin, daß ich den Betrieb der Anlage gem. § 20 Abs. 1 BImSchG sofort untersagen werde, sofern die Destillationsanlage ohne die o.g. Untersuchungen repariert und wieder in Betrieb gesetzt wird."

Zudem hieß es - nachdem bisher immer davon ausgegangen worden war, daß die Anlage genehmigt sei und lediglich die Genehmigungsunterlagen verloren seien - erstmals: "Ich behalte mir ferner in diesem Fall die Prüfung vor, ob nicht ein strafrechtlicher Tatbestand gegeben ist, da aufgrund fehlender Unterlagen auch von Ihnen nicht der Beweis angetreten werden kann, daß die bereits nach altem Recht genehmigungspflichtig gewesene Destillationsanlage jemals eine derartige Genehmigung hatte. Es kann somit von Ihnen nicht davon ausgegangen werden, daß es sich lediglich um eine Reparatur der defekten Destillationsanlage handelt, die nicht mit Auflagen meinerseits verbunden werden darf."

Auch hier zeigt sich wiederum, daß die Genehmigungsbehörde nunmehr sehr viel 'massiver' gegenüber der Firma argumentieren konnte, weil die Voraussetzungen des Bestehens einer laufenden Anlage weggefallen waren.

3.13.5 Auseinandersetzung um die Wiederinbetriebnahme von erhalten gebliebenen Anlagenteilen

Über eine Ortsbesichtigung am 8.3.1982 vermerkte die Genehmigungsbehörde, daß mit der Demontage der Tanks ein 'Kleinstunternehmen' beauftragt worden war, so daß diese sehr schleppend laufe.

Am 7.4.1982 teilte Pintsch Oel Berlin GmbH mit, daß die Tanks demontiert worden seien. "Unsererseits besteht nicht die Absicht, diesen Anlagenteil an gleicher Stelle und in gleicher Bauart wieder zu errichten. Verschiedene von Ihnen geforderte gutachtliche Stellungnahmen werden somit hinfällig. Betreiben wollen wir aber ab 15.4.1982 die sog. Trocknung, die durch den Brand in keinster Weise in Mitleidenschaft gezogen wurde und nach wie vor ohne Änderungen funktionstüchtig ist. Unabhängig von der Tatsache, daß im Trocknungsteil keine wesentliche Änderung vorgenommen wurde - wir deshalb auch nicht § 15 BImSchG unterliegen - vertreten wir bzgl. der Genehmigungspflicht entgegen Ihres Schreibens vom 5.2.1982 eine gegenteilige Auffassung, nämlich die, daß ein Besitzstand durch den Brand nicht entfallen ist und die Genehmigungen nach wie vor sowohl für die zerstörte Fluxölanlage wie die nicht zerstörte Trocknungsanlage vorliegen. Aus diesem Grunde wäre aus unserer Sicht genehmigungsrechtlich eine Reparatur der Fluxölanlage in gleicher Bauart nach wie vor gegeben. Zum Betreiben der Trocknungsanlage benötigen wir Trockenraum. Es ist unsere Absicht, dafür die Tanks 115, 116, 118-121 zu benutzen, da zum einen hierfür eine Betriebsgenehmigung des BWA vorliegt, zum andern durch den Einspruch des Wasseramtes bezüglich dem Bau eines neuen Tanklagers zum jetzigen Zeitpunkt sich für uns keine alternative Lösung anbietet."

Bei einer daraufhin am 15.4.1982 unternommenen Betriebsbesichtigung stellte die Genehmigungsbehörde fest, daß die Trocknung die 1. Kolonne der Destillationsanlage im Erdgeschoß und ersten Obergeschoß des Gebäudes und somit Teil der genehmigunsbedürftigen Anlage sei. Am 21.4.1982 erließ die Genehmigungsbehörde daraufhin förmlich eine nachträgliche Anordnung nach § 17 BImSchG, für die vom Brand verschonten Teile der Anlage:

"1. Vor einer beabsichtigten Inbetriebnahme der Fluxölanlage ... oder von Teilen der Anlage sind nachfolgend aufgeführte gutachterliche Aussagen erstellen zu lassen und der Genehmigungsbehörde zur Prüfung vorzulegen ...
2. Die Inbetriebnahme der Fluxölanlage oder von Teilen der Anlage ist erst nach Zustimmung durch die Genehmigungsbehörde zulässig."

3.13.6 Mangelnde Präzision von Angaben der Wasserbehörde als mögliche Grundlagen für ein weiterreichendes behördliches Vorgehen (1982)

Nachdem sie von der Genehmigungsbehörde aufgrund der Koordinierungsgespräche vom November 1981 mehrfach mündlich und schriftlich dazu aufgefordert war, legte die Wasserbehörde am 3.5.1982 eine Aufstellung der von ihr 1973-1982 unternommenen Schritte gegenüber der Firma vor. In einem Vermerk über eine letzte Ortsbesichtigung vom 23.2.1982 heißt es darin:

"An dem Gesamtzustand des Grundstücks hat sich nichts geändert. Es macht nach wie vor einen verwahrlosten Eindruck. So sind z. B. die Mannlöcher von zwei großen Flachbodentanks geöffnet der Reinigung und Entleerung wegen. Der Untergrund ist nach wie vor ungesichert; es gibt keine Schutzvorkehrungen, man streut ECOPERL, ein Aufsaugmittel.
Der Chemiebetrieb auf dem Grundstück übt weiterhin seine Tätigkeit aus. Es handelt sich hierbei um die Fa. Pintsch in ENVIRO-TEC GmbH. Bliebe hier nur zu erwähnen, daß nach wie vor - entgegen allen anderen Darstellungen - flüssige Schadstoffe (u.a. Chlorbleichlauge und Salzsäure) gelagert und umgeschlagen werden. So bemerkte U. gegen 7.00 Uhr ein großes Tankfahrzeug, das Salzsäure in den Hochbehälter zuführte.

Ein Programm zur systematischen Untersuchung des Untergrundes wie auch des Grundwassers ist zwischenzeitlich von der Wasserbehörde konzipiert worden. Die wasserbehördliche Anordnung wird bis Monatsende März der Fa. Pintsch zugestellt werden. Unter Voraussetzung eines reibungslosen Ablaufs hofft die Wasserbehörde, daß die Arbeiten bis Ende 82 abgeschlossen worden sind und die Ergebnisse ihrer Auswertung hier vorliegen. Erst dann kann eine Aussage gemacht werden über eine mögliche Sanierung, ihre Form wie auch ihren Umfang."

Hierzu merkte die Genehmigungsbehörde an: "Die Angaben der Wasserbehörde enthalten nicht die konkreten Aussagen, die für ordnungsbehördliche Maßnahmen erforderlich wären. Im Hinblick auf die nach den Gesprächsrunden vergangene Zeit und die Verhältnisse auf dem Betriebsgelände (fortschreitender Abriß, Stillstand der Destillation, Ablauf der Fristverlängerung für den Tankbetrieb) dürften z. Zt. keine Sofortmaßnahmen durchsetzbar sein. Maßnahmen ordnungsbehördlicher Art werden gemäß Auskunft von Herrn ... - SenBauWohn Abt. I - bzgl. der alten Tankanlagen dort vorbereitet. Dies bedeutet, daß spätestens Ende Juli ein gänzlicher Betriebsstillstand erfolgt."

3.13.7 Zurückweisung des Widerspruchs gegen die VLwF-Verfügung (12.8.1982)

Tatsächlich wies am 12.8.1982 SenBauWohn als Widerspruchsbehörde den Widerspruch der Pintsch Oel GmbH gegen die Verfügungen des BWA vom 13.9.1979 und 21.4.1981 zur Außerbetriebnahme der Tanks 115, 116, 118, 119, 120, 121 zurück: "Daß die fraglichen Behälter auch bis heute noch nicht mit den erforderlichen Schutzvorkehrungen ausgestattet sind, ist unstrittig und wird von Ihnen auch nicht in Abrede gestellt. Im Gegenteil, die seinerzeit vorhandenen (teils beschädigten und undichten) Auffangwannen wurden inzwischen völlig beseitigt. ... Die von der Behälteranlage für das Grundwasser ausgehenden Gefahren - auch unter Berücksichtigung der auf eine äußerst mangelhafte Betriebsführung zurückgehenden erheblichen Bodenverunreinigungen - lassen einen Weiterbetrieb der Behälteranlage über o.g. Zeitpunkt unter keinen Umständen zu."

Das BWA Neukölln hatte hierzu am 29.4.1982 u.a. folgende Begründung zur Zurückweisung des Widerspruchs geliefert: "Im April 1976 wurde dem BWA bekannt, daß auf dem o.g. Grundstück ein Tanklager für wassergefährende Flüssigkeiten betrieben wird. ... Unsere Ermittlungen ergaben, daß auf dem Grundstück die Firmen Pintsch Oel GmbH, Pintsch-Chemie und Fuchslocher Tanks für wassergefährdende Flüssigkeiten betrieben. Wir haben die Firmen aufgesucht und aufgefordert, die Tanklager gemäß LagVO auszurüsten. Die Mängel wurden bei Pintsch-Chemie und

Fuchslocher beseitigt (in anderem Zusammenhang sah das BWA dies vor allem hinsichtlich Fuchslocher anders, d.V.). Mit Schreiben vom 16.3.1977 versprach Pintsch Oel GmbH, auch ihr Tanklager zu sanieren. Die Arbeiten gingen sehr schleppend voran ... Aufgrund der Begründung zum Widerspruch und der Tatsache, daß uns inzwischen Bauanträge vorlagen, die von SenStadtUm genehmigt werden müssen, haben wir der ... Fristverlängerung bis 31.7. 1982 zugestimmt ... (Das Durchsetzen der Verfügungen sei nunmehr erforderlich) Auch läßt die jetzige Betriebsführung in verstärktem Maße eine Grundwasserverschmutzung befürchten (die Tanks werden z.T. mit Schläuchen befüllt)".

Auch hier zeigte sich wiederum, daß durch den faktischen Betriebsstillstand aufgrund des Brandes die Bereitschaft der Behörden zur Durchsetzung von ordnungsrechtlichen Eingriffen wesentlich zugenommen hatte. Zum andern waren die Grundlagen für den Betrieb, die Behördenentscheidung rechtlich anzufechten, mit dem Brand wesentlich weniger gewichtig geworden.
Über eine Ortsbesichtigung am 14.9.1982 vermerkte die Genehmigungsbehörde, daß die Tanks bis auf einen verschrottet seien. Das Betriebsgebäude sei leer, und die Destillationsanlage werde verschrottet. Das Berliner Altöl werde in zwei 50.000 l Tanks, die in Auffangwannen stehen, gesammelt und in Tankwagen nach Hanau und in einen anderen Betriebsteil verbracht. Es solle eine neue Fluxölanlage errichtet werden.

In einem Vermerk über ein Telefonat mit der Wasserbehörde am 16.9.1982 hieß es: "Ferner haben die Abrißarbeiten der alten Tanks doch nicht so große Verschmutzungen ergeben, wie er ursprünglich befürchtet hat. Die Wasserbehörde hofft, noch im Monat September eine Tendenz geben zu können, wie eine Bodensanierung aussehen müßte. Eine endgültige Aussage könne erst später gegeben werden. Bis eine derartige Klärung nicht vorliegt, kann das Verfahren auf Genehmigung des neuen Tanklagers auch nicht weitergeführt werden."

3.13.8 Antrag auf Genehmigung zur Neuerrichtung einer Fluxölanlage (1982/83)

Da die durch den Brand teilweise zerstörte Fluxölanlage - auch aufgrund der ergangenen § 17-Anordnung des SenStadtUm - nicht wieder in Betrieb genommen werden konnte, stellte die Pintsch Oel Berlin GmbH am 29.12.1982 einen Antrag nach § 15 BImSchG für die Errichtung und den Betrieb einer Fluxölanlage zur Aufbereitung von 30.000 t Altöl pro Jahr einschließlich einer Abwasserbehandlungsanlage mit 40 m^3/h sowie einer Feuerungsanlage mit 2 x 12,6 GJ/h mit Nachverbrennung. Die Antragsunterlagen wurden vom 31.1.1983 bis zum 30.3.1983 öffentlich ausgelegt.

Im Rahmen der Behördenbeteiligung teilte das GesA Neukölln der Genehmigungsbehörde am 1.3.1983 mit, daß es gegen das Vorhaben keine Bedenken habe, wenn keine cyanidhaltigen Stoffe, halogenhaltige Gemische, Säuren, Chemikalien und Lösungsmittel mitverarbeitet würden, die TA Luft eingehalten werde und beim Betrieb oder durch Produktionsabfälle keine Geruchsbelästigungen einträten. Das Abfallbeseitigungsreferat SenStadtUm verlangte ein geeignetes überbetriebliches Kontrollsystem zur Verhinderung unzulässiger Abfallbeseitigung sowie die Einhaltung von Abfallnachweisbestimmungen.

Aufgrund der Öffentlichkeitsbeteiligung gingen Einzel- und Sammeleinwendungen zu drei Aspekten ein:

- Zuverlässigkeit des Betreibers: "Wir fordern den Senat auf offenzulegen, inwieweit die Firma in der Vergangenheit Auflagen zu Umweltbelastungen (evtl. Bußgeldbescheide) erhalten hat und inwieweit diese Auflagen erfüllt wurden oder unter dem Gesichtspunkt der Wirtschaftlichkeit des Betriebs gestundet bzw. eingestellt worden sind."
- Besorgnisse über Geruchsbelästigungen aufgrund der Vorkommnisse im Jahre 1981.
- Vorbehalte gegen den Import von Altöl bei einer den Berliner Jahresanfall weit übersteigenden Kapazität von 30.000 t.

Als den beteiligten Behörden diese Einwendungen zur Stellungnahme zugesandt wurden, antwortete das Gesundheitsamt Neukölln nunmehr am 19.4.1983: "Es besteht keine besondere Zuverlässigkeit der Firma. ... Wenn mit dem Antrag ein Import aus Westdeutschland zur Verarbeitung (von Altöl) im Stadtgebiet von Berlin verbunden sein sollte, dann ... (muß das Vorhaben) vollkommen abgelehnt werden. ... Es wäre ein regelrechter Umweltskandal".

Die Wasserbehörde übersandte am 10.5.1983 u.a. folgende Auflagenvorschläge für den Genehmigungsbescheid:

"5) ... Der Neubau entbindet den Bauherrn nicht von der Notwendigkeit vorheriger Boden- und Grundwassersanierungen auf dem Grundstück. ...

8) Der auf dem Grundstück bereits bestehende Tiefbrunnen ist derartig abzusichern, daß dort früher oder später keine wassergefährdenden Stoffe in den Untergrund gelangen können."

Bei dem am 19.5.1983 stattfindenden Erörterungstermin wurden u.a. folgende Aspekte erörtert:

- Die Firma verneinte, daß im Altöl PCB enthalten sein könne, welches bei Verbrennung Dioxin entstehen lassen könne.

- Die Genehmigungsbehörde legte dar, daß es sich um ein Verfahren zur Anlagengenehmigung handele, welches für eine Zuverlässigkeitsprüfung des Betreibers keinen Raum biete.

- Zur Frage des Altölimports erläuterte die Genehmigungsbehörde, "daß die Behörde in einem Genehmigungsverfahren einem Betreiber einer Anlage nicht vorschreiben könne, für welchen Markt er produziert."

Eine längere Diskussion ergab sich hinsichtlich der Frage der Bodensanierung:

- Ein Einwender "vertrat die Ansicht, daß bei der Entscheidung über den Antrag berücksichtigt werden müsse, daß die Firma für die vorhandenen Bodenverunreinigungen verantwortlich ist und diese auch beseitigen müsse.

- (Genehmigungsbehörde, d.V.) wies darauf hin, daß die Durchsetzung der Sanierungsmaßnahmen des Bodens und des Grundwassers ausschließlich Sache der Wasserbehörde sei, da nach § 13 BImSchG behördliche Entscheidungen aufgrund wasserrechtlicher Vorschriften von der Konzentrationswirkung des Genehmigungsverfahrens nach BImSchG ausgeschlossen sind.

- (Wasserbehörde, d.V.) nahm zu den Proben der Bodenverunreinigung Stellung und führte aus, daß ein Gutachten (siehe unten, d.V.) erhebliche Verschmutzungen des Bodens und des Grundwassers nachgewiesen hat und somit eine umfassende Sanierung nötig ist. Diese Sanierung - die einzelnen Maßnahmen wurden kurz geschildert - werde dem Grundstückseigentümer von seiten der Wasserbehörde konkret ordnungsbehördlich aufgegeben.

- (Genehmigungsbehörde, d.V.) wies unter Berücksichtigung der Rechtslage hinsichtlich der ausgeschlossenen Konzentrationswirkung darauf hin, daß die Genehmigung jedoch voraussichtlich eine Auflage enthalten wird, nach der das Grundstück erst dann bebaut werden darf, wenn die Wasserbehörde nach Durchführung der Maßnahme eine Unbedenklichkeitserklärung abgegeben hat. Der Hinweis von (Einwender), ob evtl. auch eine Zurückstellung der Entscheidung über den Genehmigungsantrag in Betracht kommt, wurde von (Genehmigungsbehörde) als andere Alternative für möglich gehalten. Dies kann jedoch erst bei Vorliegen der Forderungen der Wasserbehörde konkret entschieden werden.

- Es wurde festgehalten, daß die Firma Pintsch auf jeden Fall die Bodensanierung durchführen muß, egal, ob die geplante Anlage realisiert wird oder nicht. Da nachweislich die Verschmutzungen nur auf das Betriebsgelände der Firma Pintsch beschränkt bleiben und Nachbargrundstücke, z.B. das der Firma

Linde, nicht mitbetroffen sind, erübrigen sich weitergehende Untersuchungen."

Aus der Sicht der Fachreferate SenStadtUm wurde das Vorhaben unter Auflagen und Bedingungen für genehmigungsfähig gehalten, denn auf Grundlage der Antragsunterlagen könne eine Genehmigungsentscheidung getroffen werden. Der Zeitpunkt sei jedoch noch nicht absehbar.

3.14 Gutachten über Bodenverunreinigungen führt zur endgültigen Betriebsaufgabe

3.14.1 Wasserbehördliche Sanierungsanordnung (1983)

Im März 1983 wurde das von der Wasserbehörde in Auftrag gegebene Gutachten vorgelegt, welches erstmals das Ausmaß der Bodenverunreinigung durch chlorierte Kohlenwasserstoffe deutlich machte. Am 31.3.1983 teilte die Wasserbehörde der Pintsch Oel Berlin GmbH nach einer vorausgehenden mündlichen Erörterung den Inhalt der beabsichtigten Sanierungsanordnung mit: "Aufgrund des Ihnen schriftlich vorliegenden Gutachtens des Erdbaulaboratoriums Ahlenberg ist davon auszugehen, daß der Untergrund auf Ihrem gesamten Grundstück Gradestraße 83 - 89 mit mineralölartigen Stoffen und Chlorkohlen-Wasserstoffen bis weit unter den derzeitigen Grundwasserstand in unterschiedlichem Umfang kontaminiert ist ... nachfolgende Sanierungsmaßnahmen: Auf 12.000 Quadratmeter wird Boden durchschnittlich ca. 2 m tief abgegraben werden müssen ... gegebenenfalls tiefere Auskofferung notwendig ... 4 bis 5 Ölabwehrbrunnen ... 15 bis 20 m tief. ... Das verunreinigte Wasser muß über eine entsprechende Reinigungsanlage geleitet werden. ... Rechtsgrundlage § 34 WHG i.V. m. §§ 14, 11 ASOG."

Am 28.7.1983 fand eine weitere Besprechung zwischen der Wasserbehörde, Pintsch Oel GmbH und der Wirtschaftsförderungsgesellschaft statt, bei der die Wasserbehörde den Umfang ihrer Sanierungsforderungen skizzierte. In diesem Zusammenhang fiel der

Hinweis, daß allein für die Verbringung des abzutragenden Bodens auf die Deponien in der DDR, Kosten von 9 Mio. DM entstehen würden. Der Eigentümer der Pintsch Oel GmbH wies darauf hin, daß die Firma nicht in der Lage sein werde, diese Kosten aufzubringen: "... Die Höhe der Forderung aus der Anordnung der Wasserbehörde zwinge ihn, völlig neue Lösungsmöglichkeiten zu überlegen." Die Wasserbehörde entgegnete darauf, "daß es nicht (ihre) Aufgabe ... sein könne, wirtschaftliche Interdependenzen untersuchen zu lassen".

Am 4.8.1983 traf die Wasserbehörde schließlich die förmliche Sanierungsanordnung: "Aufgrund der ... Verunreinigungen ordne ich gemäß §§ 34, 1a WHG iV.m. §§ 14, 11 ASOG zur Abwehr der bestehenden Gefahr für das Grundwasser ... an ...
1. (7) Ölabwehrbrunnen,
2. 1 weiterer Ölabwehrbrunnen,
3. Bodenaustausch.
Die Arbeiten sind unverzüglich, spätestens bis 1.9.1983 zu beginnen."

Die Sanierungskosten wurden mit ca. 12 Mio. DM veranschlagt, dem Vierfachen des Grundstückswertes.

Gegen diese Anordnung erhob Pintsch Oel Berlin GmbH am 23.8. 1983 Klage. Hierin hieß es u.a.: "Die Klägerin wird im einzelnen noch ausführen, daß sie weder Handlungs- noch Zustandsstörer ist. Soweit in dem Erdreich Bodenverunreinigungen durch Mineralöle enthalten sind, stammen sie aus der russischen Besatzungszeit. Ihre Auswirkungen werden von SenStadtUm bei weitem überschätzt. Tatsache ist, daß eine Grundwasser-Gefährdung oder gar Grundwasser-Beeinträchtigung nicht gegeben und auch künftig nicht zu befürchten ist. Soweit überhaupt Maßnahmen in Betracht kommen, wird mit weitaus geringeren Mitteln auszukommen sein (Grundsatz der Verhältnismäßigkeit). Die auf die Klägerin zukommenden Kosten würden im Falle der Ausführung der auferlegten Anordnungen ihre wirtschaftlichen Möglichkeiten bei weitem übersteigen."

3.14.2 Ruhenlassen der Genehmigungsverfahren über Tanklager und Fluxölanlage sowie betriebliche Situation 1983/84

Aufgrund einer Anfrage der immissionsschutzrechtlichen Genehmigungsbehörde vom 2.11.1983 erklärte die Pintsch Oel Berlin GmbH am 22.11.1983, daß sie die Genehmigungsverfahren für das Tanklager und die Neuerrichtung der Fluxölanlage ruhen lasse. Sie behielt sich jedoch eine Wiederaufnahme vor.

Am 14.2.1984 stellte der damalige Abgeordnete Walter Momper (SPD) eine Kleine Anfrage über Betrieb der Firma P.GmbH in Neukölln (Drs. 9/1729):

"1. Ist dem Senat bekannt, daß die Firma P. derzeit noch Altöl in Berlin sammelt und auf ihrem Betriebsgelände lagert?
2. Wird derzeit auf dem Gelände der Firma noch Altöl aufbereitet?
3. Wieviel Altöl wurde von der Firma im letzten Halbjahr eingesammelt?
4. Wieviel Altöl lagert derzeit auf dem Gelände der Firma?
5. Wie viele Mitarbeiter beschäftigt die Firma derzeit?
6. Ist dem Senat der derzeitige Zustand des Geländes der Firma P. bekannt?
7. Ist der Senat der Auffassung, daß der derzeitige Zustand des Betriebsgeländes der Firma P. dafür Gewähr bietet, daß ein ordnungsgemäßer Betrieb ohne schädliche Umwelteinwirkungen und sonstige Gefahren durchgeführt werden kann?
8. Welche Bedeutung mißt der Senat der Lagerung von Betonkernen aus ausgegossenen Metallfässern auf dem rückwärtigen Teil des Geländes zu?"

Eine daraufhin vorgenommene Besichtigung des Grundstücks der Pintsch Oel GmbH durch die Immissionsschutzbehörde am 21.2.1984 ergab, "daß die Destillationsanlage zur Aufbereitung von Altölen zwischenzeitlich völlig demontiert wurde. Auch der größte Teil des alten Tanklagers ist abgerissen und verschrottet worden. Zur Zeit befinden sich lediglich noch vier Tankanlagen auf dem Gelände, wobei ein Tank seitens der Pintsch Oel GmbH zum Sammeln von Altölen benutzt wird. Die anderen drei Tankanlagen sind außer Betrieb. ... bei dem oben genannten Sachverhalt ist meine Zuständigkeit für die Anlagen der Pintsch Oel GmbH erloschen. Ich bitte Sie, das BWA Neukölln entsprechend zu informieren und sicherzustellen, daß die verbliebene betriebliche Tätigkeit einschließlich der genutzten Anlagen durch Baugenehmigungen ordnungsgemäß abgesichert ist".

Dementsprechend antwortete SenStadtUm am 23.03.84 (Drs 9/1729):

"Zu 1.: Ja.
Zu 2.: Nein.
Zu 3.: Die genauen Zahlenangaben unterliegen dem Betriebsgeheimnis. Man kann allerdings davon ausgehen, daß die Firma P. knapp ein Drittel des im Lande Berlin eingesammelten Altöls erhält.
Zu 4.: Bis zum Abtransport nach Westdeutschland mittels Tanklastzug werden maximal 25 t Altöl zwischengelagert.
Zu 5.: Die Firma P. beschäftigt zur Zeit 5 Mitarbeiter.
Zu 6.: Ja.
Zu 7.: Die Betriebseinrichtungen der ehemals vorhanden gewesenen Altölaufbereitungsanlage sind weitgehend entfernt worden. Eine nachhaltige Änderung des Zustandes des Gesamtgeländes ist abhängig vom ausgang des anhängigen Verwaltungsstreitverfahrens über eine Grundwasser- und Bodensanierung. Der derzeitige Betrieb eines Lagerbehälters mit Auffangwanne im Rahmen des oben geschilderten Einsammelns von Altöl bis zu einer Lagermenge von Maximal 25 t bewegt sich im Rahmen geltender Baugenehmigungen und wird überwacht mit dem Ziel, schädliche Auswirkungen auszuschließen.
Zu 8.: Die Lagerung der Betonkerne konnte bei Betriebsbesichtigungen bisher nicht beobachtet und deshalb vom Senat nicht bewertet werden."

3.14.3 Konkurs der Firma (1984)

Die Muttergesellschaft der Pintsch Oel GmbH in Hanau beantragte am 3.5.1984 die Eröffnung des Konkursverfahrens, welche mangels Masse abgelehnt wurde. Am 17.5.1984 beantragte auch die Pintsch Oel GmbH beim Amtsgericht Charlottenburg die Eröffnung des Konkursverfahrens.

Am 16.7.1984 legte das Erdbaulabor Ahlenberg ein weiteres Gutachten vor, welches der Wasserbehörde die Veranlassung gab, die Sanierung im Zuge der Ersatzvornahme anzuordnen und für sofort vollziehbar zu erklären.

Am 23.11.1984 brachte der Abgeordnete Dr. Köppl (AL) eine Kleine Anfrage über giftige Verunreinigungen des Bodens und des Wassers in Berlin ein (Drs 9/2339, S.7):

"3. In welchem Umfang konnten bisher diese Regreßforderungen der Firma Pintsch bezüglich der Bodenverunreinigungen in ... durchgesetzt werden?
4. Wie beurteilt der Senat seine in der Kleinen Anfrage Nr. 2012 sowie 2716 mittlerweile durch nichts mehr gerechtfertigte Aussage, daß hinsichtlich der Personen, die den Betrieb der Firma Pintsch verantwortlich leiten, keine Tatsachen bekannt sind, die gegenwärtig die Durchführung von Untersagungsmaßnahmen nach § 35 Abs. 1 der GWO bzw. § 20 Abs. 3 BImschG rechtfertigen würden?"

Die Antwort des Senat lautete darauf (Drs. 9/2339):

"Zu 3.: Im Falle der Firma Pintsch hat der Senat auf Grund des Beschlusses des Verwaltungsgerichtes Berlin vom 20.9.84 die angedrohte Ersatzvornahme mit Bescheid vom 16.10.84 festgesetzt. Es wird derzeit mit der Sanierung begonnen. Ersatzvornahmekosten sind vom Senat noch nicht verauslagt worden. Entsprechend dem mit der Firma Pintsch geschlossenen Vergleich vom 5.10.84 können die Ersatzvornahmekosten erst nach Durchführung der Sanierung geltend gemacht und gegebenenfalls beigetrieben werden.

Zu 4.: Wie bereits in den Antworten auf die Anfrage Nr. 2012 (vom 16.3.83) Nr.2107 (vom 18.4.83), Nr.2716 (vom 5.10 83) dargelegt, waren zum Zeitpunkt der Fragestellung keine Tatsachen bekannt, die die Durchführung von Untersagungsmaßnahmen nach ... gerechtfertigt hätten. Zum jetzigen Zeitpunkt besteht keine Rechtsgrundlage für Untersagungsmaßnahmen nach §20 BImSchG weil keine Anlagen ... betrieben werden."

Am 21.3.1985 teilte die Staatsanwaltschaft mit, daß sie das wegen des Verdachts der Boden- und Gewässerverunreinigung eingeleitete Ermittlungsverfahren gegen die Pintsch Oel GmbH eingestellt habe. "Wie die Justiz mitteilte, war in einem von der Wasserbehörde in Auftrag gegebenen Gutachten nicht zu klären, wann die Verunreinigungen des Erdreichs und des Grundwassers auf dem Firmengelände verursacht wurde ... Welcher von den dort nacheinander ansässigen Betrieben für die Verunreinigungen verantwortlich zu machen sei, habe nach Auskunft der Staatsanwaltschaft ebenfalls nicht eindeutig festgestellt werden können" (Berliner Morgenpost vom 22.3.1985 unter der Überschrift "Ölverseuchung ist niemandem nachzuweisen"). Eine Heranziehung der Firma zu den Kosten der Bodensanierung kam somit, sowohl aufgrund des Konkurses als auch wegen der offenen Kausalitätsfrage bei den Bodenverunreinigungen nicht zustande.

4. Fallstudie Kalisch

4.1 Kurzfassung

Seit 1952 betrieb Dr. Kalisch in Lankwitz eine "Chemische Fabrik", in der Altchemikalien aufbereitet wurden. Erste Hinweise auf Bodenverunreinigungen fanden sich 1962 bei Rohrverlegungsarbeiten der Berliner Wasserwerke. Sie wurden jedoch nicht nachhaltig weiterverfolgt, da die Wasserbehörde annahm, daß durch die Lage des Betriebes auf einer mächtigen Ton-Mergel-Schicht keine Grundwasserverunreinigungen zu erwarten seien. Im Zusammenhang mit mehreren Bränden Ende der 60er Jahre stellte sich heraus, daß die Anlagen ohne Genehmigungen errichtet und betrieben worden waren. Bei der daraufhin erteilten nachträglichen Baugenehmigung stellte die Bauaufsichtsbehörde auch Anforderungen an die Befestigung des Betriebsgrundstücks zum Schutz gegen Schadstoffversickerungen. Diese wurden vom Pächter des Betriebes, Herrn Kolhoff, ausgeführt und 1972 von der Bauaufsichtsbehörde abgenommen. Dr. Kalisch selbst gab seinen Betrieb bis 1976 vollständig auf, nachdem Nachbarbeschwerden über Brände und Geruchsbelästigungen zu zunehmenden Anforderungen der Immissionsschutzbehörden geführt hatten.

Während des Zeitraums von 1975 bis 1981 waren die Behörden[5] nur selten mit dem Betrieb befaßt. Sie gingen jedoch, nachdem es 1982 zu einer Verschmutzung des Teltowkanals durch ablaufendes Niederschlagswasser gekommen war und in diesem Zusammenhang unhaltbare Zustände bei der Lagerung von Chemikalien auf dem Grundstück entdeckt worden waren, massiv gegen den Betrieb vor. Zudem stellte sich anhand von Bohrungen heraus, daß das die Annahme über die Dichtigkeit der Tonschicht zu revidieren und das Gelände tiefgründig verunreinigt war. Im Rahmen kurzzeitig wiederholter Betriebsbesichtigungen wurden immer wieder Mißstände bei der Lagerung von Abfällen festgestellt. Zudem wurde ermittelt, daß der Betrieb aufgrund dieser Art von Tätigkeit eine ungenehmigte Abfallbeseitigungsanlage betreibe. Durch immis-

---

5 Die Akten der Wasserbehörde konnten nicht ausgewertet werden.

sionsschutz- und abfallrechtliche Auflagen wurde innerhalb einer verhältnismäßig kurzen Zeit von zwei Jahren durch den Senator für Stadtentwicklung und Umweltschutz als Immissionsschutz- und Abfallbehörde, eine Ordnung der Betriebsabläufe herbeigeführt. Zudem wurde der Betreiber 1983 rechtskräftig aufgrund von Verstößen gegen das Abfall- und das Wasserhaushaltsgesetz (Grundwasserverschmutzung) verurteilt. Dagegen wurde eine wasserrechtliche Sanierungsanordnung nach Klage des Betriebes nicht rechtskräftig. Im Zuge von Vereinbarungen setzten die Behörden 1986 die Schließung des Betriebes durch, während die wasserrechtliche Sanierungsanordnung immer noch aussteht. Weiterhin zeigt der Fall im kompetenzrechtlichen Bereich erhebliche Auffassungsunterschiede und Kooperationsdefizite zwischen der Hauptverwaltungs- und der Bezirksebene auf.

4.2 Vorgeschichte

4.2.1 Entwicklung des Betriebs Dr. Kalisch (ab 1952)

1952 pachtete Dr. W. Kalisch das Grundstück Haynauer Straße 58 und gründete in einer ehemaligen Wehrmachtsbaracke die **Chemische Fabrik Dr. W. Kalisch**, die am 11.1.1955 ins Handelsregister Charlottenburg eingetragen wurde. Dr. Kalisch, ein diplomierter Chemiker und im Krieg erblindet, führte den Betrieb selbst. Eine gewerberechtliche Anzeige des Betriebes ist in den Akten nicht auffindbar. Obwohl es sich bei dem Betrieb dem Namen nach um eine chemische Fabrik handelte, welche nach § 16 der Gewerbeordnung genehmigungsbedürftig war, ist ein Genehmigungsverfahren nicht gelaufen. Allerdings ist dabei zu beachten, daß der Betrieb aufgrund der Art seiner Tätigkeit einen Grenzfall darstellte, bei dem es nach der bis 1960 geltenden Fassung strittig sein konnte, ob eine Genehmigungsbedürftigkeit vorlag.

Zum Produktionsgegenstand des Betriebs hieß es in der Dokumentation des BWA Steglitz vom 20.11.1985: "Eine der verbliebenen Baracken wurde seit Anfang der 50er Jahre für Altchemikalien-

Aufbereitung verwendet.
- Zunächst brennbare Flüssigkeiten,
- später Lacke/Lackreste,
- dann schwer abbaubare Chemierückstände (Zyanide, Säurereste u.a.).

Die Aufarbeitung diente vorwiegend
- der Reinigung zur Wiederverwendung (z.B. bei Farbverdünnern),
- der Herstellung von neuen Grundstoffen für Bautenschutzmittel/ Reinigungsmittel,
- der Unschädlichmachung gefährlicher Chemikalien".

Der chemische Betrieb fand bis in die frühen siebziger Jahre auf ganz unbefestigten Boden statt, in dem Chemikalien ohne weiteres versickern konnten.

Über die erste Phase des Betriebs ließ sich aus den Akten sehr wenig entnehmen. Nach der Dokumentation des BWA Steglitz wurde am 2.2.1955 ein Bauantrag für einen Kühlturm gestellt, der nach Einholung von Stellungnahmen nicht beschieden wurde. Für den 13.5.1958 ist ein erster Brand aktenkundig, nach dem weitere Forderungen der Feuerwehr und des Gewerbeaufsichtsamtes gestellt und weitere Bauantragsunterlagen vorgelegt wurden.

4.2.2 Erste Hinweise auf Umweltbelastungen durch den Betrieb (ab 1962)

Erste Hinweise auf die möglicherweise von der Firma ausgehenden Umweltbelastungen erhielt das Bezirksamt am 2.4.1962 durch den Betreiber eines privaten Entwässerungsnetzes, an das auch Kalisch angeschlossen war: "Die Abwässer von Kalisch ... entsprechen in keiner Weise den Bedingungen der Stadtentwässerung". Der Hinweis auf mineralölhaltige und fetthaltige Stoffe im Abwasser wurde 1963 wiederholt. Am 15.1.1963 erließ das BA Steglitz BauAufsA eine Verfügung an Kalisch, Einrichtungen zu schaffen, "die das Eindringen schädlicher Stoffe und Flüssigkeiten in die Leitungen verhindern". Wegen finanzieller Schwierigkeiten kam Kalisch erst 1965 dieser Verfügung nach.

Erste Hinweise auf Bodenverunreinigungen ergaben sich 1967. Am 8.2.1967 benachrichtigten die Berliner Wasserwerke die Wasserbehörde über bei Rohrverlegungsarbeiten vorgefundene oberflächliche Verunreinigungen des Bodens. Eine zweite Information vom 28.2.1967 besagt: "Boden ... stark mit Öl verunreinigt. Das Öl stammt aus übergelaufenen Ölabscheidern sowie von versickernden Ölresten aus alten Fässern".

Am 9.3.1967 bat die Wasserbehörde das BWA, bauaufsichtsrechtlich einzuschreiten. Aufgrund einer Mahnung der Wasserbehörde berichtete das BWA am 28.12.1967 über die bereits 1963 erlassene Verfügung und die finanziellen Schwierigkeiten Kalischs, die Anforderungen seinerzeit zu erfüllen: "Da im vorliegenden Fall die Herstellung eines ordnungsgemäßen Zustandes des Grundstücks - Abfahren des verunreinigten Bodens, Hofbefestigung- erhebliche Kosten bringt", wurde eine gemeinsame Besichtigung auf dem Grundstück in Aussicht genommen. Daß das Bezirksamt danach eine Maßnahme zur Ermittlung von Art und Umfang der Bodenverunreinigung ergriffen hätte, wurde aus den Akten nicht ersichtlich. Auch die Wasserbehörde ließ mit dem Schreiben dann die Dinge offensichtlich auf sich beruhen.

4.2.3 Nachträgliche Baugenehmigung (1969/70)

Zwei Jahre später führte das BWA am 18.1.1969 eine Brandsicherungsschau durch, die - wie aus dem Protokoll vom 8.2.1970 zu entnehmen ist - zu einer breiten Bestandsaufnahme der Situation auf dem Grundstück führte:

1) Es wurde vorgetragen, daß der auf dem Grundstück bestehende Altölverarbeitungsbetrieb bauaufsichtlich nicht genehmigt sei. Dem BWA lägen Entwurfszeichnungen aus 1967 vor. Dr. Kalisch wurde gebeten, einen Bauantrag einzureichen.
2) Beanstandungen erfolgten u.a. beim Kesselraum. Der Dampfkessel selbst sei nicht genehmigt.
3) Ein Heizöllagerbehältnis sei nicht genehmigt.
4) Für eine Ölfeuerstätte liege keine Bauanzeige vor.

5) Die Lagerung brennbarer Flüssigkeiten entspreche nicht der VbF.
6) Im Bereich der Destillationsanlagen versickerten ölhaltige Stoffe aller Art in den Boden.

Am 6.11.1970 wurde durch das BWA nachträglich die Baugenehmigung (Nr. 3231/70)
- zur Nutzung der ehemaligen Baracke 36 als Produktions- und Bürogebäude für den chemischen Betrieb der Firma Kalisch Nachf. (Regeneration von Lösungsmitteln, Aufarbeitung von Altölen),
- zur Vornahme baulicher Veränderungen an Baracke 36,
- zur Errichtung eines Kühlturms und von Destillationsanlagen,
- zur Aufstellung von 4 oberirdischen und eines unterirdischen Behältnisses für Heizöl und anderer brennbarer bzw. wassergefährdender Flüssigkeiten,

erteilt. In der Anlage zur Baugenehmigung fand sich u.a. die Auflage: "Im Bereich der Destillationsanlage ... entlang der Ostseite des Gebäudes ist der Boden undurchlässig gegen alle zu verarbeitenden Stoffe anzulegen." mit dem Randvermerk "erledigt durch Genehmigung von III. Der offene Graben ist beseitigt. 2. 11.1972". Die Anlage enthält ferner Hinweis auf die Vorschriften der LagerVO und der VbF mit Erledigungsvermerken.

Die Frage bereits bestehender Bodenverunreinigungen und ihrer Beseitigung wurde nicht aufgegriffen. Vielmehr wurde versucht, den vorgefundenen Zustand beim Betrieb teilweise zu verbessern.

4.2.4 Firmenrechtliche Veränderungen bei Kalisch (1967-1975)

In die Phase seit 1967 fallen wesentliche firmenrechtliche Veränderungen:

1) Mit Gesellschaftervertrag vom 29.5.1967 beteiligte sich Dr. Kalisch an der Gründung der Dr. Kalisch & Pieda GmbH (Stammkapital: 20.000 DM, Geschäftszweck: "Der Betrieb oder die Geschäftsführung von sowie die Beteiligung an Unterneh-

men, die sich mit der Herstellung und dem Vertrieb von technisch-chemischen Produkten, insbesondere von solchen des Bautenschutzes befassen").

2) 1968 zog sich Dr. Kalisch aus seinem alten Betrieb - zumindest äußerlich - zurück und übereignete ihn seiner (geschiedenen) Frau. Unter "Rechtsverhältnisse" heißt es im HR des AG Charlottenburg am 18.7.1968: "Die Haftung für die im Betriebe des Geschäfts begründeten Verbindlichkeiten des bisherigen Inhabers sind bei dem Übergang ... ausgeschlossen".

3) 1971 schied der Mitgesellschafter aus der "Dr. Kalisch & Pieda GmbH" aus, die zur "Dr. Kalisch GmbH" wurde. Diese Firma wurde im HR mit Eintrag vom 21.9.1973 wegen Ablehnung der Konkurseröffnung mangels Masse aufgelöst.

4) 1972 wurde die "Chem. Fabrik Dr. W. Kalisch Nachf." verpachtet und am 5.1.1972 als Firma "Chem. Fabrik Dr.W. Kalisch Nachf. Pächter Kurt Kolhoff" in das HR eingetragen. Unter "Rechtsverhältnisse" im HR wiederum der Zusatz: "Die Haftung für die im bisherigen Geschäftsbetrieb entstandenen Verbindlichkeiten ist bei der Verpachtung ... ausgeschlossen worden". Am 21.1.1972 zeigte der Pächter gemäß § 15 GewO dem Bezirksamt Steglitz Abt. Wirtschaft den Beginn des selbständigen Betriebes eines stehenden Gewerbes an, und zwar
   - Herstellung von Arzneimitteln, pharmazeutischen und chemischen Erzeugnissen,
   - Großhandel mit 1. Arzneimitteln, 2. chemotechnischen Erzeugnissen, 3. Mineralöl und Mineralölerzeugnissen,
   - Einzelhandel mit Mineralöl und Mineralölerzeugnissen.

5) Dr. Kalisch selber gründete am 26.1.1972 eine neue Firma, die "Flutan-Chemikalien Entgiftungs- und Verarbeitungs-KG. Dr. Kalisch GmbH & Co". Die "Dr. Kalisch GmbH" ist persönlich haftende Gesellschafterin. 1974 wurde diese Firma umgegründet. Am 20.3.1974 ins HR eingetragen, lautete die

Firma jetzt "Dr. Kalisch & Co. Entgiftungs- und Bau-Chemie KG". Laut HR-Eintrag vom 27.10.1976 war die Firma erloschen.

6) Ende 1973 gründete Dr. Kalisch eine weitere Firma, die "Betonal Bautenschutz GmbH" (StK 20.000 DM, Zweck "Alle mit dem Bautenschutz zusammenhängenden Arbeiten, ferner Fugenabdichtungen von Bauteilen und der Vertrieb der dazu benötigten Materialien und Baustoffe"). Die Firma wurde im HR mit Eintrag vom 29.5.1975 als vermögenslose Gesellschaft gelöscht.

Während zwischen 1967 und 1976 somit mehrere Firmen existierten, erwarb der Pächter die von ihm geführte Firma 1985 und ließ sie am 26.2.1985 im HR als "Chemische Fabrik Dr. W. Kalisch Inhaber Kurt Kolhoff" eintragen.

4.3 Scheitern einer wasserbehördlichen Sanierungsanordnung (1972-1973)

4.3.1 Antrag auf Genehmigung zusätzlicher Lagerbehälter sowie Genehmigungsantrag nach § 16 GewO

In einem Schreiben vom 18.2.1972 an die Wasserbehörde beschrieb Kalisch seine bisherige und neue Produktionspalette so: "Seit nunmehr 20 Jahren regenerieren wir Lösungsmittel für die West-Berliner Industrie und haben zur Zeit einen Durchsatz bis zu 100 Tonnen im Monat an verschmutzten Lösungsmitteln, die in regenerierter Form an die Industrie zurückgeliefert werden". Im Herbst 1971 seien die Elektro-Chemischen Werke in München an ihn mit der Frage herangetreten, "ob wir die kupferhaltigen und dadurch stark giftigen Ätzbäder ... übernehmen könnten". Er sei dabei eine entsprechende Produktion aufzubauen, verarbeite vorerst bis zu 20.000 Liter pro Monat. Desgleichen wolle er an cyanidhaltige Bäder von Galvanisieranstalten herangehen.

Um diese Produktion zu verwirklichen, beantragte Kalisch für seine "Flutan Chemikalien KG" am 3.1.1972 beim BWA die Genehmigung von drei eisernen Tanks und stellte am 28.2.1972 den Antrag an den SenWi, den Betrieb als Anlage zur "Aufarbeitung und Beseitigung von kupferhaltigen Ätzbädern und Galvanoabfällen" zu genehmigen.

4.3.2 Nachbarbeschwerden

Auf der anderen Seite erregte das Grundstück 1972 und 1973 immer wieder durch Brände, Geruchsbelästigungen der Nachbarn, deren Beschwerden und schließlich Presseberichte Aufmerksamkeit. So hieß es im Bericht der Polizei über ihren Einsatz beim Brand vom 23.2.1972, sie habe "auf dem Gelände ... eine starke Verschmutzung festgestellt. Die Geräte, in denen die leicht brennbaren Stoffe aufbereitet werden, sind zum Teil leck. Der Ölabscheider ... arbeitet nur unregelmäßig und ist total verdreckt". Beim nächsten Brand am 6.4.1972 mußten die Gewerbe- und Wohnräume auf dem Nachbargrundstück evakuiert werden. Am 18.5.1972 ließen die Berliner Wasserwerke die Wasserbehörde wissen, daß "in den Abwässern der Firma Kalisch schon des öfteren größere Mengen organischer Lösungsmittel enthalten waren. Diese Einleitungen führten ... zu großen Gefahren in unserer Kanalisation durch die Bildung von feuergefährlichen und zerknallfähigen Gasen". In einem weiteren Schreiben an die Wasserbehörde hakten die Berliner Entwässerungswerke nach: "Wie wir zwischenzeitlich durch Ortsbesichtigungen erfahren haben, nimmt die Firma (giftige Chemikalien) seit ca. einem Jahr ab und lagert sie auf den unbefestigten Hofflächen ... schon mehrere dieser Behälter (sind) beschädigt und ausgelaufen". Eine Abfolge von immer dringlicheren Beschwerden von Nachbarn rundeten dieses Bild ab.

4.3.3 Ortstermine und Stellungnahmen im Rahmen der Genehmigungsverfahren

Zugleich liefen die Genehmigungsverfahren zu den beiden Anträgen von Kalisch weiter. In einer kritischen Stellungnahme und Ablehnung des Antrags äußerten sich die Berliner Entwässerungswerke, indem sie im Schreiben vom 18.5.1972 an die Wasserbehörde die Auffassung vertraten, "daß die Firma für die Aufarbeitung von giftigen Chemikalien nicht geeignet" sei.

Im Laufe von 1973 wurde die Wasserbehörde immer hellhöriger. Hierbei kam ein Anstoß unverkennbar von den Berliner Entwässerungswerken, mit denen zusammen die Wasserbehörde am 22.5.1973 eine Betriebsbesichtigung durchführte, die sich in ihrem Vermerk so niederschlug: "Es wurde festgestellt, daß der größte Teil der Hofflächen unbefestigt ist. Auf diesen unbefestigten Hofflächen lagert die Firma in großen Mengen stark saure Eisen- und Kupferlösungen in konzentrierter Form. Außerdem sind ... eine größere Anzahl von Ölfässern, die teilweise gefüllt sind, gelagert. Irgendwelche Schutzmaßnahmen, die ein Eindringen der wassergefährdenden Flüssigkeiten in den Untergrund verhindern könnten, wurden nicht getroffen. Das hat zur Folge, daß z.B. im Bereich der Ölfässer der Boden öldurchtränkt ist und darüber hinaus stellenweise mit einer mehrere Zentimeter dicken Ölschicht bedeckt ist. Sowohl die Berliner Entwässerungswerke als auch das Gewerbeaufsichtsamt haben schon mehrfach zum Ausdruck gebracht, daß sie den Betrieb für sehr bedenklich halten, insbesondere daß der Betrieb für die Aufbereitung von giftigen Chemikalien nicht geeignet sei. Trotzdem hat die Firma diese giftigen Chemikalien schon seit längerer Zeit aufgenommen. Seitens der Wasserbehörde müßte jedoch geprüft werden, ob der Firma eine Lagerung dieser stark wassergefährdenden Stoffe gestattet werden soll, insbesondere im Hinblick darauf, daß die Flüssigkeiten auf einer unbefestigten Hoffläche gelagert sind. Die Gefahr einer Verunreinigung des Untergrundes ist hier in starkem Maße gegeben ... (es) sollte gegen diese unhaltbaren Zustände seitens der Wasserbehörde unverzüglich etwas unternommen werden".

Vom für das Genehmigungsverfahren nach § 16 GewO zuständigen SenWi um die fachliche Stellungnahme ersucht, neigte das Gewerbeaufsichtsamt in seinem Schreiben vom 12.12.1972 zunächst zur Meinung, bei der von Kalisch beantragten Anlage sei von Produktionsprozessen auszugehen, die durch "chemische Umwandlungen" gekennzeichnet und damit unter § 1 Ziffer 5 VO über genehmigungsbedürftige Anlagen zu subsumieren seien.

Nach einem Ortstermin am 10.7.1973 kamen dem Gewerbeaufsichtsamt sodann aber Zweifel, ob die von Kalisch vorgesehene Produktionsweise als "chemische Umwandlung" anzusehen sei. Mit Schreiben vom 3.10.1973 an SenWi tat das Gewerbeaufsichtsamt seine Auffassung kund, der von Kalisch anvisierte Betrieb sei nicht genehmigungsbedürftig nach § 16 GewO. Diesem Votum folgend, teilte SenWi Kalisch am 15.10.1973 auf dessen Antrag vom 28.2.1972 mit, der Betrieb sei nicht genehmigungsbedürftig nach § 16 GewO.

4.3.4 Rücknahme einer wasserbehördlichen Anordnung (1973)

Der Ortstermin, an dem die Wasserbehörde im Zusammenhang mit dem Genehmigungsverfahren nach § 16 GewO am 10.7.1973 teilnahm, gab offenbar vollends den Anstoß dazu, daß die Wasserbehörde am 22.10.1973 gegen Kalischs "Flutan Chemikalien KG" eine wasserbehördliche Anordnung erließ. Dabei bezog sie sich ausdrücklich auf die beim Ortstermin am 10.7.1973 gemachte Feststellung, daß auf dem Grundstück weit über 1.000 Fässer und Behälter mit wassergefährdenden Flüssigkeiten lagerten. In der Anordnung heißt es u.a., die geologischen Verhältnisse am Betriebsstandort könnten zwar als "günstig" bezeichnet werden, da Lehmschichten vorhanden seien, die als Sperrschicht eine gewisse Schutzwirkung auf das Grundwasser ausüben könnten. Im vorliegenden Fall erfolge aber ein Umschlag großer Mengen wassergefährdender Stoffe. "Die Besorgnis einer möglichen Grundwasserbeeinträchtigung kann mit einer an Sicherheit grenzenden Wahrscheinlichkeit nicht ausgeschlossen werden. Seit Jahren werden - wie Ihnen bekannt ist - Klagen darüber geführt, daß der Untergrund (des)

Grundstücks von Jahr zu Jahr in immer größerem Umfang verschmutzt und verunreinigt wird". Gestützt auf §§ 14 PVG, 34 WHG und 67 BWG wurde Kalisch angehalten, den verunreinigten Boden abzutragen, und zwar in der flächenmäßigen Ausdehnung als auch in der Tiefe bis Verunreinigungen nicht mehr feststellbar sind, zur Abwendung weiterer Verunreinigungen sämtliche Lagerflächen zu befestigen und das Grundstück ordnungsgemäß zu entwässern.

Mit Schreiben vom 23.11.1973 wandte sich Kalisch gegen die Forderungen der Wasserbehörde. Einerseits führte er ins Feld, "eine echte Alternative zu unserm Betrieb (gebe) es u.E. zur Zeit nicht in Berlin". Würde er als Altchemikalienbeseitiger wegfallen, würde das "wilde Entsorgen" um sich greifen. U.a. nahm er für sich in Anspruch, "verschmutzte Abfallösungsmittel aller Art durch Aufarbeitung" zu vernichten, mit monatlich über 100.000 Litern "praktisch der gesamte erfaßbare Anfall in Berlin". Andererseits hob er darauf ab, daß die Forderungen der Wasserbehörde "in finanzieller Hinsicht ... unerfüllbar sind und zur sofortigen Betriebsschließung führen würden". Er machte eine Rechnung auf, in der 200.000 DM für die Betonierung der Betriebsfläche, 100.000 DM für eine Entwässerungs- und Neutralisationsanlage und weitere ca. 500.000 DM für eine moderne technische Ausrüstung angesetzt waren. Damit hatte Kalisch die Subventionskarte in Spiel gebracht.

Als Kalisch gegen die wasserbehördliche Anordnung klagte, sah sich die Wasserbehörde veranlaßt, die Anordnung zurückzunehmen. Der für die 'Gerichtsfestigkeit' der Verfügung erforderliche Nachweis der unmittelbaren Gefährdung des Grundwassers war offensichtlich umso weniger zu führen, als die Wasserbehörde zu diesem Zeitpunkt ja selber noch davon ausging, eine Bodenverschmutzung des Grundstücks könne auf das Grundwasser nicht durchschlagen.

In ihrem Vorgehen gegen Kalisch war die Wasserbehörde war insgesamt vor ein Dilemma gestellt, in der ihre Handlungsituation kennzeichende Zielkonflikt zum Ausdruck kommt. Auf der einen Seite war ihr Trachten darauf gerichtet, Wasserverunreinigungen zu unterbinden und gegebenenfalls rückgängig zu machen. Darauf zielte auch ihre wasserbehördliche Anordnung gegen Kalisch vom 22.10.1973. Auf der anderen Seite hatte sie jedoch die Gesamtsituation der Abfallbeseitigung im Auge zu behalten, die in Berlin in den frühen siebziger Jahren umso dramatischer war, daran sei noch einmal erinnert, da die 1972 mit der DDR erstmals geschlossenen Vereinbarungen über die Müllverbringung den Sondermüll noch nicht einbezogen und damit die wenigen in diesem Bereich tätigen Aufbereitungs- und Beseitigungsfirmen, an ihrer Spitze Pintsch und Kalisch, geradezu eine Monopolstellung hatten. Die Schließung eines Betriebes wie Kalisch, der für die Aufbereitung von Altchemikalien praktisch allein stand, konnte in den Augen der Wasserbehörde die Gefahr heraufbeschwören, daß Altchemikalien vermehrt in Ausgüsse und Gruben 'gekippt' würden, zum unübersehbaren Schaden des Grundwassers. Zudem ging die Wasserbehörde in dieser Phase noch immer davon aus, der Untergrund unter dem Grundstück Kalisch bestünde aus einer mächtigen Geschiebelehm- und Geschiebemergelschicht, die einen undurchlässigen Schutz des darunter liegenden Grundwassers böte. Im April 1974 wurde die Wasserbehörde in dieser Auffassung noch einmal durch ein Gutachten bestätigte, das die geologische Fachabteilung beim SenBauWohnen auf Veranlassung der Wasserbehörde erarbeitete.

So schien das weitere Vorgehen der Wasserbehörde gegen Kalisch 1973 von dem Bestreben gekennzeichnet, ihn zum einen zu veranlassen, die weitere Bodenverunreinigung zu stoppen und das Grundstück zu sanieren, und zum andern seinen Betrieb nicht zuletzt dadarch 'am Leben zu erhalten' und womöglich zu einem leistungsfähigen und 'sauberen' Entsorgungsunternehmen auszubauen, daß die erforderlichen Investitionen aus öffentlichen Mitteln gefördert werden. Unverzüglich setzte sich die Wasserbehörde denn auch mit SenWi in Verbindung, als Kalisch am 23. 11.1973 einen Kreditantrag an SenWi richtete, in dem die durch die wasserbehördliche Anordnung ausgelösten Folgekosten und -investitionen mit 830.000 DM geschätzt und eine öffentliche Förderung gesucht wurden. Nach einem Gespräch mit SenWi bereits am 26.11.1973 hakte die Wasserbehörde mit einem Schreiben vom

26.11.1973 an SenWi nach. Darin warb die Wasserbehörde geradezu um Verständnis für die Situation von Kalisch und seine Aufgabe als Sondermüll-Beseitiger: "Einerseits ringt Kalisch um die Erteilung einer Genehmigung zur Produktionsaufnahme, denn sein Lager platzt aus den Nähten (gemeint ist offenbar das Genehmigungsverfahren nach § 16 GewO für eine Anlage zur Aufarbeitung der kupferhaltigen Bäder usw., d.V.). Andererseits droht das BWA mit Schließung und Stillegung (gemeint ist augenscheinlich das Zögern von BWA gegenüber dem Antrag von Kalisch auf neue Tanks, d.V.). Vor einer voreiligen Schließung des Betriebs ... möchte ich warnen. Die Folgen wären unübersehbar, vor allem in wasserbehördlicher Hinsicht nicht vertretbar. Auch hätte die Öffentlichkeit ganz gewiß kein Verständnis. ... Es geht einfach auch hier um das - auch generell ungelöste - Problem SONDERMÜLL".

Als weiteren Ansatz, Kalisch unter die Arme zu greifen und seine Leistungsfähigkeit Recycling-Unternehmen zu verbessern, brachte die Wasserbehörde offenbar die Überlegung ins Spiel, das Land Berlin möge mit ihm einen Entsorgungsvertrag abschließen. Am 10.12.1973 lehnte SenWi die Gewährung eines Kredits ab. Zugleich vertrat in einem Schreiben an die Wasserbehörde die Auffassung, "wegen der erheblichen Gefahr für die Gewässer, ... die von den auf dem Betriebsgelände der Firma Kalisch gelagerten und verarbeiteten Chemikalien ausgehen", sei es dringend erforderlich, daß sich alle beteiligten Behörden für eine Entscheidung dieser Situation treffen.

4.4 Betriebsaufgabe Dr. Kalisch im Zusammenhang mit immissionsschutzrechtlichen Anforderungen (1974 - 1976)

4.4.1 Erneute Nachbarbeschwerden

1974 führten die Produktionsvorgänge auf dem 'Grundstück Kalisch' erneut zu Nachbarbeschwerden über Geruchsbelästigungen. Am 20.7.1974 berichtete "Der Tagesspiegel" unter der Überschrift "Schäden an Obstbäumen neben Fabrik" über die Belästigungen. In unmittelbarer Reaktion auf den Zeitungsartikel fand am 23.7.1974 ein Ortstermin von Vertretern von SenGesU und Sen Wi statt. Vertreter der Bezirksebene und der Wasserbehörde waren hierzu nicht geladen. Der Vermerk gibt ein sehr anschauliches Bild über die Betriebsabläufe auf dem Grundstück.

Betrieb Dr. Kalisch: Schwerpunkt Vernichtung von Industriestoffen und -lösungen: "Die Lösungen (Fixierbäder, alkalische Kupferätzlösungen, saure Ätzlösungen und Cyanidsalzlösungen) werden in ca. 20 bis 40 l fassenden Kunstoffkanistern angeliefert, die teilweise in sehr erheblichem Maße beschädigt sind, so daß der Inhalt ungehindert versickern kann (wurde bereits durch die Berliner Entwässerungswerke moniert). Durch den unbefestigten Lagerhof wird dieses noch erleichtert. Sind genügend Abfälle einer Charge gesammelt worden, werden diese in offene Reaktionsbehälter gepumpt. Hier kommt es schon zu Geruchsbelästigungen. In diesen Reaktionsbehältern wird unter Zusatz eines Neutralistionsmittels die Charge erhitzt und stufenweise eingedampft. Die hier entstehenden Dämpfe (nach Aussage von Herrn Dr. Kalisch nur Wasserdampf? wird von VC43 stark angezweifelt) werden frei in die Luft abgelassen. ... Nach Auskunft von Herrn Dr. Kalisch läuft die Produktion bereits seit 3 - 5 Monaten. ... Auch von Sicherheitsvorkehrungen zum Arbeitsschutz war nichts zu erkennen. So arbeitete z.B. ein Mann an einem Reaktionsbehälter ohne Brille oder sonstige Schutzbekleidung".

Vorgeschlagen wird für Betrieb Dr. Kalisch:

1. Befestigung des Lagerhofes (Beton),
2. Gesicherte Unterbringung der Transportbehälter,
4. Benennung eines qualifizierten Sicherheitsfachmannes,

und weiter

7. Überwachung der Punkte 1-6 in annehmbaren Zeiträumen durch die dazu verantwortlichen Behörden.

Betrieb Kolhoff, Schwerpunkt: Rückgewinnung von Lösungsmitteln: "... z.B. Tri wird in einen großen Bottich gepumpt, mit Soda versetzt um eventuelle Wasserreste an das Soda zu binden. Anschließend wird die überstehende Lösung abgesaugt und destilliert. Auf dem ganzen Gelände war ein Lösungsmittelgeruch wahrzunehmen".

Vorgeschlagen wird für den Betrieb Kolhoff:

1. Befestigung des Lagerhofes (Beton),
2. Überwachung.

Schließlich wurde eine bessere Koordination der zuständigen Stellen angestrebt. SenGesU sollte alle bisherigen und folgenden Unterlagen in Ablichtung erhalten, also die Federführung übernehmen.

4.4.2 Koordination des behördlichen Vorgehens

In der folgenden Zeit nahm der Druck auf die Senatsstellen zu. Mit Schreiben vom 2.8.1974 an SenGesU ließ das Gesundheitsamt Steglitz wissen, daß "amtsärtzlicherseits erhebliche Bedenken gegen die Weiterführung der beiden Betriebe in der derzeitigen Form erhoben werden (müßten)". Am 6.8.1974 wandte sich ein Nachbar, der wiederholt mit Beschwerden hervorgetreten war, erneut an SenGesU (Durchschriften an SenWi, GAA, BEW, BWA und BA Wirtschaftsabteilung) und wies auf die Belästigungen hin: "... umso mehr, als wir der Meinung sind, daß die Anlagen, um sie vor den Augen der besichtigenden Prüfer zu verbergen, nach Dienstschluß und an Samstagen und Sonntagen betrieben werden."

Am 13.8.1974 nahm die Meßgruppe Luftreinhaltung beim SenGesU Messungen auf dem Betriebsgrundstück vor, die ergaben, "daß eine Gefährdung der im Betrieb arbeitenden Personen sowie der Umwelt durch HCl und SO2 Dämpfe gegeben ist". Am 12.8.1974 wiesen die BEW SenGesU darauf hin, insbesondere durch Kalisch seien wiederum Lösungsmittel in das Abwasser eingeleitet worden.

Vor dem Hintergrund einer sich zuspitzenden Unruhe in der Nachbarschaft - die Beschwerde eines Anliegers vom 14.8.1974 spricht von "Nebelschwaden ... aus Gullys und Lösungsmitteldämpfen" - fand am 16.8.1974 beim SenGesU ein Behördentermin unter Beteiligung SenWi, der Wasserbehörde und der Bezirksebene (BWA, Gesundheitsamt, Wirtschaftsamt) statt. Dabei ging es zunächst um die Frage, ob für Kalischs "Flutan Chemikalien KG" nicht doch die Genehmigungsbedürftigkeit nach § 16 GewO bzw. § 4 BImSchG zu bejahen sei, nachdem dies vor Jahresfrist - unter dem Eindruck des Votums des Gewerbeaufsichtsamtes - verneint worden war. Insbesondere SenGesU und BEW vertraten die Auffassung, daß es sich um eine genehmigungsbedürftige Anlage handele ("Jede Neutralisation ist eine chemische Umwandlung bzw. Reaktion"). Nachdem sich nun auch der vom GAA beigezogene Chemiker dieser Auffassung anschloß, wurde Übereinstimmung über das einzuschlagende Vorgehen erzielt:

"1. Nach einmütiger Auffassung der Teilnehmer handelt es sich bei der betroffenen Anlage um eine genehmigungsbedürftige Anlage nach §§ 4 ff. BImSchG, ...
2. SenWi/GesU wird nach entsprechender Prüfung gem. § 20 BImSchG die sofortige Schließung anordnen und gleichzeitig den Betreiber der Anlage auffordern, die entsprechende Genehmigung nach §§ 4 ff. BImSchG zu beantragen, ...
3. Alle Anlieferfirmen der Firma Flutan werden von SenWi/GesU in Zusammenarbeit mit den Berliner Entwässerungswerken von der Schließung unterrichtet".

Hingegen wurde in Bezug auf den Betrieb Kolhoff nicht an die Schließung, sondern an weitere Auflagen gedacht.

4.4.3 Forderung nach immissionsschutzrechtlicher Genehmigung

Mit Schreiben vom 11.9.1974 wies SenWi Kalisch - dieser war inzwischen in den Firmenmantel "Dr. Kalisch & Co., Entgiftungs- und Bau-Chemie KG", vertreten durch die "Betonal Bautenschutz GmbH", geschlüpft - darauf hin, daß die von ihm betriebene Entgiftungs- und Verarbeitungsanlage der immissionsschutzrechtlichen Genehmigung bedürfe und daß die Stillegung angeordnet werde, wenn sie ohne Genehmigung über den 15.10.1974 hinaus betrieben werde. Hiergegen legte Kalisch am 11.10.1974 "vorsorglich" Widerspruch ein.

Am 21.11.1974 unternahmen SenWi und SenGesU eine weitere Ortsbesichtigung, über die es im Vermerk des SenWi u.a. hieß: "Betriebsgelände weiterhin in großer Unordnung. Immer noch defekte, undichte Behälter, außerdem stehen jetzt sogar Kupfersalzlösungen als Pfützen auf dem Firmengelände. ... Die bereits vorhandenen Lösungen (belaufen sich) mittlerweile auf 25 Tonnen. ... Dr. Kalisch verweist hier, wie auch bei anderen brenzeligen Fragen, auf seinen Blindenausweis, in dem alle Behörden zur Unterstützung hilfebedürftiger Personen aufgerufen werden. ... (Es) muß dringend ein weiteres Anwachsen der Lösungsmittelmenge verhindert werden".

Aus dem Vermerk wird deutlich, daß Kalisch, durch das bisherige behördliche Vorgehen unbeeindruckt, fortfuhr, die Lösungsmittel auf sein Grundstück karren zu lassen und hier weit über das hinaus, was er in seinem 'Offener-Bottich-Verfahren'verarbeiten konnte, zu stapeln. Daß er sein Grundstück mit Fässern regelrecht 'vollaufen' ließ, dürfte kaum anders denn als eine Strategie zu interpretieren sein, die Behörden vor 'vollendete Tatsachen' zu stellen, zumal die Schwierigkeit, das Grundstück ohne Kalisch zu 'entsorgen', umso größer wurden, je umfangreicher das Faßlager auf dem Grundstück gedieh.

4.4.4 Vorbereitung einer Stillegungsanordnung nach BImSchG

In seinen weiteren Schritten war SenGesU bemüht, sich die Beweismittel zu verschaffen, die die Behörde für eine 'gerichtsfeste' Stillegungsanordnung aufgrund von § 20 BImSchG brauchte (vgl. Vermerk von SenGesU v. 12.12.1974). Nachdem sich Kalisch in seiner Antwort vom 12.2.1975 auf die Aufforderung des SenGesU vom 6.1.1975, "unabhängig von einem etwaigen Genehmigungsantrag, eine detaillierte Beschreibung der von (ihm) ausgeübten Tätigkeit" zu geben, ausweichend eingelassen hatte, hakte

SenGesU am 26.2.1975 unter Hinweis auf die Auskunftspflichtigkeit gemäß § 52,II BImSchG und die mögliche Ordnungswidrigkeit nach.

Am 3.4.1975 sorgte der "Tagesspiegel" erneut für Publizität des "Falles Kalisch". Unter der Schlagzeile "Abfallbeseitiger selbst eine Gefahr für die Umwelt. Chemische Produktionsstätte auf verunreinigtem Grund" hieß es u.a.: "Auf Schritt und Tritt hat der Besucher des Grundstücks das Gefühl, einer nicht definierbaren Gefahr gegenüberzustehen. Das Gesamtbild schreit nach wie vor nach Maßnahmen, nach ordnendem Einschreiten der Behörde".

Derweil kamen die Aktivitäten im Betriebsteil Kalisch immer mehr zum Erliegen. Kalisch zog sich zunehmend zurück. Was übrig blieb, war ein Lager von Fässern und Behältnissen voller chemischer Abfälle. Eine Betriebsbesichtigung durch SenGesU am 10.6. 1975 ergab laut Vermerk: "Kalisch-Betrieb liegt z.Zt. still. Gelände macht einen verwahrlosten Eindruck ... defekte, undichte Behälter ... Pfützen mit Kupfersalzlösungen ... Am Eingang zum Grundstück eine Grube, bis zum Rand mit Kupfersalzlösung gefüllt".

Mit Schreiben vom 25.7.1975 griff SenGesU abermals zu dem Mittel, die Mitwirkung aller beteiligten Behörden, von Senatsdienststellen über die bezirklichen Ämter bis LAfA, BEW und BSR, zu erreichen: "Ich beabsichtige, ... gemäß § 20 BImSchG die Stillegung der ohne die erforderliche Genehmigung errichteten Anlage anzuordnen. Ferner prüfe ich, ob die Wegschaffung der auf dem Grundstück lagernden Lösungen angeordnet werden kann. ... Ich wäre Ihnen daher dankbar, wenn Sie mir aus Ihrer Sicht die dort bekannten Umstände mitteilen würden, die die von mir beabsichtigten Maßnahmen stützen können. Insbesondere wäre ich auch für eine Mitteilung dankbar, ob und gegebenenfalls unter welchen Voraussetzungen Abfuhr und anderweitige Lagerung oder Vernichtung der auf dem Betriebsgelände vorhandenen Stoffe vorgenommen werden kann".

In seiner Antwort vom 12.8.1975 auf diesen 'Hilferuf' erinnerte SenWi an den gesamten Problemzusammenhang, ohne konkret behilflich sein zu können: "Die vielfältigen Bemühungen, eine Verbrennungsanlage u.a. bei der Firma Pintsch Oel GmbH zu errichten oder eine zentrale Behandlungsanlage im Zusammenwirken zwischen der Industrie (Gelsenberg-Mannesmann-Umweltschutz GmbH und Pintsch Oel GmbH) und dem Land Berlin zu schaffen, konnten aus den Ihnen bekannten Gründen nicht realisiert werden. Insoweit hat die Firma Kalisch in der Vergangenheit gewisse Entsorgungsaufgaben in Berlin durchgeführt".

Am 20.8.1975 wandte sich SenGesU an den Senator für Verkehr und Betriebe (SenVuB) als die seinerzeit für das Abfallbeseitigungsgesetz zuständige Senatsverwaltung. In dem Schreiben vertrat SenGesU die Auffassung, daß nach der Entlassung des letzten Angestellten von Kalisch zum 30.6.1975 und "dem Fehlen jeglicher Produktionsaktivitäten ... von der endgültigen Stillegung des Betriebs auszugehen" sei. Sodann wurde darauf verwiesen, daß insgesamt ca. 180 m^3 Altchemikalien auf dem Betriebsteil Kalisch lagerten, darunter 2 m^3 alkalische Kupferätzlösung mit Cyananteil. Es liege ein Verstoß gegen das Abfallbeseitigungsgesetz vor.

Am 22.9.1975 ließ SenVuB SenGesU wissen, die Zuständigkeit von SenVuB sei nur dann gegeben, wenn klar sei, daß der Betrieb tatsächlich stillgelegt sei. Hinter dieser Zuständigkeitsunsicherheit steht die Befürchtung des SenVuB, daß Kalisch gegen SenVuB auf Schadensersatz klagen könne, mit dem Argument, beim Inhalt des Faßlagers handele es sich um 'Wirtschaftsgut' und nicht 'Abfall', solange die Stillegung des Betriebs von SenGesU nicht förmlich nach § 20 BImSchG verfügt sei. SenGesU war hingegen der Auffassung, daß, da die beanstandete Anlage tatsächlich stillgelegt war, es einer förmlichen Verfügung nach § 20 BImSchG nicht mehr bedurfte.

Am 20.10.1975 führte SenGesU eine weitere Betriebsbesichtigung durch, die die wachsende Gefahr vor Augen führte (vgl. Vermerk von SenGesU). Rund 1.000 Behältnisse unterschiedlicher Größe, mit ca. 100 m^3 flüssiger Abfallchemikalien, waren dabei, immer stärker zu korrodieren. Zahlreiche Kunststoffkanister waren über den Sommer spröder geworden und schienen dem ersten Herbstfrost nicht gewachsen.

4.4.5 Ordnungsverfügung zur Beseitigung der restlichen Abfälle auf dem Betriebsgelände

Am 3.11.1975 erließ SenVuB als für das AbfG seinerzeit zuständige Senatsverwaltung gegen "Kalisch & Co." eine Verfügung, in der die Firma aufgefordert wurde, für eine "geordnete Beseitigung" der Abfälle auf dem Betriebsgrundstück Sorge zu tragen. Zugleich wurde der sofortige Vollzug angeordnet. Am 18.11.1975 setzte SenVuB die Ersatzvornahme fest. Vom 24.11.1975 bis 23. 12.1975 führte die BSR die Räumung der Altchemikalien im Wege der Ersatzvornahme durch. Als das BWA am 18.5.1976 das Betriebsgelände besichtigte, vermerkte es "Der Betrieb wurde geschlossen. Die gelagerten Chemikalien wurden ... abgefahren. Nachfolger eventuell Kolhoff".

Nach Abweisung einer entsprechenden Klage hatte Dr. Kalisch für die Abräumkosten in Höhe von 60.000 DM aufzukommen. Dieser Betrag konnte jedoch offensichtlich niemals eingefordert werden. In einem Schreiben vom 19.12.1983 teilte Dr. Kalisch SenStadtUm u.a. mit, daß er als Kriegsblinder zunächst in der Ostzone einen eigenen Betrieb aufgebaut habe und dann habe fliehen müssen. Er sei anerkannter Heimatvertriebener und ca. 30 Jahre lang erfolgreich selbständig tätig gewesen, "... umso mehr mußte mich die sofortige Verfügung des damaligen Senators für Gesundheit und Umweltschutz vom 15.8.1974 treffen, wonach ich den Betrieb mit sofortiger Wirkung stillegen mußte. Was der Schicksalsschlag meiner Erblindung nicht vermocht hat, hat diese sofortige Stillegung geschafft." Er verfüge durch die Rente und das selbständige Einkommen seiner Frau lediglich über ein Jahreseinkommen von 12.000,--. Hierbei wurde nicht erwähnt, daß zu dem selbständigen Einkommen seiner Frau auch eine jährliche Pachteinnahme von 30.000,-- für die Verpachtung der Chemischen

Fabrik Dr. W. Kalisch an Herrn Kolhoff gehörte.

4.5 Betriebsaufnahme Kolhoff (1972 - 1982)

4.5.1 Verpachtung der Chemischen Fabrik Dr. W. Kalisch an Herrn Kolhoff und Genehmigungen des Bezirksamtes (1972)

Wie oben bereits erwähnt, pachtete Kurt Kolhoff, der Mitte der 60er Jahre als Arbeiter in den Betrieb Kalisch eingetreten war, die Firma "Chemische Fabrik Dr. W. Kalisch Nachfolger", deren Eigentümerin Dr. Kalischs Ehefrau seit 1968 war. Am 5.1.1972 wurde Kolhoffs Firma im HR als **Chemische Fabrik Dr. W. Kalisch Nachf., Pächter Kurt Kolhoff** eingetragen. Gegenüber dem durch Kalisch Anfang 1972 neu gegründeten Betrieb "Flutan Chemikalien KG", der zwischen 1972 und 1975 auf dem gleichen Betriebsgrundstück - bis zur gemeinsamen Nutzung von Büro und Gerätenlief, sah die 'Arbeitsteilung' etwa so aus, daß sich Kolhoff auf den bisherigen Schwerpunkt der Firma "Chemische Fabrik Kalisch", nämlich die Regenerierung von Lösungsmitteln, unter Nutzung der vorhandenen Destillationsanlage konzentrierte, während Kalischs "Flutan Chemikalien KG" neu die Vernichtung bzw. Aufbereitung von kupferhaltigen Ätzbädern usw. anging.

Am 9.5.1972 erteilte das BWA Steglitz Kolhoff die Baugenehmigung Nr. 1168 "zur Vornahme baulicher und nutzungsmäßiger Veränderungen in Gebäude und auf den Lagerflächen des Grundstücks für Zwecke der Herstellung und des Vertriebs von Arzneimitteln, pharmazeutischer und chemischer Erzeugnisse, von Mineralöl und Mineralölerzeugnissen".

Am 30.6.1972 erteilte das BWA zudem die Erlaubnis Nr. 1772 zur Errichtung und Betrieb von 3 Tanks à 7.000 l zur Lagerung brennbarer Flüssigkeiten nach der VbF. Rechtlich problematisch an dieser Erlaubnis ist, daß sie nur dann vom Bezirksamt erteilt werden durfte, wenn man von der Auffassung ausging, daß die Behälter nicht Bestandteil einer genehmigungsbedürftigen Anlage nach § 16 der Gewerbeordnung seien. Wäre die Destillationsanlage dagegen als genehmigungsbedürftige Anlage klassifiziert worden und wären die Lagerbehälter als Bestandteile der Anlage eingestuft worden, so hätten diese nach der Gewerbeordnung genehmigt werden müssen.

Offenkundig verbanden die Behörden das Auftreten des neuen Firmeninhabers Kolhoff mit der Erwartung, daß sich die Zustände auf dem Betriebsgrundstück zum Besseren wenden würden. So schrieb das BWA Steglitz am 8.9.1972 einem Nachbarn, der sich im Zusammenhang mit dem Brand am 6.4.1972 auf dem Betriebsgelände an die Behörde gewandt hatte: Seit dem Feuer vom 6.4.1972 sei Kolhoff "bemüht, ordnungsgemäße Zustände auf dem Grundstück zu schaffen. Das bisherige Faßlager für die wassergefährdenden Flüssigkeiten werde durch Lagertanks ersetzt. ... Die gesamte Destillationsanlage wurde erneuert. Außerdem wurden die Anlagen für die Abwasserbeseitigung so verändert, daß die anfallenden Abfallstoffe gefahrlos abgeführt werden können".

Aufgrund des Baugenehmigungsverfahrens ließ Kolhoff 1972 den Bereich an der Destillationsanlage betonieren. Allerdings ließ er diese Arbeiten von eigenen Mitarbeitern und nicht von einer Fachfirma ausführen, was im Zusammenhang mit seiner späteren Verurteilung wegen Grundwassergefährdung noch eine Rolle spielen sollte.

In der Folgezeit standen diejenigen Teile der Betriebsfläche und betrieblichen Aktivitäten, die Kalischs 'Flut an Chemikalien KG' zuzuordnen waren, im Mittelpunkt der behördlichen Aufmerksamkeit und Mißbilligung, während Kolhoffs neue Firma - zumindest anfangs - eher am Rande blieb. Augenscheinlich wurde "alles, was auf dem Grundstück Kalisch passierte", eben in erster Linie mit Kalisch in Verbindung gebracht, der seit der Gründung des Betriebs 1952 der 'treibende Motor' des Betriebsgeschehens war und - ungeachtet der firmenrechtlichen Veränderungen - weiter als dieser angesehen wurde.

Allerdings rückten die behördlichen Ortstermine, die zwischen 1973 und 1974 in erster Linie Kalischs Betriebsteil galten, auch die Verhältnisse auf Kolhoffs Betriebsteil in den Blickpunkt. So heißt es in einem Vermerk von SenWi zu einer Betriebsbesichtigung vom 10.7.1973: "Anschließend Besichtigung der an Kolhoff verpachteten Regenerierungsanlage. Diese Anlage macht einen äußerst desolaten Eindruck".

Während sich 1974 und 1975 das behördliche Vorgehen auf Kalisch konzentrierte und dieser - vor allem unter dem Eindruck der Forderung des SenWi vom 11.9.1974, einen Genehmigungsantrag nach § 16 GewO bzw. § 4 BImSchG zu stellen - seinen Betriebsteil zunehmend stillegte, blieb Kolhoff, in seinem Betriebsteil nach wie vor in erster Linie mit der Regenerierung von Lösungsmitteln befaßt, unter Nutzung der Destillationsanlage weiterhin tätig. Wiederum kam es zu Nachbarbeschwerden. Am 9.6.1975 beanstandete ein Nachbar gegenüber SenGesU, auf der Produktionsbaracke sei eine Kühlanlage montiert worden, "aus der Gestank entweicht. ... Mitarbeiter von uns leiden unter Erbrechenserscheinungen, und trotz allem unternehmen die zuständigen Behörden nichts, nichts um diesen Zustand endgültig abzustellen".

In den nächsten Zeit Jahren wurde es stiller um das Betriebsgelände, auf dem nun allein Kolhoff wirkte. Über eine Ortsbesichtigung vom 7.10.1976 vermerkte das BWA: "Die Baulichkeiten wurden von Firma Kolhoff übernommen. Bauliche Anlagen werden nicht verändert, bzw. erweitert oder errichtet".

Für die Zeit bis 1982 fand sich in den Akten des Bezirksamtes lediglich ein Verweis auf einen Ortstermin am 29.4.1981, bei dem festgestellt wurde, daß "der Betrieb in der derzeitigen Form einschließlich der Anlage der Freiflächen baurechtlich genehmigt" sei. Offensichtlich wurde der Betrieb darüber hinaus durch das Bezirksamt nicht kontrolliert, da es keine speziellen Anlässe - wie Nachbarbeschwerden - mehr gab und das Bezirksamt davon ausging, daß sonstige Überwachungszuständigkeiten wegen einer Änderung der Brandschauverordnung von 1976 sowie aufgrund der Tatsache, daß der Betrieb genehmigungsbedürftige Anlagen nach BImSchG betreibe, entfallen bzw. auf andere Behörden übergegangen sei.

Aus einem Vermerk des SenGesU vom 3.11.1977 ging hervor, daß die Berliner Entwässerungswerke in dieser Phase den Betrieb regelmäßig "besuchten", aber "keine Beanstandungen" (vermutlich in Bezug auf das Abwasser) hatten. In diesem Zusammenhang schien auch aufschlußreich, daß dem Gesundheitsamt Steglitz - laut seinem Schreiben vom 1.12.1982 an SenStadtUm - "seit 1975 keine Störungen durch die Firma Kalisch (seit diesem Zeitpunkt also die von Kolhoff geführte Firma, d.V.) noch über Schadstoffkomponenten bekannt" waren.

4.5.2 Anzeige genehmigungsbedürftiger Anlagen nach § 67 BImSchG (1977/78)

Die immissionsschutzrechtliche Genehmigungsbehörde (SenGesU) stellte bei einer Betriebsbegehung am 9.7.1977 fest, daß folgende Anlagen genehmigungsbedürftig seien:

1) Kalisch: Raffination von Trafoöl, Destillation von Toluol, Xylol, Testbenzin und Petrolium als Anlage nach § 2 Nr. 27 der 4. BImSchV;
2) Flutonal: Herstellung von flüssiger Seife, Selbstglanzwachsen und Flutonit als Anlage nach § 2 Nr. 17 der 4. BImSchV;
3) Flutonal: Herstellung von Steinpolitur, Silbergrund Diana als Anlage nach § 4 Nr. 15 der 4. BImSchV.

Die Firmen wurden aufgefordert, Anzeigen nach § 67 Abs. 2 BImSchG einzureichen. Weiterhin wurde vermerkt, daß die Frage zu prüfen sei, ob es sich um eine Abfallannahmestelle und den Betrieb einer Abfallbeseitigungsanlage handele. Zu Lagerbehältern und der Art der Betriebsführung sagt der Vermerk nichts aus.

Am 21.10.1977 kam es zu einer Nachbarbeschwerde ("... verkennen nicht, daß zwischenzeitlich durch den Pächter (Kolhoff, d.V.) einiges geschehen ist. Von Zeit zu Zeit (aber) ... Destillationsvorgänge, ... die zu einer erheblichen Belästigung führen"), die den Auslöser und Auftakt zu erneuten behördlichen

Aktivitäten bildete. Am 3.11.1977 führte SenGesU - in Reaktion auf die Beschwerde - einen Ortstermin durch. Aufgrund der dabei gewonnenen Erkenntnisse schrieb SenGesU am 7.12.1977 an "Flutonal Kolhoff & Co", die Anlage sei bereits nach § 16 GewO genehmigungsbedürftig gewesen. "Sie haben glaubhaft versichert, daß die Anlage bei Inkrafttreten der VO über genehmigungsbedürftige Anlagen nach § 16 GewO vom 4.8.1960 betrieben wurde und die gleichen Erzeugnisse hergestellt wurden. Auch nach damaligem Recht bestand die Verpflichtung, eine derartige Anlage anzuzeigen. ... Eine genehmigungsbedürftige Anlage ... ist nach Inkrafttreten der 4.BImSchG gemäß § 67,II BImSchG anzuzeigen ... Ich bitte Sie deshalb, nachträglich den Betrieb Ihrer o.a. Anlage ... anzuzeigen und die Unterlagen gemäß § 10,I BImSchG ... vorzulegen". Ein Schreiben entsprechenden Wortlauts sandte SenGesU an "Chemische Fabrik Dr.W. Kalisch".

Zur Aufforderung der Anzeige nach § 67 BImSchG teilte der Betreiber am 29.3.1978 mit: "Im Augenblick ist es mir leider nicht möglich, eine Betriebs- und Herstellungsdarlegung vorzunehmen. Die gestiegene Auftragslage und Ostern zwingen mich dazu, in der Produktion mitzuarbeiten." Daraufhin erließ die Genehmigungsbehörde am 7.4.1978 die Anordnung, die Anzeigen bis 15.8.1978 vorzulegen.

Am 20.6.1978 gab Kolhoff gegenüber SenGesU eine Anzeige gemäß § 67, II BImSchG ab für:

1) Flutonal, Kolhoff & Co. GmbH - für die Herstellung von Reinigungsmitteln und Steinpolitur. Es wurde angemerkt: "Firma Flutonal wurde 1975 gekauft. Ehemalige Firma Flutan Chemie KG schon vor 1960 mit Herstellung und Vertrieb von gleichartigen Produkten".
2) Chemische Fabrik Dr. W. Kalisch Nachf., Pächter Kurt Kolhoff - für Destillation von Lösemitteln. Dabei wurden folgende Aufgabenbereiche angegeben:
   a) Aufarbeitung von Lösungsmitteln aller Art,
   b) Sammellager für Verbrennung außerhalb,
   c) Rückstandbeseitigung aus eigener Produktion,

d) Aufarbeitung spezieller Altöle,

e) Sammeln von Altölen und deren Weiterleitung.

In der Anzeige heißt es u.a., der Betrieb sei "mit Schadstoffbeseitigung im Recycling-Verfahren" befaßt und "unterliegt der Kontrolle der Umweltschutzbehörde."

Am 4.7.1978 bestätigte SenGesU in Schreiben an beide Firmen unter dem Betreff "Anzeigepflicht in Anlehnung (? d.V.) an § 67, II BImSchG" den Eingang der beiden Anzeigen.

Auch in den Akten der immissionsschutzrechtlichen Genehmigungsbehörde sind für den Zeitraum bis 1982 nur wenige Vorgänge vermerkt. So gab der Betrieb Dr. Kalisch zusammen mit der Anzeige nach § 67 BImSchG auch die Emissionserklärung für 1978 ab, die als gelagerte Stoffmengen

- 52.000 l Dieselöl (davon 12.000 l für Heizung, 40.000 l Destillation),
- 271.000 l Lösemittel-Rückgewinnung (Xylol, Toluol),
- 12.800 kg Tri,
- 392.000 kg Methylenchlorid,
- 117.200 kg Per,
- 31.300 kg 1-1-1-Tri,

aufführte. Ebenfalls enthalten sind Fragebögen zur Erfassung genehmigungs- und planfeststellungsbedürftiger Anlagen nach BImSchG, deren Fragenformulierung allenfalls einen Informationsgehalt für statistische Zwecke bot, jedoch keinen Überblick über die Betriebsabläufe vermittelte. Eine solche Betriebsbeschreibung wurde von der Firma nicht verlangt.

Im Zusammenhang mit der immissionsschutzrechtlichen Anzeige stellte das LAFA am 5.12.1979 bei einer Betriebsbesichtigung fest, daß 75.000 l Lösemittel zur Rückdestillation gelagert waren, davon 21.000 l oberirdisch. Es verwies in einem Schreiben an SenGesU darauf, daß diese Menge nach § 9,I VbF erlaubnispflichtig sei und regte an, dies im Zusammenhang mit einer immissionsschutzrechtlichen Genehmigung zu bearbeiten. Hierzu teilte die Genehmigungsbehörde am 30.4.1981 mit, daß der "Betrieb in der derzeitigen Form einschließlich der Anlage der

Freiflächen baurechtlich genehmigt" sei.

In den ersten Jahren nach der Übernahme des gesamten Betriebes auf dem 'Kalisch-Gelände' konnte sich Kolhoff als Einsammler und Entsorger für Altchemikalien unterschiedlicher Art fest etablieren. In einer vom SenGesU herausgegebenen "Liste der Abnahmestellen und zulässigen Abfallbeseitigungsanlagen für Altöl, Lösungsmittelabfälle, Altchemikalien u.a.m." (Stand 10.2.1980) ist er zweimal aufgeführt, für
- kostenpflichtige Abnahme von organischen Lösungsmittelgemischen und
- kostenpflichtige Abnahme von Laborechemikalienresten.

Dementsprechend beantragte und erhielt Kolhoff 1980 und 1981 jeweils eine Genehmigung zum Einsammeln und zur Beförderung von Abfällen nach § 12 AbfG i.V.m.§ 1 AbfGVO.

Da die Akten der Wasserbehörde nicht eingesehen werden konnten, läßt sich nicht sagen, inwieweit die Wasserbehörde zwischen der Betriebsaufgabe Dr. Kalisch und dem Jahr 1982 mit dem Betrieb befaßt war.

4.6 Verschmutzung des Teltowkanals als Anlaß für behördliches Vorgehen (1982)

4.6.1 Feststellung betrieblicher Mißstände bei Betriebsbesichtigungen im Zusammenhang mit der Verschmutzung des Teltowkanals (1982)

Der Abfluß verschmutzten Niederschlagswassers in die Regenwasserkanalisation und von dort in den Teltowkanal war der Anlaß dafür, daß sich die Behörden ab 1982 intensiv mit dem Betrieb befaßten. Am 3.3.1982 unternahmen Vertreter der Wasserbehörde und des Abfallbeseitigungsreferats SenStadtUm gemeinsam mit dem Gewerbeaußendienst eine Betriebsbesichtigung. Hierzu vermerkte das Abfallbeseitigungsreferat am 9.3.1982:

"Infolge starker Regenfälle Gefahr akuter Gewässerverunreinigung. ... Es lagerten größere Mengen verbrauchter Lösemittel in Metallfässern, teilweise übereinander gestapelt, die nach Auskunft von Herrn K. größtenteils durch Aufarbeitung in seiner Rückgewinnungsanlage als Wirtschaftsgut der Weiterverwertung zugeführt werden sollen. Des weiteren konnte ein schwarzes, ca. 50 l Faß, versehen mit Gefahrgutaufschrift ("ätzend") gesichtet werden. Der Inhalt dieses Fasses war gemäß Aufschrift als Glanzbildner, hergestellt von der Firma Schering deklariert (Handelsname "Chromolux"). Nach Auskunft von Herrn K. soll dieses Faß mit Inhalt weiterverkauft werden. Herr K. wurde aufgefordert, derartige Chemikalien nicht im Freien zu lagern. Wie Herr K. berichtete, ist es wegen der Frostperiode, Inversionswetterlagen und größerer Lieferung verbrauchter Lösemittel der Firma Fuchslocher auf seinem Gelände zu einem gewissen Aufstau gekommen.

Die Lehmgrube, in der die aus der Rückgewinnungsanlage stammenden Destillationsrückstände - bis zur Abgabe an die BSR gesammelt und vorbehandelt werden - dürfte nach Einschätzung von U. insoweit ein gewisses Risiko hinsichtlich der Arbeitssicherheit darstellen, da besonders in den Wintermonaten Gefahr des "Hineinrutschens" besteht (Fehlen geeigneter Schutzgitter). Insgesamt gesehen, machte das Betriebsgelände zur Zeit der Ortsbesichtigung einen recht unordentlichen und unübersichtlichen Eindruck."

Aufgrund dieser Befunde machte das Abfallbeseitigungsreferat zusammen mit der Genehmigungsbehörde am 16.3. eine weitere Ortsbesichtigung, die zur systematischen Erfassung von Mängeln dienen sollte. Festgestellt wurden u.a. folgende Mängel bzw. Verbesserungserfordernisse in der Betriebsorganisation:

"1) im Lager CKW 2 doppelwandige Tanks,
2) keine Auffangwannen,
4) Tank 9 Nitro war nicht gekennzeichnet,
5) Schutzgitter fehlen,
6) Faßlager ordnen und kennzeichnen,
7) rückwärtiger Zaun defekt,

8) Bestellung BImSchG-Beauftragter."

Zu dieser Ortsbesichtigung vermerkte das Abfallbeseitigungsreferat, daß Reste einer Galvanik auf dem Betriebsgelände seien und diverse Chemikalien, teilweise in Glasgefäßen bzw. Pappkartons abgestellt seien. Der Betreiber wurde mündlich aufgefordert,

a) die Lagerung im Freien unter Beachtung erforderlicher Überdachungen und Auslaufsicherung zu ordnen,
b) die angelieferten Chargen zu kennzeichnen,
c) den Zaun reparieren zu lassen.

"Die Beseitigung der diversen Altablagerungen auf seinem Gelände (Sperrmüll, Bauschutt usw.) will Herr K. von sich aus bis Mitte Mai d.J. abgeschlossen haben. Von (Genehmigungsbehörde) wurden Herrn K. erweiterte Auflagen zur Weiterführung seines Betriebs in Aussicht gestellt."

Wie aus den Vermerken zu den beiden Ortsbesichtigungen zu sehen ist, stand für die Behörden eindeutig die Verbesserung der betrieblichen Abläufe im Mittelpunkt. Die Zwischenlagerung von Destillationsrückständen in offenen Gruben ließ den Sachbearbeiter der Abfallbeseitigungsbehörde an Fragen des Arbeitsschutzes, nicht aber der Abfallbeseitigung denken.

4.6.2 Ermittlungen des Gewerbeaußendienstes und der Staatsanwaltschaft

Am 19.3.1982 sandte der Gewerbeaußendienst aufgrund der Betriebsbesichtigung an die Genehmigungsbehörde SenStadtUm ein Ermittlungsschreiben wegen des Verdachts auf Gewässerverunreinigung und damit im Zusammenhang stehend des ungenehmigten Betriebs einer genehmigungsbedürftigen Abfallbeseitigungsanlage. Zur Vorbereitung der Antwort finden sich hierauf rückseitig die Vermerke:

"Soweit von der Firma nur Stoffe angenommen werden, die aufbereitet werden sollen, liegt keine Genehmigungsbedürftigkeit nach dem AbfG vor. Auch die Reststoffe der Produktion unterliegen nicht dem AbfG, wenn sie bis zur Abholung bereitgestellt werden. ... Gemäß Aussage von (Mitarbeiter Genehmigungsbehörde) ging man bisher davon aus, daß keine Abfallbeseitigungsanlage betrieben wird, da die Stoffe mit dem Zweck der Aufarbeitung angenommen werden. Es kommt auf den Willen des Betreibers an, die Stoffe mit dem Ziel der Beseitigung oder der Aufarbeitung anzunehmen."

Ob dieser Kreislauf nicht nur rechtlich und nach dem Willen des Betreibers, sondern auch faktisch geschlossen war, wurde diesen Vermerken zufolge nicht erwogen. Die Genehmigungsbehörde antwortete dem Gewerbeaußendienst dementsprechend, daß keine Abfallbeseitigungsanlage betrieben werde.

Am 28.6.1982 erstellte der Gewerbeaußendienst einen zusammenfassenden Bericht für die Staatsanwaltschaft, die daraufhin am 12.8.1982 ein Ermittlungsverfahren gegen den Betriebsinhaber aufgrund §§ 324, 326 und 327 StGB einleitete. Im Bereich des Gewerbeaußendienstes wird u.a. erwähnt, daß die Wasserbehörde die Anfrage des Gewerbeaußendienstes nicht beantwortet habe: "Aufgrund der geologischen Verhältnisse und des Grundwasserstandes kann nach hiesiger Auffassung davon ausgegangen werden, daß eine Grundwasserverunreinigung nicht in Betracht kommt. Sofern die Staatsanwaltschaft sich dieser Meinung nicht anschließt, müßte die ausstehende Stellungnahme nochmals angefordert werden."

4.6.3 Zurückhaltende Reaktionen des Bezirksamtes (BWA)

Bei einem weiteren Ortstermin der Genehmigungsbehörde mit dem LAfA und dem BWA am 14.7.1982 wurde festgestellt, daß lediglich das Schutzgitter um die Lehmgrube angebracht worden war und ansonsten auf dem Betriebsgelände keine Verbesserungen festzustellen waren. "Ferner werden seitens der Wasserbehörde Ende August Bohrungen im vorderen Grundstücksteil vorgenommen, um

Klarheit über den Untergrund zu bekommen." - Das BWA Steglitz vermerkte zu diesem Termin: "Unter Verweis auf Vermerk vom 16.8.1974 und 26.4.1982 wurde auf die Unzuständigkeit des BWA für diesen Betrieb hingewiesen".

Am 30.7.1982 schrieb die Wasserbehörde an BWA: "Wie Ihnen aus Besichtigungen bekannt ist, entsprechen die Zustände ... hinsichtlich der Lagerung nicht den Anforderungen der LagerVO und des WHG ... Lagerung von Fässern ... wird die Anlage von entsprechen widerstandsfähigen Betonflächen mit speziellem Gefälle versehen mit Entwässerungsrinnen für erforderlich gehalten". Die Wasserbehörde bat, entsprechende Schritte einzuleiten. Handschriftlich wurde auf dem Brief durch das BWA vermerkt: "Herr ... benachrichtigt, daß z.Zt. von BWA nichts veranlaßt wird".

4.6.4 Stellungnahme des LAfA zu Versäumnissen bei der Lagerbehältersituation

Am 4.8.1982 gab das LAfA der Genehmigungsbehörde SenStadtUm eine Stellungnahme zur Lagersituation ab. Danach waren 3 oberirdische Lagerbehälter mit je 7.000 l und ein Lagerbehälter mit 20.000 l nach § 9 VbF genehmigt. Die Genehmigung des 20.000 l Behälters sei jedoch beim LAfA nicht auffindbar. Ein Faßlager mit 26.000 l brennbarer Flüssigkeiten der Klasse A I habe keine Erlaubnis. Die Lagerung widerspreche zudem sicherheitstechnischen Anforderungen. Ebenso seien 1.400 l Toluol widerrechtlich gelagert:

"Das Faßlagerproblem datiert schon aus dem Jahre 1961. 1964 hatten wir zum Nachbargrundstück und zum Reichsbahngelände einen Schutzabstand von 5 m, außerdem den erforderlichen Auffangraum, gefordert. ... 1970 wurden wieder 300 Fässer = 60.000 l A I vorgefunden und veranlaßt, daß in den Bauschein Nr. 3231 vom 16.11.1970 des BWA - als nachträgliche Genehmigung für den vorgefundenen Zustand - auf die Anforderungen der VbF detailliert verwiesen wird. Die Baugenehmigung Nr. 1168 vom 9.5.1972 enthält unter Ziffer b) den Hinweis, daß für brennbare Flüssigkeiten ein Nachtrag E erteilt wird. Es handelt sich hier um die schon erwähnte Erlaubnis Nr. 1772 für drei oberirdische Tanks zu je 7.000 l brennbare Flüssigkeit A I VbF. Die schon seit Jahren immer wieder festgestellten Verstöße gegen die VbF haben auch mit dem Besitzerwechsel nicht aufgehört. Dies zeigt sehr deutlich die zuletzt festgestellten Verstöße, bei denen ca. 26.000 l brennbare Abfallstoffe, nach Angabe des Firmeninhabers Nitroverdünnung (Gefahrenklasse A I der VbF, leicht entzündlich, vorwiegend Essigsäureäthylester) in handelsüblichen 200 l Fässern, entgegen den Anforderungen der VbF gelagert waren und das sogenannte Zollager mit 1.400 l Toluol, das ebenfalls vorschriftswidrig ist.

Die Voraussetzungen für die Einrichtung und den Betrieb solcher Läger sind auf dem Grundstück nicht zu verwirklichen, da die für die Läger erforderlichen Freiflächen nicht zur Verfügung stehen. Damit ist aber auch der Betrieb der Regenerationsanlage u.E. nicht möglich, zumal die bisherige Praxis gezeigt hat, daß der Betrieb künftig in sehr kurzen Abständen beaufsichtigt werden muß, da er bisher die geforderten Sicherheitsauflagen nicht beachtet hat.

Wir bitten Sie, bezüglich der ungenehmigten und sicherheitstechnisch bedenklichen Lagerung der brennbaren und anderen wassergefährdenden Flüssigkeiten in ortsbeweglichen Behältern Sofortmaßnahmen zu treffen, die Beseitigung der Läger anzuordnen und die erforderlichen OWiG-Verfahren einzuleiten. Sollten Verfahren auf Entziehung von Gewerbegenehmigungen zur Aufarbeitung von Abfallstoffen (brennbare und unbrennbare Lösemittel) beabsichtigt sein, würden wir solchen Entzug beipflichten."

Hierzu wurde seitens der Genehmigungsbehörde handschriftlich vermerkt, "daß mit umseitiger Stellungnahme nicht generell die Aufgabe des Betriebes erreicht werden soll."

Eine Besprechung mit dem LAfA am 1.9.1982 ergab, daß aufgrund der gegebenen Grundstücksabstände statt 70.000 l allenfalls

10.000 l brennbarer Flüssigkeiten gelagert werden dürften, die zudem durch Auslaufsicherung und Überdachung geschützt werden müßten.

4.6.5 Wasserbehördliches Vorgehen

Die Wasserbehörde erließ am 6.5.1982 aufgrund von § 67 BWG in Verbindung mit §§ 1a Abs. 2 und 26 WHG eine Anordnung, eine Entwässerungsrinne auf dem Grundstück einzubauen und das gesammelte Niederschlagswasser vollständig der Schmutzwasserkanalisation zuzuführen. Die Ausführung der Anordnung wurde bis zum 15.6.1982 befristet. Ansonsten wurde die Ersatzvornahme angedroht.

Im September 1982 erteilte die Wasserbehörde aus Haushaltsmitteln einen Auftrag für Tiefbohrungen bis 25 m, da mittlerweile neue wissenschaftliche Erkenntnisse über die Durchlässigkeit bindiger Sedimente für chlorierte Kohlenwasserstoffe vorlagen. Der genaue Anlaß für diese Bohrungen ist noch nicht eindeutig erkennbar. So hieß es hierzu in der Anklageschrift der Staatsanwaltschaft: "In der Zeit vom 13. zum 20.10.1982 wurden von der Bohr-, Brunnen- und Wasserversorgungs-AG während der Erstellung eines Brunnens auf dem Betriebsgelände Boden- und Grundwasserproben entnommen und vom Berliner Institut für Baustoffprüfungen untersucht" (Staatsanwaltschaft, Anklageschrift vom 6.4.1983, S. 5).

Das am 16.12.1982 vorgelegte Gutachten wies tiefgehende, schwere Untergrundverunreinigungen durch chlorierte Kohlenwasserstoffe und Öle nach.

Auf der Grundlage dieses Gutachtens erließ die Wasserbehörde am 25.7.1983 gegen die Firma Kalisch eine Anordnung zur Vermeidung einer weiteren Ausbreitung der Kontaminierung des Grundwassers durch Ölabwehrbrunnen: "Die durch das Berliner Institut für Baustoffprüfungen GmbH vorgenommenen Boden- und Grundwasseruntersuchungen haben erhebliche Verunreinigungen durch chlorierte

Kohlenwasserstoffe (Tri- und Perchloräthylen) und aromatische Kohlenwasserstoffe (Toluol und Xylol) ergeben. Zur Beseitigung dieser Verunreinigungen, die eine Gefahr für das Grundwasser darstellen, ordne ich gemäß § 67 BWG iV. mit §§ 1a, 34 WHG und §§ 11,14 ASOG folgendes an:

1. Es ist zunächst die eingetretene Grundwasserverunreinigung unverzüglich in folgenden Schritten zu sanieren,

1.1 Abwehrbrunnen 45 m tief zur Förderung des kontaminierten Grundwasser abzuteufen,

1.1.1 Mehrere Grundwasserbeobachtungsrohre,

1.1.2 Während der Bohrungen Bodenproben und Wasserproben entnehmen und untersuchen lassen."

Die Firma Kalisch klagte gegen diese Anordnung, woraufhin diese vom VG Berlin aufgehoben wurde. Eine Entscheidung der zweiten Instanzen ist noch nicht getroffen.

4.7 Vorgehen der Genehmigungsbehörde SenStadtUm

4.7.1 Ortsbesichtigungen ergeben weitere Hinweise auf betriebliche Mißstände (1982)

Bei weiteren Betriebsbesichtigungen am 19.10., 26.10. und 4.11. 1982 wurde festgestellt, daß die Situation auf dem Betriebsgelände sich nicht verbesserte. Im Vermerk des Abfallbeseitigungsreferats über die Betriebsbesichtigung am 4.11.1982 hieß es z.B.: "Herr K. konnte an dieser Stelle zum wiederholten Male keine eindeutigen Erklärungen geben, von welchem Erzeuger im einzelnen diese Stoffe angeliefert wurden. ... In der Nähe dieser Lagerstätte größere, gelb angefüllte Regenpfütze. ... Zum Zeitpunkt der Ortsbesichtigung waren - insbesondere vor dem 20.000 l Tank - mehrere frische Leckagen zu erkennen, die soweit bei der allgemeinen Unordnung erkennbar, von der dort abgestellten Faßware herstammten. ... Da sich die in unmittelbarer Nähe befindliche Kleingartenkolonie unterhalb der Wetterseite und hinter abschüssigem Gelände befindet, sollte durch geeignete Labor-Untersuchungen festgestellt werden, inwieweit der dort befindliche Boden und Pflanzenbewuchs durch halogenhaltige Lösemittel im Lauf der Jahre möglicherweise bereits nachträglich beeinflußt wurde."

Handschriftlich war auf dieser Unterlage vermerkt: "Ich halte die Mängel für so gravierend, daß wir sehr schnell die Anordnung des § 20 Abs. 3 BImSchG prüfen müssen (Betriebsuntersagung wegen Unzuverlässigkeit des Betreibers)." Ein zweiter handschriftlicher Vermerk hierzu enthielt die Weisung, beim Rechtsreferat "prüfen lassen, ob § 20 Abs. 3 so eng aufgefaßt werden muß, daß hier nur auf die Definition des § 3 Abs. 1-4 BImSchG zurückgegriffen werden kann (Pflichten des Betreibers nach BImSchG, d.V.) oder ob hier die Unzuverlässigkeit auch aus anderen Tatbeständen hergeleitet werden kann, z.B. fehlende abfallrechtliche Genehmigungen, Bodenverunreinigungen, fehlender Immissionsschutzbeauftragter, keine ausreichende Umzäunung usw."

4.7.2 Anordnungen nach BImSchG, AbfG und VbF zur Verbesserung der betrieblichen Abläufe (1982)

Aufgrund dieser Befunde gingen die Behörden nunmehr massiv mit immissionsschutz- und abfallrechtlichen Anordnungen zur Verbesserung der Betriebsabläufe gegen die Firma vor.

Am 5.10.1982 erließ SenStadtUm als Immissionsschutzbehörde eine nachträgliche Anordnung gegen Firma Kalisch gemäß § 17 BImSchG, eine Auffangwanne zu errichten und einen Immissionsschutzbeauftragten zu benennen. Zugleich wurde ein Zwangsgeld angedroht.

Am 11.11.1982 sandte die Genehmigungsbehörde dem Betriebsinhaber den Entwurf von Anordnungen zu den von ihm betriebenen, nach BImSchG genehmigungsbedürftigen Anlagen und Abfallbeseitigungsanlagen, zu. Hierzu äußerte sich der Betriebsinhaber am 3.12.1982 u.a.: "Laut Rundschreiben des Senator für Umweltschutz vom 10.2.1980 Liste der zulässigen Abfallbeseitigungsanlagen, Lösungsmittel und Altchemikalien, ist der Betrieb zur kostenpflichtigen Abnahme von organischen Lösungsmittelgemischen sowie Laborchemikalien ausgewiesen. Daraus ergibt sich, daß der Betrieb zugelassen ist. Ich kann dazu noch erwähnen, daß mein Betrieb als erster in Berlin gemeinsam mit Ihrer Dienststelle die Umweltbegleitscheine eingeführt hat. ... Da ich eine Genehmigung zum Einsammeln von Abfällen nach § 11 AbfG in Verbindung mit § 2 AbfallbefVO habe, bitte ich um Begründung. ... Der 20.000 l Tank ist genehmigt als Zwischenlager für Sonderabfälle (Lösungsmittel), welche nicht in meinem Betrieb aufgearbeitet werden können. ... Eine bauliche Veränderung ist zur Zeit nicht möglich, da das Ergebnis der Bodenuntersuchung erst abgewartet werden muß."

Am 2.12.1982 ordnete das LAfA aufgrund der VbF an, daß die Lagerung von brennbaren Flüssigkeiten in ortsbeweglichen Behältern einzustellen und die vorhandenen Behälter zu entfernen seien.

Im Rahmen der Anordnung der Genehmigungsbehörde vom 30.12.1982 wurde festgestellt, daß ungenehmigt eine Abfallbeseitigungsanlage im Sinne von § 4,I AbfG betrieben werde. Aufgrund § 14 ASOG, §§ 2,3,4,7 AbfG wurde angeordnet:

1. Überlassung der gelagerten Abfälle an einen zugelassenen Abfallbeseitiger oder die BSR innerhalb von 14 Tagen.
2. Untersagung der Annahme von Stoffen, die nicht in der Aufarbeitungsanlage behandelt werden.
3. Stoffe, die zur Aufnahme in den 20.000 l Tank bestimmt sind, unverzüglich dorthin umzufüllen. Soweit dies nicht möglich sei, sollten diese auf einem geordneten Lagerplatz zwischengelagert werden. Hierzu sollten Anträge nach VbF, VLwF und Baurecht (Auslaufsicherung, Lagerung, Schutzabstände) eingereicht werden.
4. Beim Betrieb der Aufarbeitungsanlage anfallende Abfälle in geeignete Behälter, die mit Angaben über den jeweiligen Inhalt zu versehen sind, auf gesondertem Lagerplatz bis zum Abtransport bereitzustellen. "Der Abtransport hat spätestens dann zu erfolgen, wenn sich eine LKW-Ladung angesam-

melt hat."

Die zu 3. und 4. erforderlichen Genehmigungsunterlagen sollten innerhalb von 4 Wochen eingereicht werden.

Zur Begründung dieser Anordnung hieß es u.a.: "... daß diese Anordnungen ... darauf abzielen, den ungenehmigten Betrieb einer Abfallbeseitigungsanlage zu unterbinden. Die Annahme und Zwischenlagerung der Abfälle Dritter erfüllt den Tatbestand des Betriebs einer Abfallbeseitigungsanlage, sofern diese Stoffe nicht zur Wiederverwertung aufgenommen werden und somit Wirtschaftsgut darstellen. Mit den übrigen Anordnungen ... soll insbesonders künftig gewährleistet werden, daß die Reststoffe aus der Aufbereitungsanlage ordnungsgemäß und umweltunschädlich für den Abtransport bereitgestellt werden. Falls Sie beabsichtigen, größere Mengen als unter I. Ziffer 3 angegeben, auf dem Grundstück zwischenzulagern, und entgegen I, 2 weiterhin Stoffe anzunehmen, die nicht für die Aufarbeitungsanlage bestimmt sind, ist hierfür eine abfallrechtliche Genehmigung erforderlich, die bei mir zu beantragen wäre. Von der Anzeige gemäß 67, II BImSchG ist lediglich genehmigunsrechtlich der Tatbestand des Einsammelns von Lösemittelgemischen zur eigenen Aufarbeitung abgedeckt. Eine abfallrechtliche Genehmigung ist Ihnen entgegen Ihrer Auffassung im Schreiben vom 3.12.1982 nicht erteilt worden."

Zur Destillationsanlage wurde aufgrund von § 17 II BImSchG und § 11, II AbfG angeordnet:

"1) Aufzuarbeitende Ware, die in korrodierten oder beschädigten Behältern von Dritten angeliefert wird, ist sofort auf einer dafür geeigneten und besonders gekennzeichneten Fläche, die so angelegt sein muß, daß auslaufende Flüssigkeiten aufgefangen und schadlos beseitigt werden können, in einwandfreie und für die jeweiligen Stoffe geeignete Behälter, die mit dem jeweiligen Inhalt zu kennzeichnen sind, umzufüllen.

2) Das Gesamtgelände ist von Verschmutzungen zu säubern. Dies

gilt insbesondere für den Bereich der Destillationsanlage mit dem Abflußgraben und den Absetzbecken. Soweit eine Bodenverunreinigung aufgetreten ist, ist der verunreinigte Boden entsprechend den Weisungen meines Referats IV b C (Wasserbehörde) auszuheben und zu beseitigen. Der Verbleib des Bodens ist der Genehmigungsbehörde gem. § 11 Abs. 2 Satz 1 AbfG anzuzeigen.

3) Die Flächen im Bereich des Absetzbeckens und der übrigen Betriebsflächen sind nach Durchführung der Maßnahmen zu Ziffer 2 so anzulegen, daß künftig eine Bodenverunreinigung verhindert wird.

4) Hinsichtlich des Abflußgrabens und des Absetzbeckens sind der Genehmigungsbehörde innerhalb von 4 Wochen nach Zugang dieser Anordnung Unterlagen vorzulegen, die die Dichtigkeit dieser Anlagenteile gegenüber dem Erdreich dartun."

Zur Begründung dieser Anordnung heißt es u.a.: "Mit der Anordnung ... werden Sofortmaßnahmen getroffen, die sicherstellen sollen, daß durch vorhandene Mängel an der Aufbereitungsanlage bzw. bei deren Betrieb Schäden für die Umwelt, hier insbesondere weitere Bodenverunreinigungen, verhindert werden. Besonderen Wert muß hierbei auch darauf gelegt werden, daß die Einhaltung der in den Ihnen erteilten Baugenehmigungen enthaltenen Auflagen bezüglich der Gestaltung der Betriebs- und Lagerfläche nachgewiesen wird. Es ist also bezüglich der gesamten Bodendecke die Undurchlässigkeit hinsichtlich wassergefährdender Stoffe, die Säurefestigkeit und die ordnungsgemäße Entwässerung einschließlich des Vorhandenseins funktionsfähiger Ölabscheider nachzuweisen."

Zudem wurde am 30.12.1982 ein Zwangsgeld von 1.000 DM wegen der unterlassenen Bestellung eines Immissionsschutzbeauftragten verfügt.

Eine Besprechung zwischen der Immissionsschutz- und der Rechtsabteilung des SenStadtUm vom 3.1.1983 zur Frage, ob die Betriebsführung gemäß § 20 Abs. 3 BImSchG wegen persönlicher Unzuverlässigkeit des Betreibers zu untersagen sei, endete mit dem Ergebnis, daß vorerst alle ordnungsbehördlichen Zwangsmittel auszuschöpfen seien. Am 18.1.1983 stellte das Rechtsreferat fest: "Die Untersagung nach § 20 Abs. 3 BImSchG setzt voraus, daß konkrete Tatsachen vorliegen, die Grund zu der Annahme bieten, daß die Rechtsvorschriften zum Schutz vor schädlichen Umweltauswirkungen nicht eingehalten werden." Insofern sei diese Vorschrift hier nicht anwendbar. Es verwies im übrigen auf die Möglichkeiten einer Untersagung nach § 35 GewO als 'ultima ratio'.

Am 26.1.1983 erließ auch die Berufsgenossenschaft eine Anordnung.

Aufgrund einer Ortsbesichtigung vom 11.2.1983 wurde festgestellt, daß auf dem Grundstück noch immer Abfall gelagert war. Es wurde ein Zwangsgeld festgesetzt und eine weitere Anordnung zur Beseitigung getroffen. Zudem wurde ein Gutachten über die Dichtigkeit des Ablaßgrabens und des Absetzbeckens angefordert. Eine erneute Betriebsüberprüfung an 19.4.1983 zeigte, daß die bisher festgestellten Mängel beseitigt worden waren. Zudem wurde vereinbart, die Destillationsanlagen, die Faßlagerbereiche und die einwandigen Tanks mit Auffangwannen zu versehen und die alte Grube durch ein doppelwandiges Absetzbecken zu ersetzen.

4.7.3 Erörterungen zur Frage der Weiterführung des Betriebs

Zudem wurde nunmehr auch die Frage aufgeworfen, ob der Betrieb weitergeführt werden könne. Auf Rückfrage des Senators für Stadtentwicklung und Umweltschutz, der in dieser Angelegenheit vom Bezirksstadtrat angesprochen worden war, erläuterte die Genehmigungsbehörde am 14.4.1983 ihr Vorgehen: "Es ist keinesfalls so, daß auf den finanziellen Zusammenbruch des Betriebes gewartet wird, um das vorliegende Problem zu lösen. Es wurde im Gegenteil erörtert, die Maßnahmen so zu koordinieren, um ein Weiterleben des Betriebs möglich zu machen. Nach der letzten Besichtigung des Betriebs am 13.4.1983 sind bereits deutliche Erfolge zur Schaffung ordnungsgemäßer Zustände sichtbar geworden."

In einem Vermerk über eine Leitungsbesprechung im April oder Mai 1983 hieß es, "... Abt. IV hält Gefährdung des Grundwassers wegen einer dicken Lehmschicht z.Zt. für ausgeschlossen. (Senator) bittet Abt. IV und V Sorge zu tragen, daß Grundwasser-Gefährdung nicht eintritt. Bei einer Schließung des Betriebs bittet er um Information."

Hierzu fand sich handschriftlich ein Vermerk vom 9.5.1983: "Wir beabsichtigen, in Benehmen mit den anderen betroffenen Verwaltungen durch entsprechende Anordnungen und verstärkte Überprüfungen den Betrieb so zu gestalten, daß künftig keine Boden- und Wasserverunreinigungen auftreten, hierbei jedoch keine investiven Maßnahmen durchgeführt werden, die einer Bodensanierung entgegenstehen. Ziel: Bei entsprechendem Verhalten von Herrn K. erhalten des Betriebs am alten Standort. (Senator) hat die Zielvorstellung akzeptiert."

Ein Hintergrund für diese Zielvorstellung dürfte auch die abfallwirtschaftliche Situation Berlins im Sonderabfallbereich gewesen sein. So ist in den Akten der Genehmigungsbehörde z.B. ein Vermerk über eine abteilungsinterne Besprechung vom 14.12. 1982 zur Sonderabfallbeseitigung enthalten, der im Zusammenhang mit dem Fall Ferak auf das Fehlen von Zwischenlagerkapazitäten für Sonderabfälle hinwies: "Es wurde ein künftiger Zwischenlagerplatz für Sonderabfälle, beschlagnahmte und sichergestellte Chemikalien und ähnliche Stoffe auf dem BSR-Gelände erörtert."

Im Zusammenhang mit der Sonderabfallproblematik fand sich in den Akten zudem ein Vermerk des stellvertretenden Abteilungsleiters vom 17.5.1983: "Bin mehr als befremdet, daß trotz der von (Genehmigungsbehörde) für den vorläufigen Teilplan Sonderabfälle gelieferten Daten, insbesondere für die Firma Kolhoff, aus denen ersichtlich ist, daß es sich um eine Sonderabfall-Zwischenlager-Sonderabfallbehandlungsanlage handelt, erst im Herbst 1982 bemerkt wurde, daß dort Sonderabfälle zwischengelagert und behandelt werden."

4.7.4 Abstimmungsprobleme zwischen Wasserbehörde und immissions- und abfallrechtlicher Genehmigungsbehörde SenStadtUm

Schwierigkeiten in der Abstimmung zwischen Genehmigungsbehörde und Wasserbehörde - wie beim Fall Pintsch - traten in gewissem Umfang auch beim Fall Kolhoff zutage.

Ein Vermerk der Genehmigungsbehörde vom 8.2.1983 über ein Gespräch mit der Wasserbehörde zum Ausmaß der Bodenverunreinigungen lautete u.a.: "Herr (Wasserbehörde) vermutet, daß diese Verunreinigungen noch aus der Zeit des Dr. Kalisch herrühren, da Herr Kolhoff mit seinem derzeitigen Betrieb nicht derartig tiefe Verunreinigung schaffen würde. In Zusammenarbeit mit der Firma Lurgi soll jetzt seitens der Wasserbehörde geprüft werden, welche Bodensanierungsmaßnahmen erforderlich werden. Der Sachstand unseres Verfahrens wurde übermittelt und Beteiligung bei den Kolhoff Anträgen angekündigt."

Im Zusammenhang mit einem an die Genehmigungsbehörde gerichteten Schreiben der Landesanstalt für Lebensmittel-, Arzneimittel- und gerichtliche Chemie teilte die Wasserbehörde der Genehmigungsbehörde am 19.4.1983 mit, "daß die erforderlichen Maßnahmen von hier aus in eigener Verantwortung veranlaßt werden, weil die Aufgaben in den ausschließlichen Zuständigkeitsbereich der Wasserbehörde fallen. Bewertungen, ob Verunreinigungen des Untergrunds ein besonderes Gefährdungspotential für das Grundwasser darstellen, werden ausschließlich von der Wasserbehörde getroffen."

Am 16.6.1983 wandte sich der stellvertretende Abteilungsleiter der Umweltschutzabteilung an die Wasserbehörde:

"Im Rahmen meiner Zuständigkeiten hatte ich die Leitung des Hauses im März 1983 über die von den auf dem Grundstück Haynauer Str. betriebenen Anlagen ausgehenden Gefahren zu unterrichten. Das mir von Ihnen zugeleitete Gutachten äußerte sich zu diesen Fragen nur teilweise, weil es die Frage des Vorhanden-

oder Nichtvorhandenseins wichtiger Schadstoffe nicht behandelte. Die Zuständigkeiten Ihrer Abteilung sind hier bekannt und werden beachtet. Im Rahmen Ihrer Zuständigkeit bitte ich alsbald zu beurteilen, ob und gegebenenfalls in welchem Umfang und in welchen Bereichen Bodenaustausch auf dem genannten Gelände erforderlich ist oder nicht. Ich benötige eine solche Aussage im Zusammenhang mit der Frage, ob und gegegenfalls in welchem Umfang der Betrieb fortgeführt werden kann oder nicht. Ich beabsichtige, dem Betreiber in den nächsten 10 Tagen eine substantiierte nachträgliche Anordnung gem. § 17 BImSchG bzw. gem. § 9 AbfG zuzusenden, die sich u.a. mit der Frage der Vermeidung weiterer Bodenverunreinigungen befaßt. In diesem Zusammenhang von Bedeutung ist die Prüfung der Betondecke durch einen Sachverständigen, die Anlage von Giftstoffabscheidern und eine ordnungsgemäße Entsorgung. Investive Maßnahmen des Betreibers können jedoch erst dann gefordert werden, wenn feststeht, ob der Boden ausgetauscht werden muß oder nicht. Auf die entsprechende Problematik bei der Firma Pintsch darf ich verweisen."

4.7.5 Interne Ablehnung einer öffentlichen Förderung von Sanierungsmaßnahmen

Eine Betriebsbesichtigung durch das Luftreinhaltereferat der Umweltschutzabteilung am 20.5.1983 führte u.a. zu der Einschätzung, der Betrieb "benutzt für die Aufarbeitung von Lösemittelrückständen eine relativ primitive und demzufolge auch eine nicht dem Stand der Technik entsprechende Destillationsanlage. Nur die sich im Endeffekt aus der Sicht des Umweltschutzes ergebende Gesamtbilanz (handschriftliche Ergänzung: soweit keine Grundwasserschäden zu erwarten sind) kann m.E. den Betrieb einer solchen Anlage rechtfertigen. Man sollte deshalb in diesem Zusammenhang überlegen, ob nicht mit staatlicher Unterstützung der Firma Kolhoff die Anschaffung einer modernen Destillationsanlage ermöglicht werden sollte. Von der jetzigen Anlage können m.E. die folgenden Umweltgefahren ausgehen. Diese Gefahren sind aber durch entsprechende Maßnahmen und unter der Voraussetzung, daß die Zuverlässigkeit und die Fachkunde des Betreibers gege-

ben ist, auf ein akzeptierbares Maß herabsetzbar:
- Lösemittelfreisetzung bei unterbrochener Kühlung,
- offene Behältnisse,
- vollständiges Auslaufen der Anlage oder Vorratsbehälter. Gefahr der Boden- bzw. Grundwasserverseuchung als bedeutendste Umweltgefahr."

Es wurde empfohlen, die Anlage in einer flüssigkeitsdichten Wanne unterzubringen und die halogenhaltigen und halogenfreien wassergefährdenden Flüssigkeiten bei der Lagerung zu trennen.

Bei einer Erörterung des weiteren Vorgehens der Behörden am 16. 6.1983 wurde der Vorschlag verworfen, gegebenenfalls Sanierungsmittel aus dem Umweltinvestitionsprogramm bereitzustellen. "Sofern Herr K. unsere Forderungen nicht erfüllen kann, käme zur Abwendung einer völligen Betriebsaufgabe nur die Weiterführung eines stark eingeschränkten Betriebs (Einsammeln und Zwischenlagern von Lösemitteln und anderen Abfällen nach der VbF) in Betracht." Das Abfallbeseitigungsreferat wurde beauftragt zu klären, ob gegebenenfalls andere Firmen zur Übernahme der Entsorgungsaufgaben in Frage kämen.

Zur Frage alternativer Entsorgungsmöglichkeiten äußerte sich das Abfallbeseitigungsreferat erstaunlich unpräzise: Da aus Gründen des Personalmangels die Begleitscheine für 1982 nicht hätten ausgewertet werden können, könne man keine exakten Angaben machen. "Im Vergleich zu den Aufnahmekapazitäten weiterer Firmen in Berlin (Neuling, Gillen, Heltermann, Universal-Chemie, Albert Carl & Co., Biesterfeld, Vogel usw.) dürfte es sich bei den von der Firma Kalisch vorhandenen Aufnahme- bzw. Verarbeitungskapazitäten nur um relativ geringe handeln. Dies wird u.a. daran ersichtlich, daß bereits eine Lieferung von 19,20 m^3 halogenhaltiger Lösemittelabfälle von der Firma Fuchslocher zu Kalisch im Februar bis März 1982 aufgrund der relativ geringen Verarbeitungskapazitäten zu solchen Problemen führte, wie sie in den Ihnen vorliegenden Kopien der Vermerke vom 9.3. und 19. 3.1982 angeführt sind (monatelanger Aufstau von Faßware, Leckagen usw.). Die Firma Kalisch scheint sich bei einigen Erzeugern (z.B. Lack- und Farbenhersteller) deshalb so großer Beliebtheit zu erfreuen, da sie relativ billig (!) - mit den inzwischen sehr deutlich gewordenen negativen Folgen für die Umwelt - z.B. Alt-Lösemittel zur Wiederaufarbeitung entgegen nimmt."

4.7.6 Außergerichtlicher Vergleich über eine immissionsschutzrechtliche Sanierungsanordnung (1983 - 1985)

Bei wiederholten Überwachungen und Überprüfungen des Betriebs durch SenStadtUm - Immissionsschutz- und Abfallbeseitigungsbehörde - wurde ab Mai 1983 eine deutliche Verbesserung der Betriebsabläufe festgestellt. Am 15.7.1983 sandte die Genehmigungsbehörde dem Betrieb den Entwurf einer nachträglichen Anordnung vor, die die künftigen Betriebsabläufe und Umweltschutzmaßnahmen bei regeln sollte. Diese wurde vom Betriebsinhaber weitgehend akzeptiert. Er wandte sich jedoch vor allem gegen eigene Laborkontrollen der angelieferten Chemikalien, da bei einem Durchlauf von 30 Faß pro Tag in der Destillation, der Laboraufwand in keinem annehmbaren Verhältnis zur Aufarbeitung stand. Zudem merkte er an, daß die Feuerwehr bei der Baugenehmigung 1972 aus Brandschutzgründen ausdrücklich die gemeinsame Lagerung halogenhaltiger und halogenfreier Stoffe gefordert habe, während diese nunmehr aus Gründen der abfallwirtschaftlichen Übersichtlichkeit getrennt gelagert werden sollten.

Über diese Anordnung wurde in der Folgezeit unter Einschaltung eines Anwalts längere Zeit verhandelt. So bat der Anwalt in einem Schreiben vom 10.10.1983 um Aussetzung der Anordnung, da bereits die Anordnung vom 30.12.1982 mit Beschränkung der Lagerung beim Betrieb Umsatzeinbußen von 40% verursacht habe. Zu dieser Äußerung merkte der stellvertretende Abteilungsleiter in einem Vermerk zur Lösemittelentsorgung in Berlin vom 8.11. 1983 an: "Für mich ist unklar, wo diese Abfälle verblieben sind."

Die Genehmigungsbehörde stellte daraufhin in einem Schreiben vom 29.11.1983 ihre Forderungen klar:

1) Kennzeichnung der angelieferten Stoffe durch den Abfallerzeuger,
2) Getrennte Lagerung der Lösemittel,
3) Einrichtung eines Labors für die Eingangskontrolle,
4) TÜV-Gutachten zur Destillationsanlage, ...
7) Umzäunung des Grundstücks,
8) Abführung des Regenwassers in die Schmutzwasserkanalisation über Ölabscheider.

Dieses Konzept wurde von der Firma nicht akzeptiert. Wie der Anwalt in einem Schreiben vom 22.12.1983 mitteilte: "Das Konzept ist lediglich für eine Lösung der Sonderabfallproblematik durch einen öffentlichen Aufgabenträger realisierbar, nicht für eine Einheit, die wirtschaftlich arbeiten soll und muß."

Daraufhin wurde die Anordnung am 25.1.1984 förmlich erlassen. Gegen die Anordnung reichte der Betrieb am 5.3.1984 die Klage ein. Eine Überprüfung des Betriebs am selben Tag ergab keine weiteren Mängel. Auch zeigten weitere Betriebsbegehungen, daß die Firma ungeachtet ihrer Klage einige der in der Anordnung formulierten Anforderungen zu erfüllen begann.

Nach einem Ortstermin am 7.12.1984 wurde festgestellt, daß die Firma einerseits Teile der immissionsschutzrechtlichen Anordnung erfüllt hatte und andererseits nicht bereit war, langfristige und kostspielige Zusagen einzugehen, bis "... (sie) Klarheit über die seitens der Wasserbehörde geforderten Boden- und Grundwassersanierungsmaßnahmen hat und ... diese dann auch finanziell tragen kann". Es wurde deshalb ein außergerichtlicher Vergleich über die Anordnung vorgeschlagen.

Am 23.4.1985 legte die Wasserbehörde dar, daß der Betrieb bei Beginn der Bodensanierungsarbeiten das Grundstück verlassen müsse. Wegen der komplexen chemischen Beschaffenheit der eingetragenen Stoffe und des damit verbundenen Untersuchungsaufwandes wurde als Sanierungsbeginn Mai 1986 ins Auge gefaßt.

Am 2.5.1985 schloß die Immissionsschutzbehörde mit der Firma einen außergerichtlichen Vergleich über die Anordnung vom 25. 1.1984, woraufhin die Firma die Klage zurücknahm.

4.8 Rolle des Bezirksamtes

4.8.1 Anfänglicher Verweis auf angebliche Nichtzuständigkeit

Beim Vorgehen gegen die Firma im Jahre 1982 prüften die Behörden auch, inwieweit das Bezirksamt im Rahmen eigener Zuständigkeiten hier Maßnahmen ergreifen könne. Hierbei vertrat das Bezirksamt zunächst die Auffassung, daß es für die Firma nicht zuständig sei:

1) In einem Vermerk über den gemeinsamen Ortstermin mit SenStadtUm, LAFA und BWA am 14.7.1982 hieß es: "Unter Verweis auf Vermerk vom 16.8.1974 und 26.4.1982 wurde auf die Unzuständigkeit des BWA für diesen Betrieb hingewiesen".

2) Am 30.7.1982 schrieb die Wasserbehörde an BWA: "Wie Ihnen aus Besichtigungen bekannt ist, entsprechen die Zustände ... hinsichtlich der Lagerung nicht den Anforderungen der LagerVO und des WHG ... Zur Lagerung von Fässern ... (es) wird die Anlage von entsprechend widerstandsfähigen Betonflächen mit speziellem Gefälle, versehen mit Entwässerungsrinnen, für erforderlich gehalten". Zur Bitte der Wasserbehörde, entsprechende Schritt einzuleiten, fand sich die handschriftliche Anmerkung des BWA: "Herrn X (Wasserbehörde, d.V.) benachrichtigt, daß z.Zt. von BWA nichts veranlaßt wird".

3) Mit Schreiben vom 27.8.1982 übersandte das BWA SenStadtUm "als zuständige BImSchG-Genehmigungsbehörde ... die Kopien der Baugenehmigung Nr. 3231 v. 16.11.1970, der Erlaubnis Nr. 1772 vom 30.6.1972 sowie das Protokoll über die Brandsicherungsschau vom 18.11.1969 zur Kenntnisnahme und gegebenenfalls weiteren Veranlassung." Zudem wurde auf baupla-

nungsrechtliche Fragen im Zusammenhang mit der Neuordnung der Lagerflächen, nicht jedoch auf die Aspekte des Bauordnungsrechts und der LagerVO, eingegangen, die eigentlich vordringlicher gewesen wären.

Nunmehr forderte SenStadtUm, als Immissionsschutzbehörde, mit Schreiben vom 11.11.1982 direkt zur Prüfung auf: "... bitte um Mitteilung, ob und gegebenenfalls mit welchem Ergebnis die Einhaltung der Auflagen der mir mit Ihrem o.a. Schreiben (27.8. 1982) übersandten Baugenehmigungen und die Beseitigung der im Protokoll vom 8.12. 1969 über die Brandsicherheitsschau vom 18. 11.1969 festgestellten Mängel überprüft worden ist ... bitte um Überprüfung des Betriebs aus Ihrer fachlichen Sicht, insbesondere auch der Betonfläche ...".

Hierauf antwortete das BWA am 3.12.1982: "Die Einhaltung der Auflagen der Ihnen übersandten Baugenehmigungen und die Beseitigung der im Protokoll über die Brandsicherheitschau vom 8.12. 1969 festgehaltenen Mängel wurden von uns überprüft. Hierbei wurde festgestellt, daß die vorgefundenen Beanstandungen im Zeitraum des Jahres 1970 beseitigt worden sind. Da diese Betriebsüberprüfung bereits vor nunmehr 12 Jahren durchgeführt und abgeschlossen wurde, mußten sich zwangsläufig, bei der Art dieses Betriebes, Unzuträglichkeiten in den nachfolgenden Jahren einstellen. Ihren Vorstellungen einer Überprüfung des Betriebs in fachlicher (brandschutztechnischer) Hinsicht können wir nicht entsprechen, da die Verordnung über die Brandsicherheitsschau und die Betriebsüberwachung (BrandsichVO) vom 17.5. 1976 ... uns nicht die Möglichkeit gibt, diesen Betrieb aufgrund fehlender Kriterien zu überprüfen. ... Eine Prüfung der Betonflächen auf seine Undurchlässigkeit bzw. den Grad der Sättigung durch wassergefährdende Stoffe kann von uns nur durch Inaugenscheinnahme erfolgen, so daß das erwünschte Ergebnis nicht erbracht wird".

Wie der Vertreter des LAfA bei einem späteren Behördentermin erläuterte, traf das LAfA die Anordnung zur Einstellung der Lagerung von brennbaren Flüssigkeiten vom 2.12.1982 (s.o.) auf der Grundlage der VbF als Aufsichtsbehörde über das eigentlich zuständige BWA Steglitz.

Die Frage, der Zuständigkeit des Bezirksamts für den Betrieb, war auch in der Folgezeit zwischen Immissionsschutz- und Bauaufsichtsbehörde strittig. Am 9.5.1983 wandte sich SenStadtUm (Immissionsschutzbehörde) dabei sogar direkt an den Steglitzer Wirtschaftsstadtrat: "Meine diversen Bitten an das BWA, im Rahmen des dortigen Zuständigkeitsbereichs ebenfalls ordnungsbehördliche Maßnahmen durchzusetzen, sind leider ohne jeden Erfolg geblieben. Ich wäre Ihnen sehr verbunden, wenn Sie eine diesbezügliche Klärung in Ihrem Hause veranlassen könnten". Zu diesem Schreiben nahm der Leiter des BWA am 9.8.1983, gegenüber dem Stadtrat, Stellung: "... daß die Angaben des SenStadtUm im o.a. Antwortschreiben, sowie sie das BWA betreffen, nachweislich falsch und jeder Rechtsgrundlage entbehrend, dargestellt werden. Dies wird durch die als Anlage beiliegenden Kopien unserer Schreiben an den SenStadtUm belegt. Eine Beantwortung unserer Schreiben erfolgte nicht. Da für das BWA seit 1975 keine Zuständigkeitsbereiche mehr gegeben sind, können wir daher auch nicht ordnungsbehördlich tätig werden".

Dieser Konflikt wurde auch in der Folgezeit fortgeführt: Am 7.10.1983 lud SenStadtUm u.a. das BWA zu einem Behördentermin am 24.10.1983 ein: "In diesem Zusammenhang ist es unbedingt erforderlich, Klarheit über den genehmigten Altbestand des Betriebes, insbesondere auch hinsichtlich der Genehmigungen über die Be- und Entwässerung des Grundstücks einschließlich der Freiflächen zu erhalten, ferner über die Bodenbefestigung". Zu der Betonung, daß wegen der Wichtigkeit des Termins der Amtsleiter BWA teilnehmen möge, fand sich im Einladungsexemplar der BWA-Akten der Vermerk des Amtsleiters: "Teilnahme des Amtsleiters nicht nötig." Der Behördentermin selbst brachte lediglich eine Bestätigung der kontroversen Standpunkte:

1) Das BWA wies Vorwürfe der Nichterfüllung von Auflagen aus den Baugenehmigungen zurück: "Die aufgrund der Brandsicherheitsschau im Jahr 1970 festgestellten Mängel wurden damals

beseitigt. Daß sich im Laufe der letzten 10 Jahre erneut Unzuträglichkeiten einstellten, ist nicht auszuschließen. Der Betrieb unterliegt nicht der Brandsicherheitsschau."

2) SenStadtUm stellte heraus, daß neben der immissionsschutzrechtlichen Zuständigkeit auch bezirkliche Zuständigkeiten verblieben seien: "... daß nach Auffassung von SenStadtUm gemäß BImschG nur die Destillation oder Raffination von Erdölerzeugnissen und deren Nebenanlagen neben Lagerung der brennbarer Flüssigkeiten, entwässerungstechnischen Abscheideanlagen etc. gehören. Die sonstigen baulichen Anlagen (Gebäude) sowie Be- und Entwässerung bzw. Heizungsanlagen nach BauO und damit durch BWA".

4.8.2 Erwägungen zur Gewerbeuntersagung

Im Rahmen der Gespräche zwischen SenStadtUm und Bezirk wurden auch die Möglichkeiten einer Gewerbeuntersagung nach § 35 GewO in Erwägung gezogen:

1) Zu einer Besprechung vom 14.3.1983 vermerkte der Vertreter des BA Steglitz, Abteilung Wirtschaft: "Anläßlich der Besprechung wurde von mir vorgetragen, daß zunächst alle Maßnahmen nach BImSchG und AbfG durchgeführt werden müssen, ehe wir Maßnahmen nach § 35 GewO durchführen können. Von den beteiligten Stellen wurde erklärt, daß man (seit 1974) die Zustände bisher stillschweigend geduldet hat, da es zur Zeit keine andere ausreichende Beseitigungsmöglichkeit für bestimmte Chemikalien in Berlin gibt. Man ist der Ansicht, daß der Betreiber die Auflagen aus finanziellen Gründen nicht erfüllen kann und erwartet, daß er den Betrieb gegebenenfalls einstellen wird".

2) Mit Bezug auf diese Besprechung teilte der Steglitzer Wirtschaftsstadtrat dem Senator für Stadtentwicklung und Umweltschutz am 25.3.1983 mit: "Da ich nicht nur als Wirtschaftsstadtrat im Rahmen von Maßnahmen nach § 35 GewO beteiligt bin, sondern auch als Gesundheitsstadtrat eine Ver-

antwortung trage, möchte ich Ihnen mitteilen, daß ich befürchte, daß sich die Angelegenheit dramatisch entwickeln könnte. Wir sind bereit, ... Maßnahmen nach § 35 GewO zu ergreifen, wenn Ihre Behörde uns mitteilt, daß der Betriebsinhaber der besonderen Aufgabenstellung nicht gewachsen ist".

In der Folgezeit wurde der Frage nach einer Betriebsuntersagung zunächst nicht weiter nachgegangen.

4.9 Strafrechtsverfahren

Die Betriebsbesichtigung vom 3.3.1982 löste zugleich auch ein strafrechtliches Vorgehen aus. Am 6.4.1983 erhob die Staatsanwaltschaft Anklage gegen Kolhoff, "durch fortgesetzte Handlung zugleich

a) unbefugt ein Gewässer verunreinigt oder sonst dessen Eigenschaften nachteiligt verändert,
b) unbefugt Abfälle, die nach Art, Beschaffenheit oder Menge geeignet sind, nachhaltig ein Gewässer ... zu verunreinigen, außerhalb einer dafür zugelassenen Anlage ... gelagert, ...
c) eine Abfallbeseitigungsanlage ... ohne Genehmigung betrieben (zu haben)."

Die Annahme, daß auch der Pächter Kolhoff wesentlicher Verursacher der Grundwasserverunreinigung war, leitete die Staatsanwaltschaft insbesondere aus dem Befund des Gutachtens ab: "Aufgrund der Gleichartigkeit der Verunreinigungen in Boden und Grundwasser sowie aufgrund der Tatsache, daß der Grad der Verunreinigung je nach Tiefe abnimmt und unmittelbar unter der das Gelände bedeckenden Betondecke am größten ist, ist zu schließen, daß fortwährend bis zum Zeitpunkt der Probeentnahmen Chemikalien aus den gelagerten Behältern durch die Betondecke ins Erdreich sickerten." (Staatsanwaltschaft, Anklageschrift vom 6.4.1983, S. 5).

Am 14.9.1983 verurteilte das Amtsgericht Tiergarten Kolhoff wegen versuchter Verunreinigung eines Gewässers in Tateinheit mit umweltgefährdender Abfallbeseitigung zu einer Freiheitsstrafe von 9 Monaten auf Bewährung. In der Urteilsbegründung hieß es u.a.: "Am Tag der Hauptverhandlung am 7.9.1983 hatte Kolhoff, der nunmehr keine Fremdabfälle mehr annimmt und überhaupt in geringerem Umfang Fässer lagert, sein Betriebsgelände in einen optisch sehr ordentlichen Zustand versetzt ... K. hat sich dahingehend eingelassen, daß der Zustand des Betriebes von März 1982 bis November 1982 nicht wesentlich anders gewesen war als in den Jahren zuvor. Dieser Zustand sei den Behörden auch bekannt gewesen. Die Grundwasserverschmutzung stamme vom Vorgänger ... K. hat hier offenbar den Langmut der Behörden, denen die Zustände auf dem Betriebsgrundstück ... nach dem Ergebnis der Hauptverhandlung keineswegs erst seit kurzem bekannt waren, bedenkenlos zum Zweck seiner gewerblichen Gewinnerzielung ausgenutzt. Erst unter dem Druck des hiesigen Strafverfahrens hat er nunmehr Ansätze zu einer geordneten Betriebsführung gezeigt." (S. 10).

Eine Berufung gegen das Urteil wurde vom Landgericht Berlin am 23.5.1985 verworfen.

In einem Vermerk über die Gerichtsverhandlung vom 27.9.1983 wies der stellvertretende Abteilungsleiter auf die Gesamtproblematik des Falles hin: "Die Behandlung des Komplexes durch die Berliner Behörden, und zwar

1. das LAfA,
2. BWA Steglitz,
3. die frühere Senatsverwaltung für Verkehr und Betriebe sowie SenGesU und SenStadtUm,

läßt erhebliche Mängel erkennen.

Zu 1. LAfA:

... (ist) ersichtlich, daß das Faßlager bereits aus dem Jahre 1961 datiert. ... Trotz der seit Jahren immer wieder festgestellten Verstöße gegen die VbF hat jedoch das LAfA nicht die erforderlichen nachhaltigen Schritte dagegen unternommen (die ordnungsbehördliche Verfügung des LAfA vom 2.12.1982 erging erst nach Intervention des Unterzeichners)."

Zu 2. BWA:

Die Baugenehmigung wurde nicht durchgesetzt. "Die insbesondere in der letztgenannten Baugenehmigung (1972) z.T. nachträglich genehmigte Aufstellung von 3 Behältern mit je 7.000 l Inhalt sowie einige Auflagen hinsichtlich der Regenerationsanlage verstießen im übrigen seinerzeit gegen die Zuständigkeiten für den Vollzug der Gewerbeordnung. Die Destillationsanlage war bereits seinerzeit nach § 16 GewO genehmigungsbedürftig, so daß das BWA unzuständig war.

Zu 3.:

Mitarbeitern ... waren die Zustände auf dem Gelände bekannt. SenGesU wurde zwar erst durch die Auflösung der Senatsverwaltung für Verkehr und Betriebe für die ordnungsbehördlichen Auflagen der Abfallbeseitigung zuständig; vorher bestanden lediglich Meßzuständigkeiten; jedoch waren die Mitarbeiter der Abfalltechnik bereits 1975 wegen der Auflösung Kalisch zumindest beratend tätig. ...

Insgesamt gesehen ist es unverständlich, daß trotz so vieler Ortsbesichtigungen der Zustand des Geländes hingenommen wurde. Über die ebenfalls diversen Ortsbesichtigungen der Wasserbehörde liegen hier keine Auswertungen vor. ... (dies sind) erhebliche Bearbeitungsfehler (der Genehmigungsbehörde), die nicht nur im Personalmangel in den Jahren vor 1977 begründet erscheinen. ... Bis zuletzt ist der Weiterbetrieb des sogenannten Auffangbeckens nicht mit der notwendigen Nachdrücklichkeit unterbunden worden, wobei berücksichtigt werden muß, daß das Wassergutachten vom 16.12.1982 seit dem 17.2.1983 im Referat vorlag."

4.10 Vereinbarung über die Betriebsstillegung (1985/86)

4.10.1 Gutachten und Information der Öffentlichkeit über Bodenverunreinigungen

Im April 1984 wurde der Wasserbehörde ein weiteres Gutachten über die Ergebnisse der Bohrungen vorgelegt, wonach bis zu einer Tiefe von 30 m mit starke Verunreinigung durch Öle, chlorierte und aromatische Kohlenwasserstoffe sowie PCB anzutreffen waren.

Im Juli 1985 berichtete der Tagesspiegel in einer kurzen Notiz, daß durch Sonneneinstrahlung ein mit Methylenchlorid gefülltes Faß auf dem Betriebsgelände explodiert sei und durch die Wasserbehörde und die Feuerwehr der entstandene Schaden beseitigt werde.

Als das Gesundheitsamt Steglitz daraufhin am 15.7.1985 die Wasserbehörde um das Ergebnis der Wasseranalyse bat, teilte die Wasserbehörde - laut Vermerk des Gesundheitsamtes - mit "... daß wir keine Zuständigkeit haben und uns aus der Sache heraushalten sollen."

Eine breite öffentliche Information über die Bodenverunreinigung erfolgte erst im September 1985. Am 11.9.1985 berichtete die BZ unter der Balkenüberschrift "Lankwitz, Gift im Boden, Grundwasser verseucht" u.a.: "Ein Umweltexperte: 'Das Firmengelände ist schon seit vielen Jahren ein Problemkind im Bezirk. Schon bei den Vorbesitzern sind viele Gifte versickert. Allerdings hatten wir gehofft, daß die Lösungsmittel im Boden nicht durch die dichten Lehm-Mergelschichten ins Grundwasser vordringen würden. Leider haben wir jetzt das Gegenteil festgestellt'. ... Heute wird sich der Senator Vetter vor Ort über das Ausmaß des neuen Umweltskandals informieren".

Am selben Tag erfolgte eine Dringlichkeitsanfrage der SPD-Fraktion der BVV Steglitz, die am 17.9.1985 vom Bezirksamt u.a. folgendermaßen beantwortet wurde: "In dem vorliegenden Fall erklärt sich der SenStadtUm als allein zuständig. Erst am 16.9. 1985 wurden dem Bezirksamt Unterlagen über die Ergebnisse der bisher vorgenommenen Boden- und Grundwasseruntersuchungen vorgelegt. ... Aus diesem Grunde können wir eine eventuell vorliegende Gesundheitsgefährdung weder bestätigen noch ausschließen. ... Obwohl der SenStadtUm eine Zusammenarbeit mit dem Bezirksamt ablehnt, sind wir selbstverständlich intensiv um die Behebung der vorliegenden Bodenverseuchung bemüht. Unsere vordringliche Aufgabe sehen wir darin, bei dem zuständigen SenStadtUm auf eine Beschleunigung bei der Abwicklung der notwendigen Untersuchung sowie der Einleitung der erforderlichen Sanierungsmaßnahmen zu drängen".

4.10.2 Vorbereitung der wasserbehördlichen Sanierungsanordnung

Am 30.10.1985 teilte die Wasserbehörde der Genehmigungsbehörde mit, daß die wasserrechtliche Sanierungsanordnung in der zweiten Jahreshälfte 1986 getroffen werde. "Es ist nach derzeitigem Erkenntnisstand absehbar, daß bei Beginn der Sanierungsmaßnahme die betriebliche Tätigkeit des Herrn K. eingestellt werden muß."

Eine Betriebsbegehung durch die Immissionsschutzbehörde am 4. 11.1985 ergab keine Mängel. Zugleich bat der Firmeneigentümer um die Aussetzung einer Anordnung zur Erstellung eines Emissionsgutachtens, welches ca. 14.000 DM kosten solle, da er nach Angaben der Wasserbehörde 1986 das Grundstück ohnedies verlassen müsse. Die Immissionsschutzbehörde verzichtete im Dezember 1985 auf das Gutachten, verhängte aber zugleich ein Bußgeld wegen zeitlicher Verzögerung der Anforderung.

Am 15.11.1985 informierte das Bezirksamt SenStadtUm darüber, daß Mitarbeiter "anläßlich einer Begehung im Rahmen der Ortshygiene" auf dem Grundstück "sogenannte Auffangwannen randvoll mit einer dunkelschmutzigen Flüssigkeit" vorfanden. "Der Vorgang zeigt, daß offensichtlich die Firma noch immer nicht ausreichend Vorsorge trifft, um Umweltverschmutzungen auszuschließen". Eine daraufhin durchgeführte erneute Ortsbesichtigung unter Beteiligung von Immissionsschutz- und Wasserbehörde am 26. 11.1985 ergab laut Vermerk des Bezirksamtes: "Die Beteiligten waren sich nicht einig, ob für den kurzen Verbleib von K. noch strengere Auflagen erteilt werden sollen".

Am 18.12.1985 informierte die Wasserbehörde die Firma über die Untersuchungsergebnisse zur Bodenkontamination: "Das Ergebnis dieser Untersuchungen wird mit Sicherheit zu einer Sanierungsanordnung führen, die den weiteren Betrieb auf diesem Grundstück unmöglich macht. Mit dem Einsetzen der Sanierungsarbeiten wird nach derzeitigem Kenntnisstand ab 1.9.1986 gerechnet".

4.10.3 Gewerbeuntersagungsverfahren des Bezirksamtes

Am 15.1.1986 leitete das Bezirksamt Steglitz gegen Kolhoff ein förmliches Verfahren zur Gewerbeuntersagung gemäß § 35 IV GewO ein. In diesem Zusammenhang teilte das LAfA am 29.1.1986 mit: "Zur Zeit ist die Firma Kalisch als einzige in Berlin in der Lage, mit Festkörpern (Harze u.a.) versetzte Lösemittel zu redestillieren, da Wasserdampfdestillation bei der Firma N. nicht angewendet wird. Bei Untersagung dieses Betriebszweiges müßten dann die in Berlin anfallenden harzartigen Lösemittel (Elektroindustrie) ins Bundesgebiet verbracht werden".

Von der Immissionsschutzbehörde erhielt das Bezirksamt am 30. 1.1986 die Stellungnahme: "Die schweren Umweltschäden sind nicht zuletzt dadurch entstanden, daß der jetzige Betriebsinhaber, gegen den sich das von Ihnen eingeleitete Verfahren nach § 35,IV GewO richtet, und auch dessen Vorgänger ... die Bestimmungen der VbF sowie der VLwF sowie der BO (§ 58 aF) nicht eingehalten haben. ... Für den Vollzug dieser Vorschriften ist nach der DVO ASOG die dortige Abteilung Bauwesen zuständig und immer zuständig gewesen (vgl. § 10 Zif 1 Lit c DVO ASOG). Der Betrieb ist nach Baurecht vom dortigen BA zugelassen worden und meiner Behörde nur gemäß § 67 BImschG angezeigt worden, zu einem Zeitpunkt, als die Schäden bereits größtenteils vorhanden waren. Den Bemühungen der Genehmigungsbehörde und des LAfA ist es zu danken, daß weitere Umweltschäden durch den Betrieb im wesentlichen vermieden wurden. Ich empfehle nochmals, sich vom LAfA Kopien der Anordnungen anzufordern, weil aus diesen Verfügungen ebenfalls Anhaltspunkte für die gewerberechtliche Unzuverlässigkeit des Betriebsinhabers Kolhoff zu entnehmen sind. Im übrigen habe ich bei einer Besprechung vor etwa zwei Jahren, in der ich mich bemüht habe, das Vorgehen der Berliner Behörden zu koordinieren, damals vergeblich auf die Einleitung eines gewerberechtlichen Entziehungsverfahrens hingewirkt".

Eine sofortige Betriebsschließung wurde auch am 13.2.1986 in einem Dringlichkeitsantrag der AL-Fraktion des Berliner Abgeordnetenhauses gefordert (Drs. 10/575): "Der Senat wird aufgefordert, alle Mittel auszuschöpfen, um für eine sofortige Schließung der Chemiefirma Dr. Kalisch in der Lankwitzer Haynauer Str. zu sorgen."

Am 19.2.1986 beschloß die BVV Steglitz: "Dem Bezirksamt wird empfohlen, wegen der Gefahr fortdauernder Bodenvergiftung beim SenStadtUm darauf hinzuwirken, daß schnellstmöglich eine Stilllegung des Betriebes K. veranlaßt wird".

Am 20.2.1986 kam eine Betriebsbegehung durch die Immissionsschutzbehörde zum Ergebnis, daß die immissionsschutzrechtlichen Anordnungen bis auf die Erteilung des Gutachterauftrags zur Emissionssituation, auf den die Behörde Ende 1985 schließlich verzichtet hatte, eingehalten worden seien. Eine immissionsschutzrechtlich begründete Betriebsuntersagung wegen persönlicher Unzuverlässigkeit des Betreibers gemäß § 20 Abs. 3 BImSchG komme somit nicht mehr in Betracht.

Am 6.3.86 legte der Ausschuß für Stadtentwicklung und Umweltschutz des Berliner Abgeordnetenhauses zum Antrag der AL-Fraktion über Schließung der Chemiefirma Dr. Kalisch die Beschlußempfehlung (Drs. 10/630) vor: "Der Antrag der Fraktion der AL über Schließung der Chemiefirma Dr. Kalisch (Drs. 10/575) wird in folgender Fassung angenommen: Der Senat wird aufgefordert, die Untersuchungen der Boden- und Grundwasserverschmutzung auf dem Gelände der Firma Dr. Kalisch in der Haynauer Str. zügig abzuschließen und schnellstmöglich mit der Sanierung zu beginnen. Kann ab sofort durch Vereinbarung mit der Firma der weitere umweltgefährdende Betrieb nicht unterbunden werden, sind alle Mittel auszuschöpfen, um den Betrieb zu schließen." Diese Empfehlung wurde am 13.3.1986 angenommen.

4.10.4 Vereinbarung über Verzicht des Betreibers auf Betriebsrechte nach BImSchG

Aufgrund von Gesprächen mit SenStadtUm verzichtete das Bezirksamt darauf, das Verfahren der Gewerbeuntersagung nach § 35, IV GewO weiterzuverfolgen. Am 10.3.1986 gab Kolhoff gegenüber SenStadtUm die Erklärung ab: "... bestätige ich rechtsverbindlich, daß ich den Betrieb der o.a Anlage bis spätestens zum 15.4., gegebenenfalls auch schon früher, endgültig stillegen und auf meine Betriebsrechte aus der Anzeige nach § 67 BImschG verzichten werde, sofern gegen mich bzw. den Betrieb meiner Anlage keine ordnungsrechtlichen Maßnahmen immissionschutzrechtlicher, abfallrechtlicher oder gewerberechtlicher Natur eingeleitet oder verfügt werden".

5. Analyse von Vollzugsdefiziten

5.1 Analyseperspektive

5.1.1 Vorbemerkungen

Der Analyse von Vollzugsdefiziten sind drei Vorbemerkungen vorauszuschicken, die die aus der Fallbeschreibung anhand der Akten zu gewinnende Perspektive relativieren sollen:

1) Die Analyse eines abgeschlossenen Falles suggeriert dem Leser sehr leicht dadurch einen falschen Eindruck, daß er bereits die weitere Entwicklung des Falles und sein Ergebnis kennt. Für den am Fall Beteiligten ist dagegen die zukünftige Entwicklung immer unbekannt und unsicher. Bestimmte Entscheidungen, die sich im Nachhinein in Kenntnis des Gesamtverlaufs des Falles leicht als 'falsch' oder 'unangemessen' charakterisieren lassen, sollten deshalb auch unter der Perspektive betrachtet werden, daß der Entscheidungsträger, welcher die 'falsche' Entscheidung traf, unter ganz anderen Voraussetzungen entscheiden mußte.

2) Die Fallbeschreibung schildert den Ablauf als fortlaufenden, einzigen Prozeß, welcher durch den Tatbestand der Bodenverunreinigung und deren politische Behandlung eine besondere Bedeutung erlangt hat. Für die Entscheidungsbeteiligten war der beschriebene Fall dagegen einer unter vielen, die sie gleichzeitig zu bearbeiten hatten. Dabei dürfte den meisten der Beteiligten die besondere Brisanz dieses Falles erst sehr spät oder vielleicht überhaupt nicht klargeworden sein. Auch hier sollte der Fall deshalb unter der Perspektive betrachtet werden, daß er nicht der einzige Entscheidungsgegenstand der Beteiligten, sondern einer unter vielen war.

3) Die hohe Bedeutung des Umweltschutzes als öffentliche Aufgabe ist erst in den letzten zwanzig Jahren zunehmend sichtbar geworden, während im Verlauf des geschilderten

Falles zeitweilig noch andere Belange eine deutlich höhere Priorität hatten. Über diese mehr 'atmosphärischen' Faktoren ist allein aus den Akten nichts und auch aus der Erinnerung der beteiligten Akteure nichts Eindeutiges zu entnehmen. Aus der heutigen Perspektive sollte die Fallbeschreibung jedoch auch insoweit modifiziert betrachtet werden, als neben dem Umweltschutz jeweils noch andere gewichtige - und zur damaligen Zeit häufig vorrangige - Motive das Handeln der Entscheidungsträger beeinflußten.

Mit diesen Vorbemerkungen sollen Defizite beim Gesetzesvollzug keineswegs verharmlost werden. Es soll jedoch deutlich gemacht werden, daß solche Defizite durchaus verständlich und erklärbar sind. Dabei sollte das Verstehen und Erklären jedoch vor allem der Anlaß für eine Suche nach Lösungen sein, mit denen ähnliche Defizite künftig vermieden werden können. Auch an dieser Stelle sei zudem daran erinnert, daß es bei der Analyse von Vollzugsdefiziten nicht darum geht, persönliche Verantwortlichkeiten festzumachen. Vielmehr ist eine 'Schwachstellenanalyse' zu erstellen, die vor allem auf solche Ursachen gerichtet ist, die in den rechtlichen Vorschriften (vgl. hierzu Kapitel 2.1.2 "Regelungsdefizite") und in den institutionellen Regelungen (z.B. Regelung der Zuständigkeiten, personelle Ausstattung der Behörden usw.) liegen.

5.1.2 Leitfragen

Im folgenden sollen die dargestellten Fälle gezielter nach Vollzugsdefiziten und ihren Ursachen befragt werden. Dabei stehen folgende Fragen im Mittelpunkt:

- Hätte in den untersuchten Fällen das Entstehen von Bodenverunreinigungen vermieden werden können?

- Warum wurden die bereits vorhandenen sowie neu hinzukommende Bodenverunreinigungen von den Behörden so spät bemerkt?

- Warum wurden die laufenden Bodenverunreinigungen von den Behörden nicht wirksam unterbunden, sobald sie bekannt wurden?

- Warum konnten die Verursacher nicht zur (Mit-) Finanzierung der Bodensanierung herangezogen werden?

5.2 Hätte in den untersuchten Fällen das Entstehen von Bodenverunreinigungen vermieden werden können?

Wichtigste behördliche Instrumente zur vorsorgenden Vermeidung möglicher Bodenverunreinigungen sind
- Genehmigungs- und Anzeigeverfahren, innerhalb deren gegebenenfalls Auflagen zur Vermeidung von Bodenverunreinigungen festgesetzt werden können,
- die laufende Überwachung der Einhaltung dieser Auflagen durch Betriebsbesichtigungen.

5.2.1 Wegen des Fehlens der Genehmigungsunterlagen kann die Ausschöpfung von Vermeidungsmöglichkeiten im Falle Pintsch nicht beurteilt werden

Wie die Erörterung von Regelungen und Regelungsdefiziten (vgl. Kapitel 2) ergeben hat, war bereits in den 20er Jahren - zum Zeitpunkt der Betriebsaufnahme der Pintsch Oel GmbH - das bau-, gewerbe- und wasserrechtliche Instrumentarium so weit entwikkelt, daß auf seiner Grundlage prinzipiell entsprechende Auflagen zur Vermeidung von Bodenverunreinigungen hätten formuliert werden können. Soweit dies nicht geschehen sein sollte, wären hierfür entsprechende Vollzugsdefizite der zuständigen Behörden verantwortlich zu machen.

Im Falle Pintsch waren die meisten der entsprechenden Genehmigungen in den Akten nicht mehr auffindbar. Die Firma und die Behörden gingen davon aus, daß diese Genehmigungen in der Vorkriegszeit erteilt worden sind und im Krieg oder der unmittelbaren Nachkriegszeit verlorengegangen sind. Es kann somit nicht mehr nachgeprüft werden, ob die Genehmigungsbescheide überhaupt existierten und hinreichende Anforderungen an die Vermeidung von Bodenverunreinigungen enthielten. Einige Anzeichen in den Stellungnahmen beteiligter Behörden (siehe Kapitel 3.2.1) deuten jedoch darauf hin, daß beim Aufgabenverständnis das Ziel der Vermeidung von Bodenverunreinigungen kaum ausgeprägt war.

Offensichtlich sind auch bereits im Zeitraum von 1937 bis 1945 Abfälle aus der Altölaufbereitung auf dem Grundstück abgelagert worden. Die in der Nachkriegszeit tätigen Behörden, über deren Handeln die ausgewerteten Akten allein Aufschluß geben, hätten somit das Entstehen der Bodenverunreinigungen nicht mehr vermeiden können. Sie hätten jedoch die vorhandenen Bodenverunreinigungen früher erkennen und abstellen können (vgl. hierzu Kapitel 5.3).

5.2.2 Unzureichende genehmigungsrechtliche Behandlung der "Chemischen Fabrik Dr. W. Kalisch"

Im Falle Dr. Kalisch, der seine Produktion erst in der Nachkriegszeit aufnahm, sind dagegen hinsichtlich der vorsorgenden Vermeidung von Bodenbelastungen drei entscheidende Vollzugsdefizite zu konstatieren:

1) Der Betrieb wurde von Dr. Kalisch zwar ordnungsgemäß nach § 14 der Gewerbeordnung angezeigt. Die zuständigen Behörden unterließen es jedoch zu prüfen, ob "Chemische Fabrik", wie sie in der Gewerbeanmeldung ausgewiesen wurde, gegebenenfalls Anlagen betreibe, die eine spezielle Genehmigung nach § 16 der Gewerbeordnung erforderten.

2) Der Betrieb konnte aufgebaut werden, ohne daß die Behörden zunächst das Fehlen von Baugenehmigungen beanstandeten. Erst Ende der 60er Jahre wurde das Fehlen der Baugenehmigungen schließlich beanstandet und dann durch nachträgliche Genehmigungen rechtlich 'geheilt'. Diese enthielten zwar auch Anforderungen zum Schutz gegen Bodenverunreinigungen

(Bodenbefestigung im Bereich der Destillationsanlage usw.), konnten die bereits eingetretenen Verunreinigungen jedoch nicht mehr rückgängig machen (siehe Kapitel 4.2.3).

3) Auf dem Grundstück wurde zumindest seit 1961 ein umfangreiches Lager brennbarer und zugleich wassergefährdender Flüssigkeiten aufgebaut, dessen Entstehen von den Behörden mit den seit 1960 zur Verfügung stehenden Instrumenten der VbF nicht verhindert bzw. in einen ordnungsgemäßen Zustand versetzt wurde. Eine spätere Einschätzung des LAfA ergab, daß bei den gegebenen Grundstücksverhältnissen allenfalls 10.000 l hätten gelagert sein dürfen, während z.B. 1970 60.000 l vorgefunden wurden. Die Fässer waren zudem z.T. korrodiert und unzureichend gekennzeichnet (siehe 4.6.4).

Für diese Defizite sind vor allem folgende Behörden als Verantwortliche zu benennen:

- Fehlende Baugenehmigung: BWA Steglitz.
- Faßlagerproblem: BWA Steglitz als Erlaubnisbehörde nach VbF sowie Gewerbeaufsichtsamt/LAfA als Ordnungsbehörde nach VbF.

Als entscheidende Ursachen dieser Defizite sind insbesondere
- Kontrolldefizite,
- Defizite in der Behördenkooperation sowie
- unzweckmäßige Zuständigkeitsregelungen

anzuführen.

5.2.3 Gewerbeanzeige

Dr. Kalisch zeigte zwar ordnungsgemäß die Aufnahme seines als "Chemische Fabrik" gekennzeichneten Betriebs an, doch findet sich in den Akten kaum mehr als das Anzeige-Formblatt und die von der Behörde gefertigte Bescheinigung nach § 15 GewO. Das Anzeigeverfahren nach der Gewerbeordnung war - und ist den Ergebnissen der Interviews zufolge auch heute noch - weitgehend nur als ein formaler Vorgang ausgestaltet, in dem der Gewerbetreibende das aufzunehmende Gewerbe selbst beschreibt, die Behörde diese Selbstdarstellung zu den Akten nimmt und eine Reihe anderer Behörden und Stellen (u.a. Handelsregister, Gewerbezentralregister) von der Anzeige informiert. Dagegen erfolgt keine behördliche Überprüfung, ob der in der Anzeige beschriebene Betriebsgegenstand mit der dann tatsächlich aufgenommenen gewerblichen Tätigkeit übereinstimmt und ob gegebenenfalls weitergehende Genehmigungen erforderlich sind (**Kontrolldefizit**). Im Falle einer "Chemischen Fabrik" hätte es nahegelegen, daß die zuständige Behörde danach fragte, ob gegebenenfalls nach § 16 GewO genehmigungsbedürftige Anlagen betrieben werden. Für diese Beurteilung ist jedoch das bezirkliche Wirtschaftsamt fachlich überfordert, da es nicht über den entsprechenden technischen Sachverstand verfügt. Es hätte somit die Fachbehörde (für § 16 GewO bzw. heute BImSchG zuständige Genehmigungsbehörden) informieren und um eine Stellungnahme bitten müssen (**Kooperationsdefizit**). Stattdessen handelte es sich bei der Anzeige nach § 14 GewO um einen weitgehend 'postalischen' Vorgang. Diese weitgehend formale Handhabung von § 14 GewO ist unter dem Blickwinkel einer möglichen präventiven Tätigkeit der Behörde um so problematischer, als die Gewerbeanzeige nach § 14 GewO in der Regel der erste und häufig auch der einzige Vorgang ist, durch den ein Gewerbetreibender in Kontakt mit den Behörden tritt und die Behörden hierdurch von der Existenz des Betriebes erfahren. Nach der derzeitigen Verfahrens- und Zuständigkeitsregelung besteht jedoch die Möglichkeit, daß der Betrieb u.U. den Fachbehörden überhaupt nicht bekannt wird, da diese nicht über die Gewerbeanzeige informiert werden (unzweckmäßige Zuständigkeitsregelung).

Gerade bei Betrieben, die es darauf anlegen könnten, einem Genehmigungsverfahren nach § 16 GewO bzw. § 4 BImSchG zu entgehen, könnte das Anzeigeverfahren nach § 14 GewO bei veränderter Fassung und Handhabung eine wichtige 'Frühwarnfunktion' haben. Dies setzt aber voraus, daß

- entweder die heute zuständigen Stellen bei den bezirklichen Wirtschaftsämtern selbst im Zusammenhang mit der Anzeige der Betriebsaufnahme eine erste Betriebsüberprüfung vornehmen,

- oder daß sie routinemäßig andere Verwaltungen - insbesondere die bezirklichen Bauaufsichtsämter sowie SenStadtUm und das LAfA - von der Betriebsaufnahme informieren, so daß diese dann ihrerseits mit der Firma in Kontakt treten können.

5.2.4 Fehlen von Baugenehmigungen

Ein zweiter möglicher Ansatz zur Vermeidung von Bodenverunreinigungen wurde im Falle Dr. Kalisch dadurch unterlaufen, daß dieser den Betrieb in einem bereits bestehenden Gebäude aufnahm und keinen Neubau errichtete. Hierdurch entfiel zunächst die Möglichkeit, über das Baugenehmigungsverfahren Anforderungen zur Vorsorge gegenüber Bodenverunreinigungen zu stellen. Das in der Dokumentation des Bezirksamtes Steglitz erwähnte, nicht abgeschlossene Baugenehmigungsverfahren für einen Kühlturm (vgl. Kapitel 4.2.1) ließ sich anhand der Akten nicht hinreichend rekonstruieren, so daß nicht abschließend beurteilt werden kann, ob hierüber eine Vermeidung von Bodenverunreinigungen möglich gewesen wäre. 1962 waren die Bodenverunreinigungen z.T. jedoch bereits eingetreten.

Die Konstellation einer Betriebsaufnahme in Gebäudebestand oder aber einer unter Umweltschutzgesichtspunkten wesentlichen Veränderung eines bestehenden Betriebes ohne die entsprechende behördliche Kenntnisnahme dürfte insgesamt häufiger vorkommen. Sie läßt sich letztlich nur durch eine regelmäßige und fachkundige behördliche Kontrolle von Gewerbegrundstücken einschränken. Die hierzu vorhandenen personellen Ressourcen der Behörden sind jedoch bisher eindeutig zu schwach ausgeprägt. Wie in den folgenden Abschnitten noch zu zeigen sein wird, besteht bei den Umweltschutzdienststellen der Senatsverwaltungen eher ein Kontrolldefizit. Die Bezirksämter verfügten in den Bau-und Wohnungsaufsichtsämtern zwar über sogenannte 'Bauläufer', deren Aufgabe u.a. ist, Schwarzbauten zu ermitteln. Jedoch können diese (Eingruppierung nach BAT VII) nur offenkundige bauliche Veränderungen identifizieren. Sie wären fachlich überfordert, wenn sie Gewerbegrundstücke und insbesondere technische Anlagen auf Veränderungen hin überprüfen sollten. Zudem werden ihre Stellen zunehmend abgebaut. Eine ähnliche fachliche und personelle Überforderung ist auch für die Außendienstmitarbeiter der bezirklichen Wirtschaftsämter anzunehmen, die schwerpunktmäßig bei Kontrollen von Spielhallen und Gaststätten eingesetzt werden. Diese könnten zwar anhand der Firmenschilder o.ä. das Vorliegen von Gewerbeanmeldungen überprüfen, doch wären sie eindeutig überfordert, wenn sie auch umweltrelevante innerbetriebliche Veränderungen identifizieren sollten.

5.2.5 Ungenehmigter Aufbau von Lagerkapazitäten

Die Tatsache, daß auf dem Grundstück ohne entsprechende Genehmigungen und Vorkehrungen zur Vermeidung von Bodenverunreinigungen ein umfangreiches, ungeordnetes Lager brennbarer und wassergefährdender Flüssigkeiten aufgebaut werden konnte, ohne daß die Behörden dies unterbanden, ist ebenfalls eine Folge von Kontrolldefiziten. Da beim BWA Steglitz bereits das Fehlen der Baugenehmigung lange Zeit nicht entdeckt und beanstandet wurde, ist es nicht weiter verwunderlich, daß bei der schwieriger zu beurteilenden Frage der brennbaren und wassergefährdenden Flüssigkeiten ebenfalls keine Beanstandung erfolgte.

In diesem Zusammenhang sei angemerkt, daß die Zuständigkeitsregelung nach VbF - ebenso wie die nach VLwF - für den Bereich gewerblich-industrieller Betriebe unzweckmäßig ist: Das BWA als Genehmigungsbehörde verfügt nicht über den hinreichenden technischen Sachverstand, um beurteilen zu können, ob und unter welchen technischen und rechtlichen Voraussetzungen die Lagerung brennbarer und wassergefährdender Flüssigkeiten genehmigungs- und überwachungsbedürftig ist. Zudem ist - wie bereits im Zusammenhang mit der Baugenehmigung angesprochen - das BWA aufgrund seiner Aufgabenstellung und Personalausstattung nicht in der Lage, ungenehmigte Lager systematisch zu ermitteln.

Da uns seitens des LAfA die Akteneinsicht verweigert wurde, kann nicht abschließend beurteilt werden, inwieweit das für die

Überwachung der VbF zuständige LAfA seinerseits in hinreichendem Umfang kontrollierend tätig wurde und damit zumindest von der Lagersituation Kenntnis hatte. Hier sei auf die LAfA-Stellungnahme von 1982 (vgl. Kapitel 4.6.4) verwiesen, die die Jahre 1961, 1964 und 1970 erwähnt. Tatsache ist jedoch, daß das Gewerbeaufsichtsamt/LAfA - auch wenn es Kontrollen durchgeführt haben sollte - keine hinreichenden Schritte zur Ordnung oder Unterbindung der Lagerung unternahm. Hier liegen zumindest Kooperationsdefizite mit dem für die Genehmigung zuständigen BWA Steglitz vor.

5.3 Warum wurden die bereits vorhandenen und neu hinzukommenden Bodenverunreinigungen von den Behörden so spät bemerkt?

5.3.1 Informationen von außerhalb der Verwaltung und 'Umweltunfälle' als wichtigste Auslöser für Behördenaktivitäten

In beiden Fällen waren überwiegend nicht Eigeninitiativen der Behörden, sondern vielmehr 'Anstöße von außen' in Form von
- Hinweisen aus der Öffentlichkeit,
- Störfällen und 'Umweltunfällen',

der wichtigste Auslöser für behördliches Handeln. Hier sind insbesondere aufzuzählen:

· **Fall Pintsch**

- Die Entdeckung von Bodenverunreinigungen auf dem an die BSR abgegebenen Grundstücksteil 1972 als Auslöser für wasserbehördliche Feststellungen zu Art und Tiefe der Bodenverunreinigungen an der Grundstücksgrenze (siehe 3.3.2).
- Die Anzeige interessierter Kreise über ungenehmigte Aktivitäten auf dem Pintsch-Gelände 1975 als Auslöser für Kontakte der Wasserbehörde mit dem Betrieb hinsichtlich der Sanierung des Tanklagers (siehe 3.4.2).
- Die parlamentarische Anfrage des Abgeordneten Boroffka 1978

als Auslöser für intensivere Bemühungen der immissionsschutzrechtlichen Genehmigungsbehörde und des BWA zur Verbesserung der Betriebssituation (siehe 3.9).

- Beschwerden von Nachbarn über Geruchsbelästigungen 1981 als Auslöser für Anordnungen der Immissionsschutzbehörde zur Beseitigung der Geruchsquellen (siehe 3.11.6).
- Das Abbrennen der Altölaufbereitungsanlage 1981 als Grundlage für die wesentlich erhöhte Durchsetzungsfähigkeit von Anforderungen aller beteiligten Behörden (siehe 3.13).

· **Fall Kalisch**

- Hinweise des privaten Betreibers eines Entwässerungsnetzes auf ölhaltige Abwässer 1962 als Grundlage für die Anordnung des BWA Steglitz zum Einbau eines Ölabscheiders (siehe 4.2. 3).
- Entdeckung von Bodenverunreinigungen durch die Berliner Wasserwerke 1967 als Anlaß für erste Initiativen der Wasserbehörde (siehe 4.2.3).
- Nachbarbeschwerden über Geruchsbelästigungen und Brände 1972 als Anlaß für Betriebsbesichtigungen des Gewerbeaufsichtsamtes (siehe 4.3.2).
- Beschwerden der Berliner Entwässerungswerke über häufigere Öleinleitungen in die Kanalisation 1972 als Anstoß für Betriebsbesichtigungen und Sanierungsanordnung der Wasserbehörde (siehe 4.4).
- Nachbarbeschwerden über Geruchsbelästigungen 1974 als Anlaß für die Entdeckung ungeordneter und unzulässiger Lagerhaltung und behördlicher Schritte zur Stillegung des Betriebs Dr. Kalisch (siehe 4.5).
- Hinweise der Berliner Entwässerungswerke auf Gewässerverunreinigungen 1982 als Auslöser für behördliche Anordnungen zur Sanierung des Betriebs Kolhoff (siehe 4.6).

Diesen Anstößen von außen stehen lediglich zwei Anlässe gegenüber, bei denen die Behörden auf eigene Initiative kontrollierend tätig wurden und dabei auf betriebliche Mißstände stießen:

- Im Falle Pintsch die Besichtigung der betrieblichen Eigenwasserversorgungsanlagen durch das bezirkliche Gesundheitsamt 1977 (siehe 3.5.2).
- Im Falle Kalisch die Brandsicherheitsschau von 1969 (siehe 4.2.3).

Es besteht somit ein auffälliges Mißverhältnis zwischen den aufgrund eigenständiger behördlicher Kontrollen entdeckten Bodenverunreinigungen und betrieblichen Mißständen einerseits und solchen Mißständen, die erst aufgrund von Anstößen von außen aufgedeckt wurden. Dies verweist auf ein schwerwiegendes Kontrolldefizit der zuständigen Behörden: Die Behörden nahmen nur in sehr geringem Umfang regelmäßige Überwachungen der Betriebe vor und verließen sich ansonsten rein 'reaktiv' darauf, daß eine aufmerksame Öffentlichkeit ihnen gegebenenfalls Verstöße melden würde.

Aufgrund dieses reaktiven Verhaltens der Behörden bei der Überwachung konnten die Betriebe vor einer Entdeckung von Verstößen im Umgang mit wasser- und bodengefährdenden Stoffen auf dem Grundstück weitgehend sicher sein, da gerade dieses durch eine aufmerksame Öffentlichkeit nicht wahrgenommen werden konnte. Die Aufmerksamkeit der allgemeinen Öffentlichkeit, von Nachbarn und Eigenbetrieben des Landes beschränkt sich naturgemäß vor allem auf die Wahrnehmung von
- Geruchsbelästigungen und bestimmten sichtbaren Luftschadstoffemissionen,
- sichtbaren Verschmutzungen von Oberflächengewässern sowie sichtbaren Folgeschäden von Gewässerverschmutzungen.

Dagegen können Boden- und Grundwasserverunreinigungen von der Öffentlichkeit nur in Ausnahmefällen entdeckt werden. Dies ist in beiden Fällen im Zusammenhang mit Erdaushubarbeiten geschehen. Zudem waren - wie die Kontrolle der betrieblichen Eigenwasserversorgungsanlagen im Falle Pintsch, zeigte diese den Betrieben bekannte Grundwasserverunreinigungen für die Betriebe noch kein hinreichender Anlaß, um die Behörden zur Suche nach den Verursachern aufzufordern, da die Betriebe lediglich

Brauchwasserqualität benötigten. Gerade im Bereich des Bodenschutzes können und dürfen sich somit die zuständigen Behörden nicht darauf verlassen, daß eine aufmerksame Öffentlichkeit ihnen rechtzeitig Umweltgefährdungen und -schädigungen meldet. Darüber hinaus wird ein solches reaktives Verhalten der Behörden im Bereich der Überwachung von möglichen Umweltbelastungen allgemein den Anforderungen an eine wirksame Vermeidung und Kontrolle von Umweltbelastungen nicht gerecht.

5.3.2 Behördliche Kontrolldefizite

Die Vorwürfe massiver Kontrolldefizite betreffen im einzelnen

- das BWA Neukölln hinsichtlich seiner Zuständigkeiten nach VbF und VLwF,
- das BWA Steglitz hinsichtlich seiner Zuständigkeiten nach Bauordnungsrecht, VbF und VLwF,
- das Gewerbeaufsichtsamt/LAfA hinsichtlich seiner Zuständigkeiten nach Gewerbeordnung §24, Arbeitsschutzgesetz und VbF,
- die seinerzeit zuständige gewerbe- bzw. immissionsschutzrechtliche Genehmigungsbehörde Polizeipräsident, SenWirtschaft bzw. später SenGesU hinsichtlich der Genehmigung nach § 16 GewO bzw. später der Anzeige bestehender genehmigungsbedürftiger Anlagen nach § 67 BImSchG,
- die Abfallwirtschaftsverwaltung SenVuB bzw. später SenGesU und SenStadtUm hinsichtlich ihrer Zuständigkeiten nach dem Abfallbeseitigungsgesetz.

Diese Behörden haben im Rahmen ihrer Zuständigkeiten die Betriebe nicht häufig und gründlich genug überwacht, so daß trotz des Vorliegens offensichtlicher Mängel bei der genehmigungsrechtlichen Situation, bei den Betriebsabläufen und beim Zustand der Betriebsgelände die wichtigsten Hinweise auf Bodenverunreinigungen nicht von den Behörden selbst, sondern von Dritten aus dem Bereich der Öffentlichkeit gegeben werden mußten.

Die Wasserbehörde ist vom Vorwurf einer zu geringen Kontrollhäufigkeit auszunehmen, da beide Betriebe ihre Abwässer nicht direkt in Oberflächengewässer einleiteten und damit keiner unmittelbaren wasserrechtlichen Erlaubnis und wasserbehördlichen Kontrolle unterlagen. Vielmehr wurde die Wasserbehörde immer dann sofort kontrollierend aktiv, wenn sie durch die Öffentlichkeit oder andere Behörden auf Gewässer- und Bodenverunreinigungen hingewiesen wurde. Dagegen trifft auch die Wasserbehörde der Vorwurf einer zu geringen Gründlichkeit der Kontrolle:

- Nach der Entdeckung umfangreicher Bodenverunreinigungen auf dem Gelände der BSR-Müllumladestation unterließ es die Wasserbehörde, auch das Restgrundstück Pintsch genauer auf Bodenverunreinigungen hin zu überprüfen.
- Ebenso unterblieben nach der Betriebsaufgabe Dr. Kalisch genauere Untersuchungen auf dem Grundstück, obwohl seinerzeit bei der Wasserbehörde bereits Zweifel daran bestanden, ob die Untergrundbeschaffenheit tatsächlich einen hinreichenden Schutz vor Grundwasserverunreinigungen gewährleiste.

Es ist bezeichnend für das behördliche Kontrolldefizit, daß weder im Falle Pintsch noch im Falle Kalisch behördlicherseits genauere Angaben darüber gemacht werden können,

- zu welchem Zeitpunkt erstmals Bodenverunreinigungen aufgetreten sind,
- zu welchem Zeitpunkt es letztmals zu Bodenverunreinigungen kam,
- welchen Anteil jeweils die Voreigentümer (Pintsch/Bamag, Dr. Kalisch) bzw. die späteren Betriebsinhaber an der Bodenverunreinigung haben,
- inwieweit die Bodenverunreinigungen durch den unsachgemäßen Umgang mit wasser- und bodengefährdenden Stoffen im Produktionsprozeß, durch deren Lagerung bzw. durch eine gezielte Beseitigung von Reststoffen auf dem Betriebsgrundstück entstanden sind.

Dieses behördliche Kontrolldefizit trug mit dazu bei, daß die Bodenverunreinigungen erst sehr spät abgestellt wurden und sich somit weiter ausbreiten konnten und daß es bisher nicht gelang, die Verursacher zu den Kosten der Bodenverunreinigung heranzuziehen. Anzumerken ist hier auch, daß eine intensivere Kontrolle nicht nur im Interesse des Bodenschutzes und der Vermeidung von Kosten für die Allgemeinheit, sondern durchaus auch im Interesse der späteren Betriebsinhaber gelegen hätte. Hätten diese zum Zeitpunkt des Erwerbs der Firma und des Grundstücks (Pintsch) bzw. der Pacht und des Kaufs des Betriebs (Kolhoff) vom Umfang der Bodenverunreinigung und der später auf sie zukommenden Behördenforderungen gewußt, so wären ihre Entscheidungen vermutlich anders ausgefallen.

5.3.3 Defizite beim Vollzug neuer rechtlicher Regelungen

Im Zusammenhang mit den behördlichen Kontrolldefiziten ist weiterhin darauf zu verweisen, daß im Untersuchungszeitraum mehrfach die Einführung oder Novellierung von Rechtsvorschriften den Anlaß für behördliche Aktivitäten gegeben hätte, ohne daß die Behörden entsprechend tätig wurden:

1) Nach der Verordnung über die Errichtung und den Betrieb von Anlagen zur Lagerung, Abfüllung und Beförderung brennbarer Flüssigkeiten (VbF) vom 18.2.1960 hätte eine Erlaubnis für das Lagern brennbarer Flüssigkeiten durch die Bezirksämter sowie danach eine Überwachung durch das Gewerbeaufsichtsamt/LAfA erfolgen müssen. Im Falle Pintsch wurde keine entsprechende Erlaubnis beantragt oder erteilt. Ihr Fehlen wurde auch nicht von dem für die Überwachung zuständigen Gewerbeaufsichtsamt beanstandet. Die Anwendung der Vorschriften der VbF auf das Tanklager auf dem Pintsch-Gelände hätte jedoch frühzeitig die Möglichkeit eröffnet, Auffangwannen unter den Tanks in einen ordnungsgemäßen Zustand zu versetzen. Ähnliches gilt auch für den Fall Kalisch. Hier wurde erst 1972 durch das Bezirksamt die - rechtlich umstrittene - Genehmigung Nr. 1772 für 3 Tanks à 7.000 l er-

teilt, während die Frage der Genehmigung des 20.000 l Tanks und insbesondere der Verhinderung eines überdimensionierten und ungeordneten Faßlagers offenblieben. Das Fehlen entsprechender Erlaubnisse bzw. Festsetzungen wurde vom Gewerbeaufsichtsamt/LAfA lange Zeit nicht beanstandet. Noch 1982 ging das LAfA davon aus, daß der 20.000 l Tank genehmigt sei und ihm diese Genehmigung lediglich nicht vorliege.

2) Nach der Verordnung über das Lagern wassergefährdender Flüssigkeiten (VLwF) vom 27.5.1970 waren die Firmen verpflichtet, bestimmte Lagerbehälter regelmäßig vom TÜV prüfen zu lassen und diese Prüfung dem BWA mitzuteilen. Im Falle Kalisch weist ein entsprechender Erledigungsvermerk in den Bauakten darauf hin, daß im Rahmen des Baugenehmigungsverfahrens von 1970 die Vorschriften der VLwF beachtet wurden, was offenbar bedeutet, daß dem BWA die Mitteilung über die TÜV-Überprüfung vorgelegt wurde. Weitere regelmäßige Kontrollaktivitäten des BWA bezüglich der Tanks sind aus den Akten dagegen nicht ersichtlich. Dies dürfte darauf zurückzuführen sein, daß das BWA Steglitz von der falschen Auffassung ausging, mit dem Inkrafttreten des BImSchG 1974 sei seine Zuständigkeit aus der VLwF auf die Immissionsschutzbehörde übergegangen. Im Fall Pintsch hätte das umfangreiche Tanklager bis zum 31.10.1970 angezeigt und bis zum 31.12.1971 den Anforderungen der VLwF angepaßt werden müssen. Offenbar bekam das zuständige BWA erst 1976 Kenntnis von dem Tanklager und seinem unzureichenden Zustand.

3) Nach § 67 BImSchG hätten bestehende genehmigungsbedürftige Anlagen der zuständigen Behörde angezeigt werden müssen. In beiden Fällen wurden diese Anzeigen erst verspätet abgegeben. Obwohl im Falle Pintsch die Eigentümer im Mai 1976 den Kontakt mit dem SenGesU als BImSchG-Genehmigungsbehörde suchten, unterließ es die Behörde, bei dieser Gelegenheit nach der genehmigungsrechtlichen Situation zu fragen. Das Gespräch blieb zunächst für das Handeln des SenGesU völlig folgenlos. Erst bei einer Betriebsbesichtigung zwei Jahre später wurde der Betrieb unter der pauschalen Annahme, sei-

ne Anlagen seien bereits nach § 16 GewO genehmigt, zur Anzeige nach § 67 BImSchG aufgefordert. Auf die immerhin denkbare Möglichkeit, das Vorliegen einer § 16-Genehmigung zu bezweifeln und auf der Durchführung eines immissionsschutzrechtlichen Genehmigungsverfahrens mit seinen Einfluß- und Auflagemöglichkeiten zu bestehen, wurde durch die Immissionsschutzbehörde verzichtet. Im Falle Kolhoff erfolgte die Anzeige nach § 67 BImSchG erst 1978. Diese Regelung auf die von Kolhoff betriebenen Anlagen anzuwenden, ist rechtlich problematisch, da sie auf den Fall zugeschnitten, daß ein Betrieb nach 'altem' Recht (§ 16 GewO) genehmigt war. Eine Anzeige sollte auch dann genügen, wenn eine bestehende Anlage nach altem Recht nicht genehmigungsbedürftig gewesen war (§ 67 Abs. 2 BImSchG). Im Falle Kolhoff bestand jedoch bereits nach altem Recht eine Genehmigungsbedürftigkeit, ohne daß ein entsprechendes Genehmigungsverfahren durchgeführt worden wäre. Nach dem Normzweck von § 67 BImSchG soll die Anzeige nicht dazu dienen, einen nach 'altem' Recht 'illegalen' Zustand zu 'legalisieren'. Möglicherweise war sich SenGesU dieser rechtlichen Problematik selber bewußt, da Kolhoffs Anzeigen von der Genehmigungsbehörde unter dem merkwürdig untechnischen Betreff "Anzeigepflicht in Anlehnung (! d.V.) an § 67, Abs. 2 BImSchG" bestätigt wurden. Damit wurde durch fehlerhafte Rechtsanwendung darauf verzichtet, ein regelrechtes Genehmigungsverfahren durchzuführen, welches möglicherweise die Gelegenheit geboten hätte, Vorkehrung gegen die vom Betrieb Dr. Kalisch her bekannten Faßlager und Bodenbelastungen zu treffen.

4) Zwar wurde im Falle Kolhoff bereits im Zusammenhang mit der Anzeige nach § 67 BImSchG die Frage aufgeworfen, ob es sich um eine Abfallannahmestelle und den Betrieb einer Abfallbeseitigungsanlage handele, doch wurde dieser Aspekt zunächst nicht weiter verfolgt. Erst nach der Gewässerverschmutzung 1982 ging die Genehmigungsbehörde SenStadtUm auch abfallrechtlich vor, indem der ungenehmigte Betrieb einer Abfallbeseitigungsanlage durch Begrenzung der anzunehmenden und

zwischenzulagernden Altstoffmengen auf die Verarbeitungskapazität des Betriebes unterbunden wurde. Die weitere Entwicklung des Falles macht deutlich, daß dieses Instrumentarium zur Unterbindung ungenehmigter Abfallablagerungen und zur Ordnung der Betriebsabläufe hinreichend geeignet ist, da Kolhoff die Anforderungen teils erfüllte, soweit sie ihm zu kostspielig waren, jedoch schließlich angesichts der zu erwartenden wasserbehördlichen Sanierungsanforderungen auf den weiteren Betrieb der Anlage verzichtete.

Die angeführten Anlässe zeigen das allgemeine Muster, daß sämtliche zuständigen Behörden erhebliche Schwierigkeiten haben, neue sowie Übergangsregelungen auf bereits bestehende gewerblich-industrielle Anlagen anzuwenden. Eine systematische Überprüfung des Anlagenbestandes aus Anlaß der Neueinführung der Regelung wurde in keinem der beschriebenen Fälle vorgenommen. Hierfür sind zum einen Defizite bei der Personalausstattung für die Überwachung des Anlagenbestandes, zum andern mit geringerer Bedeutung Unklarheiten bei der rechtlichen Auslegung der neuen Vorschriften sowie bei den Zuständigkeitsregelungen verantwortlich.

5.3.4 Gründe für Kontrolldefizite

Zusammenfassend lassen sich für die beschriebenen Kontrolldefizite folgende Gründe anführen:

- **Überlastung der Behörden mit laufenden Aufgaben, Defizite im Personalbestand**

Der Vermerk der immissionsschutzrechtlichen Genehmigungsbehörde zu ihren Bearbeitungsrückständen im Falle Pintsch (siehe Kapitel 3.9.5) zeigt deutlich, daß eine systematische und regelmäßige Überprüfung des Gewerbebestands aufgrund der Überlastung des vorhandenen Behördenpersonals mit vordringlicheren laufenden Aufgaben - insbesondere mit Genehmigungsverfahren, die wegen der damit verbundenen Investitions- und Arbeitsmarkteffekte in einem überschaubaren Zeitraum abgewickelt werden müssen, sowie mit Vorfällen, die aktuelle Beschwerden über Umweltbelastungen verursachen - bisher kaum möglich ist. Die Behörden verlassen sich vielmehr weitgehend darauf, daß

- sie im Falle auftretender akuter Umweltbelastungen von den Betrieben selbst, der Öffentlichkeit oder anderen Behörden informiert werden,
- die meisten Betriebe in mehr oder minder regelmäßigen Abständen genehmigungspflichtige Veränderungen vornehmen und aus diesem Anlaß von sich aus mit den Behörden in Kontakt treten.

Die Fälle Pintsch und Kalisch dürften deutlich gemacht haben, daß diese Form der 'reaktiven' Überwachung

- zur vorsorgenden Vermeidung von Umweltbelastungen,
- im Falle nur schwer durch die Öffentlichkeit erkennbarer Umweltbelastungen, wie sie etwa Bodenverunreinigungen darstellen,
- bei investitionsschwächeren bestehenden Betrieben, die nur wenige genehmigungsbedürftige Veränderungen vornehmen und ihre Produktion mit zunehmend abgenutzten 'Altanlagen' bestreiten,
- bei Betreibern, die die relevanten Umweltschutzvorschriften nicht genau genug kennen,
- bei Betreibern, die sich über Umweltschutzvorschriften hinwegsetzen,

bei weitem nicht ausreichend ist. Erforderlich ist vielmehr eine regelmäßige behördliche Kontrolle potentiell umweltbelastender Betriebe und Einrichtungen, die

1) Veränderungen und umweltrelevanten Verbesserungsbedarf der Betriebe erkennt,
2) die Betriebe nach Möglichkeit bei Verbesserungsmaßnahmen des Umweltschutzes berät,
3) sofern eine Beratung und freiwillige Vereinbarung nicht hinreichend ist, mit ordnungsbehördlichen Mitteln Verbesserungen anordnet,
4) den Betrieben gegenüber das Risiko der Entdeckung von Verstößen gegen Umweltschutzvorschriften erhöht.

Dabei erscheint es am zweckmäßigsten, eine klare organisatorische Trennung zwischen Genehmigungsaufgaben einerseits und behördlichen Überwachungsaufgaben andererseits herbeizuführen. Nur dadurch, daß die Behördenzuständigkeiten für Genehmigung und Überwachung von getrennten und spezialisierten Verwaltungseinheiten wahrgenommen werden, kann nämlich die Tendenz vermieden werden, daß laufende Überwachungsaufgaben zugunsten der vordringlicheren Behandlung von Genehmigungsfällen zurückgestellt werden. Zugleich wird durch eine solche Trennung das spezialisierte Aufgabenverständnis bei der Wahrnehmung von Überwachungsaufgaben gestärkt.

- **Defizite bei fachlicher Qualifikation, Aufgabenverständnis und Aufgabenwahrnehmung**

Hier sei z.B. auf den Vollzug der VLwF durch das BWA Neukölln verwiesen. Die zuständige Gruppe 'Haustechnik' mit seinerzeit zwei Sachbearbeitern war zum einen in der Personalausstattung überfordert. Im Bezirk, der mit seinen 300.000 Einwohnern in der Größenrangfolge bundesdeutscher Großstädte immerhin an 15. Stelle stünde, war die Gruppe bereits durch die laufenden Baugenehmigungsverfahren (Prüfung der Anträge, Bauabnahme usw.) voll ausgelastet. Für die neue Aufgabe hätte die Gruppe zunächst durch eigene Außendiensttätigkeiten z.T. erst die Standorte von Lagerbehältern ausfindig machen müssen. Sie reagierte deshalb auf den zusätzlichen Arbeitsanfall verständlicherweise nach dem Prinzip der 'Minimierung des Verwaltungsaufwandes', indem sie sich vorrangig mit den Heizöltanks in Wohngebäuden befaßte, die leichter zu ermitteln und zu bearbeiten waren, da nach einiger Einarbeitungszeit routinemäßige Anforderungen an ähnliche Tanks gestellt werden konnten. Weiterhin konnte dadurch gegebenenfalls eine 'hohe Fallbearbeitungsquote' im Vollzug der VLwF nachgewiesen werden. Bei dieser Art des Aufgabenverständnisses und der Aufgabenwahrnehmung geriet jedoch das wesentlich schwieriger zu bearbeitende und aufgrund des höheren Gefährdungspotentials brisantere Feld der gewerblichen Lagerbehälter in den Hintergrund, ohne daß von vorgesetzter Stelle diese unzweckmäßige Prioritätensetzung nach dem Prinzip der behördlichen Aufwandminimierung beanstandet und korrigiert worden wäre.

Auch wenn die LAfA-Akten selbst nicht eingesehen werden konnten, gibt es in den Stellungnahmen des LAfA eine ganze Reihe von Hinweisen darauf, daß man hier die beiden Betriebe - soweit man sie kontrollierte - offensichtlich allein aus einer engen Arbeitsschutzperspektive betrachtete und für den Arbeitsschutz nicht unmittelbar relevanten, jedoch eindeutig erkennbaren Mißstände in den betrieblichen Abläufen nicht weiter beachtete. Aufgrund dieses einseitigen Aufgabenverständnisses unterließ es das LAfA, selbst oder durch Information anderer Behörden z.B. auf eine Verbesserung der Lagerbehältersituation hinzuwirken. Bezeichnend ist etwa die Behauptung des LAfA im Falle Kalisch, da keine Arbeitnehmer mehr beschäftigt seien, sei auch seine Zuständigkeit für den Betrieb erloschen. Diese enge Arbeitsschutzperspektive muß um so mehr erstaunen, als die Behörde sowohl Überwachungsbehörde nach GewO und VbF als auch vermutlich am ehesten mit dem erforderlichen technischen Sachverstand ausgestattet war.

· Defizite in der Verwaltungsführung

Die Defizite bei der systematischen Überprüfung des Gewerbebestandes aus Anlaß einer neuen Regelung sind jedoch nicht allein den zuständigen Behörden und den dortigen Mängeln bei Personalbestand und Aufgabenverständnis zuzurechnen. Zumindest ebenso wichtig ist die Tatsache, daß durch den Gesetz- und Verordnungsgeber zwar jeweils neue Vorschriften eingeführt wurden, zugleich jedoch nicht im genügenden Umfang die Vollzugsprobleme und insbesondere die personalwirtschaftlichen Konsequenzen der neuen Regelungen überdacht wurden. Vielmehr ging man offensichtlich stillschweigend fälschlich davon aus, daß die Regelungen adäquat vollzogen würden.

Allgemein ist somit zu fordern, daß bei künftigen Änderungen und Neueinführungen von Rechtsvorschriften,

1) vorab die voraussichtlichen personalwirtschaftlichen Konse-

quenzen genauer abgeschätzt werden sollten,

2) durch Planspiele, Weiterbildungsveranstaltungen usw. zu erwartende Vollzugsschwierigkeiten vorab identifiziert und durch entsprechende Lösungshilfen vermieden werden sollten,
3) der laufende Vollzug durch vorgesetzte Stellen intensiver überwacht werden sollte,
4) nach bestimmten Zeiträumen die Ergebnisse des bisherigen Vollzugs bilanziert, analysiert und gegebenenfalls korrigiert werden sollten.

5.4 Warum wurden die Bodenverunreinigungen von den Behörden nicht wirksam unterbunden, sobald sie bekannt wurden?

5.4.1 Lange Zeitabstände zwischen Entdeckung und Unterbindung von Bodenverunreinigungen

In den untersuchten Fällen vergingen überwiegend äußerst lange Zeiträume zwischen der Entdeckung und der Unterbindung von Bodenverunreinigungen:

- Im Fall Pintsch gab es bereits 1953 erste Hinweise auf Bodenbelastungen im Gewerbegebiet Gradestraße, die jedoch offensichtlich in der Folgezeit nicht systematisch untersucht wurden. Im Zusammenhang mit der Veräußerung von Grundstücksteilen und dem Bau der Müllumladestation der BSR wurden 1972/73 Bodenverunreinigungen nachgewiesen. Erst durch den Brand der Altölaufbereitungsanlage 1981 trat zehn Jahre später ein überwiegender Betriebsstillstand ein, der es den Behörden ermöglichte, die erneute Betriebsaufnahme auch rechtlich zu unterbinden und durch Untersuchungen auf dem Grundstück das Ausmaß der Bodenverunreinigung sowie die Sanierungsbedürftigkeit nachzuweisen.

- Im Falle Kalisch wurden Bodenverunreinigungen 1962 bekannt. Zwar verhinderten die Behörden zwischen 1973 und 1975 mit Hilfe des immissionsschutzrechtlichen Instrumentariums zügig, daß Dr. Kalisch die von ihm neu gegründete Flutan Chemikalien

KG fortführte. Dagegen wurde die Frage der Bodenverunreinigungen erst zwanzig Jahre nach ihrer Entdeckung 1982 anläßlich einer Verschmutzung des Oberflächenwassers des Teltowkanals intensiv aufgegriffen. In vergleichsweise kurzer Zeit wurde durch massiven Einsatz ordnungsrechtlicher Instrumente zunächst eine Verbesserung des Betriebsablaufs und dann 1986 auch die Betriebsaufgabe durchgesetzt. Das Vorgehen der Behörden gegenüber dem Betriebsinhaber Kolhoff ab 1982 ist als konsequent, zügig und wirkungsvoll im Sinne der Unterbindung weiterer möglicher Bodenverunreinigungen zu bewerten.

Die Entscheidungen, die diesen hier kurz skizzierten Entwicklungen zugrundeliegen, sind in den Fallbeschreibungen der Kapitel 3 und 4 ausführlich dargestellt worden. Nunmehr sollen die wesentlichen Vollzugsdefizite herausgearbeitet werden, wobei es sich anbietet, aufgrund der unterschiedlichen Zuständigkeiten und rechtlichen Handlungsmöglichkeiten das Handeln der einzelnen Behörden jeweils separat zu analysieren.

5.4.2 Kompetenzmonopolisierung und Kooperationsdefizite der Wasserbehörde in Fragen von Wasser- und Bodenverunreinigungen

Für die Entwicklung der Fälle ist besonders wichtig, daß unter den beteiligten Behörden allein die Wasserbehörde bzw. die Wasserwirtschaftsabteilung fachlich in der Lage gewesen wäre, Art und Schwere der Wasser- und Bodenverunreinigungen sowie einen etwaigen Sanierungsbedarf zu beurteilen. Die übrigen Behörden waren in diesem Punkt von den Stellungnahmen der Wasserbehörde abhängig. Die Wasserbehörde besaß somit unter den Behörden ein Informations- und Kompetenzmonopol.

Die Wasserbehörde nutzte dieses Kompetenzmonopol in unangemessener Weise aus, indem sie
- für das Handeln anderer Behörden gegebenenfalls wichtige Informationen zurückhielt,
- eigenständige Bewertungen vornahm und diese den anderen Be-

hörden gegenüber nicht zur Diskussion stellte,
- den Betrieben gegenüber eigenständig handelte und ihre Handeln nur unzureichend mit den Aktivitäten der anderen Behörden abstimmte.

Besonders gravierend waren dabei folgende Punkte:

- **Informationszurückhaltung**

- Obwohl die Wasserbehörde im Falle Pintsch bereits 1975 Benzolverunreinigungen in größerer Tiefe auf dem Pintsch-Gelände gefunden hatte (siehe 3.3.2), gab sie diese Informationen erst 1981 an andere Behörden und den Eigentümer weiter (siehe 3.11.5), die daraufhin erst zu einer Neueinschätzung der Sanierungsbedürftigkeit des Grundstücks gelangten.
- Im Falle Kalisch hielt die Wasserbehörde nach außen hin an der Gültigkeit des Gutachtens über die Untergrundverhältnisse von 1960 (siehe 4.2.2) fest, obwohl intern hieran bereits seit 1974 deutliche Zweifel bestanden (siehe 4.4.2).

- **Eigenständige Bewertungen**

- Entgegen dem Drängen z.B. der BSR und der auch für Laien naheliegenden Vermutung, daß auch das Restgrundstück belastet sei, wurden 1975 keine weiteren Schritte zur Untersuchung der Bodenverunreinigung auf dem Pintsch-Gelände unternommen (siehe 3.3.4).
- Ebensowenig wurde die Frage eines finanziellen Regreß für die Sanierung des BSR-Geländes ernsthaft geprüft.
- Auch im Falle Dr. Kalisch entschied die Wasserbehörde nach dessen Betriebsaufgabe trotz Empfehlungen anderer Stellen eigenständig, daß keine Bodensanierung vorzunehmen sei.

Mit diesen Bewertungen waren im Endeffekt weitreichende Fehlentscheidungen verbunden, die das Land Berlin in erheblichem Umfang mit Bodensanierungskosten belasten. Um so erstaunlicher ist es, daß diese Bewertungen - zumindest nach Informationen aus den Akten - offensichtlich allein auf Sachbearbeiter- und

Referatsleiter-Ebene vorgenommen worden sind. Hiermit zeigt sich ein erhebliches Defizit an Verwaltungsführung: Offensichtlich konnte - und kann den Interviews zufolge auch heute noch- die Wasserbehörde weitgehend eigenständig handeln, ohne ihre Bewertungen mit den vorgesetzten Stellen genauer erörtern zu müssen. Angesichts der finanziellen Dimensionen, die mögliche Fehlentscheidungen nach sich ziehen könnten, erscheint hier eine bessere Abstimmung von Bewertungen sowohl 'horizontal' mit anderen Fachreferaten als auch 'vertikal' mit dem Leitungsbereich dringend erforderlich.

Zu den Bewertungsgründen, die die Wasserbehörde dazu veranlaßten, die Frage der Bodenverunreinigungen jeweils nicht intensiver zu verfolgen, ergeben sich aus den Akten nur vage Hinweise auf die schwierige Sondermüllsituation. Auch hierzu ist anzumerken, daß eine entsprechende Bewertung nicht von der Wasserbehörde allein hätte vorgenommen werden dürfen. Vielmehr wäre es angemessen gewesen, zunächst zusammen mit den für die Abfallbeseitigung zuständigen Stellen Lösungsmöglichkeiten zu erörtern.

· **Eigenständiges Handeln**

In den Fallstudien ist eine Vielzahl von Einzelanlässen beschrieben worden, bei denen die Wasserbehörde ohne eine entsprechende Abstimmung mit anderen Behörden gegen die Betriebe vorging. Als besonders wichtig seien folgende Anlässe noch einmal hervorgehoben:

- Erlaß einer wirkungslosen wasserbehördlichen Anordnung gegen Pintsch Oel GmbH 1977 zu einem Zeitpunkt, in dem unter Beteiligung der Wirtschaftsförderung Verhandlungen über die Sanierung des Betriebes liefen. Dabei Verzicht auf die Anordnung des sofortigen Vollzugs (siehe 3.8).
- Erlaß einer formal unzureichenden Anordnung 1980 (siehe 3.11. 3) anstelle einer stärkeren Beteiligung an den nunmehr anlaufenden Bemühungen der anderen Behörden um die Koordination ihres Vorgehens gegenüber Pintsch Oel GmbH.

- Erlaß und Rücknahme einer wasserbehördlichen Anordnung gegen die "Flutan Chemikalien KG" 1973/74 anstelle von Behördenkooperation und Rückgriff auf die einschlägigeren und deshalb vermutlich wirksameren Regelungen von VbF und VLwF (siehe 4.3).
- Erlaß einer aus formalen Gründen (Unterlassung der vorherigen Anhörung des Betreibers) später verwaltungsgerichtlich aufgehobenen Anordnung gegenüber Kolhoff 1982 anstelle einer stärkeren Mitwirkung bei der laufenden Koordination des behördlichen Vorgehens (siehe 4.6.5).

Die genannten Anlässe haben das gemeinsame Merkmal, daß die Wasserbehörde sich jeweils in der Durchsetzung ihrer Ziele gegenüber den Firmen selbst blockierte, da ihre Anordnungen wirkungslos blieben. Stattdessen wäre es voraussichtlich sinnvoller gewesen, wenn sich die Wasserbehörde stärker an den Bemühungen der anderen Behörden zur Problemlösung beteiligt hätte. Zum einen zeigen insbesondere die Betriebsaufgabe Dr. Kalisch, die schnelle Bereinigung von Geruchsproblemen vor dem Brand der Pintsch Oel Berlin GmbH sowie die relativ zügige Ordnung der betrieblichen Abläufe des Betriebs Kolhoff, daß die anderen Behörden - insbesondere die Immissionsschutzbehörde und die Abfallbehörde - über ein wirksameres ordnungsrechtliches Instrumentarium verfügten als die Wasserbehörde selbst. Zum andern hätte die Wasserbehörde ihr Fachwissen hinsichtlich der Sanierungsbedürftigkeit des Untergrundes in die Kooperationsbemühungen der anderen Behörden einbringen können und müssen. Da dieses unterblieb, bereiteten die anderen Behörden sowohl im Falle Pintsch als auch im Falle Kolhoff letztlich aus ihrer eigenen Fachperspektive Lösungen zur Verbesserung der Betriebsabläufe vor, die jedoch dann später nicht zum Zuge kamen, weil nunmehr die Wasserbehörde ihre Sanierungsanforderungen als unabdingbare Voraussetzungen einbrachte. Wäre dagegen eine frühzeitige Behördenkooperation unter Beteiligung der Wasserbehörde erfolgt, so hätten möglicherweise Lösungen - wie die von der Pintsch Oel GmbH und der Wirtschaftsförderung Berlin favorisierte 'Zug-um-Zug-Sanierung' gefunden werden können, die sowohl die Betriebsmodernisierung als auch die Beteiligung der Verursacher an den

Bodensanierungskosten ermöglicht hätten.

5.4.3 Defizite im Handlungskalkül der Wasserbehörde

Zudem weist das eigenständige Handeln der Wasserbehörde in beiden Fällen deutliche Defizite im Handlungskalkül auf:

- Obwohl der Wasserbehörde aus ihrer eigenen Praxis und der Rechtsprechung hätte bekannt sein müssen, daß auf den Tatbestand der Grundwasser- und Bodengefährdung gestützte wasserrechtliche Anordnungen hohe Anforderungen an den Gefährdungsnachweis stellen, wurde immer wieder vergeblich auf das Mittel der Anordnung zurückgegriffen. Dabei kamen zudem erstaunlich viele Formfehler in den Anordnungen vor.

- Zugleich unterließ es die Wasserbehörde weitgehend, die Argumentationskraft ihrer Anordnungen durch entsprechende Nachweise von Grundwasser- und Bodenverunreinigungen zu stärken. Daß ein verbesserter Nachweis auch ohne aufwendige Bodenuntersuchungen und hohe Kosten prinzipiell möglich gewesen wäre, zeigte das Vorgehen der Wasserbehörde im Falle Kolhoff 1983. Hier brachte bereits eine einzige Bohrung auf dem Grundstück zum Zwecke der Grundwasserbeobachtung den Nachweis tiefreichender Verunreinigungen. Dieselbe Bohrung hätte hier wahrscheinlich bereits Jahre früher erfolgen können, und auch die Firma Pintsch Oel GmbH hätte sich vermutlich rechtlich kaum gegen eine einzelne Bohrung zur Wehr setzen können. Stattdessen blockierte die Wasserbehörde im Falle Pintsch durch ihre weitreichende Forderung nach einem flächendeckenden Bohrprogramm, welches stark in die Betriebsabläufe eingegriffen hätte, bis zum Stillstand der Firma die eigenen Möglichkeiten der Beweissicherung. Anzumerken ist schließlich, daß zudem auf dem Pintsch-Grundstück eine Eigenwasserversorgungsanlage existierte, die man u.U. zu regelmäßiger Probenahme hätte nutzen können. Lediglich die Firma selbst ließ jedoch eine einzelne Wasserprobe analysieren, die dann eher zu ihrer Entlastung beitrug.

- Als sehr widersprüchlich müssen auch die Sanierungsziele der Wasserbehörde in Bezug auf die beiden Firmen erscheinen. Im Falle Dr. Kalisch, dessen Bedeutung bei der Entsorgung wassergefährdender Stoffe allein schon aufgrund der geringeren Betriebsgröße eher begrenzt sein dürfte, setzte die Wasserbehörde sich nachhaltig für eine Erhaltung und Modernisierung der Firma ein, während der Senator für Wirtschaft diese Zielvorstellung nicht teilte. Genau umgekehrt war dagegen die Interessenlage der beiden Behörden im Falle Pintsch, dessen Stellenwert als Altölentsorger wesentlich bedeutsamer war.

- Letztlich ist beiden Fällen gemeinsam, daß es nicht zu einer eingehenden Erörterung und Abstimmung der Behördenzielsetzungen im Sinne eines übergeordneten strategischen Konzepts (z.B. stufenweise Sanierung unter Beteiligung der Firmen an den Kosten) kam. Die Einflußmöglichkeiten beider Behörden reichten jedoch immerhin aus, um sich wechselseitig selbst zu blockieren:

  - Im Falle Dr. Kalisch führte die Ablehnung von Fördermitteln seitens des Senators für Wirtschaft zur Betriebsaufgabe.
  - Im Falle Pintsch Oel Berlin GmbH blockierten die Forderungen der Wasserbehörde nach flächendeckender Grundstückssanierung mögliche Verhandlungen über die stufenweise Sanierung.

Auch hier werden letztlich wiederum Defizite in der politischen Verwaltungsführung deutlich, da im Endeffekt über das Konzept zur Behandlung der Firmen politische Entscheidungen erforderlich gewesen wären, die jedoch aufgrund des isolierten Handelns der einzelnen Verwaltungsstellen nicht vorbereitet werden konnten.

5.4.4 Reaktives Verhalten der bezirklichen Verwaltungsstellen

Aufgrund ihrer Zuständigkeiten nach
- Bauordnungsrecht,
- VbF,
- VLwF,
- Gewerbeuntersagung nach § 35 GewO,

hätten die Bezirke einen wesentlichen Beitrag zur schnelleren Problemlösung leisten können. Dieser Beitrag blieb jedoch nicht nur aufgrund der bereits erörterten bezirklichen Kontrolldefizite unzureichend. Darüber hinaus sind auch erhebliche Defizite in der Anwendung des zur Verfügung stehenden ordnungsrechtlichen Instrumentariums zu erkennen:

- Die Bezirksverwaltungen verzichteten generell auf Ansätze, das Fehlen erforderlicher Erlaubnisse, Anzeigen usw. als Ordnungswidrigkeiten zu verfolgen. Stattdessen wurde nach dem Prinzip gehandelt, fehlende Erlaubnisse usw. durch nachträgliche Genehmigungen u.ä. rechtlich zu heilen.

- Die Bezirke waren nicht bereit, aus eigener Initiative Anordnungen gegen die Betriebe zu erlassen. Sofern solche Anordnungen erlassen wurden, geschah dies erst nach Aufforderung durch andere Behörden und z.T. erst nach längeren verwaltungsinternen Auseinandersetzungen über die Anordnung.

- Die Bezirke bemühten sich - allerdings vergeblich - darum, mit verschiedenen Argumenten ihre Zuständigkeit für die Betriebe zu verneinen und an andere Behörden abzugeben.

- Die Bezirke waren im Falle der Nichteinhaltung von Anordnungen eher zu großzügigen Fristverlängerungen bereit.

Lediglich in der Spätphase des Falles Kolhoff legte schließlich der Bezirk Steglitz - offensichtlich auf Druck der BVV und der inzwischen über den Fall informierten Öffentlichkeit - ein besonders forsches Vorgehen hinsichtlich des Entzugs der Gewerbeerlaubnis an den Tag, nachdem in dieser Frage drei Jahre vorher noch erhebliche Auffassungsunterschiede zwischen bezirklicher Wirtschafts- und Gesundheitsverwaltung bestanden hatten (vgl. Kapitel 4.8.2 und 4.10.3).

Insgesamt ist dieses 'reaktive' Verhalten der Bezirksverwaltungen durch folgende Merkmale erklärlich:

- **Fehlende fachliche Qualifikation und Aufgabenverständnis.** Einerseits waren die Bezirksämter zwar für die Betriebe zuständig, andererseits fehlten ihnen jedoch die fachlichen Voraussetzungen, um selbst die Erforderlichkeit und Angemessenheit bestimmter Anforderungen an die Verbesserung der Betriebsabläufe formulieren und beurteilen zu können. Hierdurch wurden die Bezirksämter letztlich zu reinen Ausführungsinstanzen der von anderen Behörden vorgegebenen inhaltlichen Anforderungen, und um so geringer war auch die Motivation, diesen Anforderungen aktiv nachzukommen.

- **Personelle Überlastung.** Insbesondere der Verzicht auf die Verfolgung von Ordnungswidrigkeiten und die nachträgliche Erteilung von Genehmigungen usw. sind ebenso wie die Fristverlängerungen bei bezirklichen Anordnungen als Strategien der Minimierung von Verwaltungsaufwand zu verstehen. Hätten die Behörden die Ordnungswidrigkeiten verfolgt und auf die Einhaltung von Fristen bestanden, so hätte dies ihrer Erfahrung nach zu sehr aufwendigen rechtlichen Auseinandersetzungen mit den Betrieben geführt, welche sie angesichts ihrer Belastung mit laufenden Entscheidungen sowie wegen ihrer begrenzten fachlichen Qualifikation in diesem Bereich nach Möglichkeit zu vermeiden suchten. Hiermit erklärt sich zugleich das Interesse der Bezirksverwaltungen, die Entscheidung möglichst an andere Behörden abzugeben.

- **Defizite in der Behördenkooperation.** Weiterhin ist zu beachten, daß in der Art der Beteiligung der Bezirksämter durch die verschiedenen Fachbehörden der Hauptverwaltung eher die Form hierarchischer Weisungsbeziehungen als das Bemühen um gleichberechtigte Kooperation zum Ausdruck kommt. Insbesondere bei den verwaltungsinternen Terminen zur Koordination des behördlichen Vorgehens in der Spätphase der Fälle Pintsch und Kolhoff wurden die Vertreter der Bezirksverwaltungen immer wieder als 'Sündenböcke' 'vorgeführt'. Daß diese dann z.T. hierauf mit schlichter Kooperationsverweigerung (Nichtteilnahme an Besprechungsterminen, Verzögerung angeforderter Entscheidungen) reagierten, erscheint verständlich.

- **Defizite in den Zuständigkeitsregelungen.** Angesichts dieser Merkmale ist letztlich generell zu fragen, ob unter den gegebenen personellen und fachlichen Voraussetzungen eine bezirkliche Zuständigkeit für VbF und VLwF bei gewerblich-industriellen Betrieben überhaupt sinnvoll ist. Da die Bezirke mangels eigenen Sachverstands hier derzeit im wesentlichen nur als 'Befehlsempfänger' agieren können und von den Fachbehörden auch dementsprechend behandelt werden, sind Reibungsverluste, die die Problemlösung erschweren, im Prinzip vorprogrammiert. Somit stellt sich die Alternative,
  - entweder die bezirklichen Zuständigkeiten bei VbF und VLwF auf fachlich qualifiziertere Stellen der Hauptverwaltung zu übertragen,
  - oder aber in Anknüpfung an die bezirklichen Vorteile größerer Ortsnähe die personellen Kapazitäten und den technischen Sachverstand bezirklicher Umweltämter auszubauen.

5.4.5 Reaktives Verhalten des Gewerbeaufsichtsamtes/LAfA

Hier ist vorauszuschicken, daß die Akten des LAfA nicht eingesehen werden konnten. Soweit sich das Verhalten des Gewerbeaufsichtsamtes/LAfA spiegelbildlich aus den ausgewerteten Akten anderer Behörden erschließt, weist es jedoch sehr deutliche Ähnlichkeiten mit dem Verhalten der Bezirke auf:

- Stellungnahmen des Gewerbeaufsichtsamtes waren dafür entscheidend, daß die Anlagen der "Flutan Chemikalien KG" zunächst als nicht genehmigungsbedürftig eingestuft wurden.

- Das Gewerbeaufsichtsamt/LAfA ergriff als Aufsichtsbehörde lange Zeit keine Schritte zur Beanstandung und Verbesserung der Lagerbehältersituation in beiden Fällen.

- Anordnungen des LAfA zu den Lagerbehältern ergingen offensichtlich erst auf Anforderung und Druck von Immissionsschutz- und Wasserbehörde.

- Das Gewerbeaufsichtsamt/LAfA bemühte sich mehrfach darum, den anderen Behörden gegenüber seine Nichtzuständigkeit bzw. enge Begrenztheit der Zuständigkeit deutlich zu machen.

Da die LAfA-Akten nicht eingesehen werden konnten, lassen sich diese reaktiven Verhaltensweisen zwar feststellen, jedoch nicht im einzelnen erklären. Anders als bei den Bezirksämtern dürfte bezüglich des LAfA jedoch eigentlich das Fehlen technischen Sachverstandes kein ausschlaggebender Faktor sein, so daß die Ursachen vermutlich eher bei Aufgabenverständnis, Personalausstattung und der nicht sehr sinnvollen Abgrenzung von Zuständigkeiten zwischen LAfA einerseits und Immissionsschutzbehörde andererseits zu suchen sind.

5.4.6 Rolle der Immissionsschutzbehörde SenGesU/SenStadtUm

Das Verhalten der Immissionsschutzbehörde SenGesU/SenStadtUm ist im Verlauf beider Fälle durch den Übergang von eher reaktivem Handeln zum Bemühen um eine aktive Koordination der verschiedenen Behördenaktivitäten gekennzeichnet:

- In beiden Fällen erhielt die Genehmigungsbehörde erst sehr spät Kenntnis von den Betrieben. Ähnlich wie die Bezirke nahm sie die verspätet eingehenden Anzeigen nach § 67 BImSchG nicht zum Anlaß für die Verfolgung von Ordnungswidrigkeiten oder eine umfassende Überprüfung der Betriebe. Vielmehr wurden die bestehenden unzureichenden Betriebsabläufe durch die Entgegennahme der Anzeigen rechtlich festgeschrieben. Im Fall Pintsch war die Immissionsschutzbehörde zudem - ohne eine eigene Anschauung von den betrieblichen Zuständen zu besitzen - dafür verantwortlich, daß die parlamentarische Anfrage des Abgeordneten Boroffka 1978 in verharmlosender Form beantwortet wurde.

- Insbesondere der Einschaltung des stellvertretenden Abteilungsleiters als Folge der parlamentarischen Anfrage ist es zu verdanken, daß der Fall Pintsch danach dennoch seitens der Immissionsschutzbehörde zunehmend aktiver aufgegriffen wurde. Dies ist in beiden untersuchten Fällen zugleich der einzige Anlaß, bei dem vorgesetzte Verwaltungsmitarbeiter mit eigenen Vorgaben in die Fallbearbeitung eingriffen.

- Da die eigenen Zuständigkeiten in Bezug auf die Betriebe verhältnismäßig begrenzt waren (Fehlen von Anlässen, die nachträgliche Anordnungen auf der Grundlage des Bundes-Immissionsschutzgesetzes ermöglicht hätten), wurde die Immissionsschutzbehörde zunehmend als Koordinationsinstanz für das Vorgehen anderer Behörden (Bezirksämter, LAfA, weniger deutlich Wasserbehörde) aktiv.

- Die Immissionsschutzbehörde verfolgte in beiden Fällen die Zielvorstellung, die Betriebe zu erhalten und die betrieblichen Abläufe durch entsprechende Vorgabe im Rahmen von Anordnungen und Genehmigungsverfahren zu verbessern. Die Zielsetzung der vorherigen Bodensanierung war dagegen aufgrund von Kooperationsdefiziten mit der Wasserbehörde nicht in das Handlungskalkül der Immissionsschutzbehörde integriert.

- Im Falle Kolhoff ließ sich das Ziel der Ordnung der Betriebsabläufe mit Hilfe behördlicher Anordnungen und häufiger Betriebsüberwachungen weitgehend erreichen. Im Falle Pintsch blieb der 'Härtetest' der Durchsetzungsfähigkeit des immissionsschutzrechtlichen Instrumentariums dagegen deshalb aus, weil durch den Brand der Altölaufbereitungsanlage ein Betriebsstillstand eintrat, der die Durchsetzung von Anordnungen wesentlich erleichterte.

- Das Ziel der Betriebserhaltung wurde dagegen in beiden Fällen nicht erreicht, weil die später seitens der Wasserbehörde gewonnenen systematischen Erkenntnisse über die Schwere der Bodenverunreinigung ein Verbleiben der Betriebe auf dem Gelände nicht zuließen.

An der Verhaltensänderung der Immissionsschutzbehörde sind zugleich ein Wandel im behördlichen Aufgabenverständnis sowie die Auswirkungen einer verbesserten Personalausstattung sichtbar. Während die Behörde in der Anfangsphase ihrer Tätigkeit noch im Sinne der behördlichen Aufwandminimierung pauschal annahm, daß die Betriebsabläufe rechtlich und faktisch nicht zu beanstanden seien, wurde die Tätigkeit der Betriebe später genauer beobachtet. Auch war es 1982 offensichtlich personell möglich, den Betrieb Kolhoff regelmäßig zu überwachen, während trotz entsprechender Weisungen des stellvertretenden Abteilungsleiters 1979 noch aus personellen Gründen die aktenmäßige Überprüfung der Pintsch Oel Berlin GmbH nur sehr langsam vorankam.

Das ordnungsbehördliche Vorgehen der Immissionsschutzbehörde im Falle Kolhoff 1982 kann zugleich als Musterbeispiel für die konsequente Ausnutzung der Handlungsmöglichkeiten des Immissionsschutzrechtes bewertet werden. Die Behörde gab dem Betreiber verhältnismäßig präzise Anforderungen mit entsprechenden Fristen und Zwangsgeldandrohungen vor und kontrollierte ebenso konsequent deren Einhaltung. Zugleich wurde das Ordnungsrecht-anders als etwa bei den regelmäßig wieder aufgehobenen 'spontanen' Anordnungen der Wasserbehörde - insofern flexibel eingesetzt, als dem Betreiber Gelegenheit zur Stellungnahme gegeben wurde und auch betriebsbedingte Schwierigkeiten in der Erfüllung der Anforderungen flexibel berücksichtigt wurden.

Allerdings ist zu beachten, daß es sich beim Betrieb Kolhoff um einen ausgesprochenen Kleinbetrieb handelte, dessen rechtliche und faktische 'Konfliktfähigkeit' nicht sonderlich hoch einzustufen war, da er weder die Erhaltung von Arbeitsplätzen noch einen maßgeblichen Beitrag zur Berliner Wirtschaftskraft oder zumindest zur Sicherung der Sonderabfallentsorgung für sich reklamieren konnte. Wesentlich höher ist dagegen die Konfliktfähigkeit der Pintsch Oel Berlin GmbH zu veranschlagen, welche von der Firma durch die in der Fallstudie ausführlich zitierten Verweise auf Investitionsvorhaben sowie durch die Unterstützung seitens der Wirtschaftsförderung Berlin konsequent ins Spiel gebracht wurde. Insofern hätte ein 'Härtetest' für die Durchsetzungsfähigkeit des Immissionsschutzrechts und der immissionsschutzrechtlichen Genehmigungsbehörde vor allem darin bestanden, ob es der Behörde gelungen wäre, ihre Forderungen nach Verbesserung der Betriebsabläufe auch gegenüber dem laufenden Entsorgungsbetrieb Pintsch Oel Berlin GmbH durchzusetzen. Durch den Betriebsstillstand infolge des Brandes Ende 1981 kam es dann nicht mehr zu diesem 'Härtetest'. Somit läßt sich allenfalls darüber spekulieren, mit welchen Ergebnissen die eingeleiteten, jedoch aufgrund des Firmenzusammenbruchs nicht mehr abgeschlossenen Verfahren zur Genehmigung einer neuen 'Tankfarm' und Fluxölanlage entschieden worden wären.

5.5 Warum konnten die Verursacher nicht zur (Mit-)Finanzierung herangezogen werden?

- Eine volle Übernahme der Bodensanierungskosten im Sinne des Verursacherprinzips oder zumindest eine Beteiligung der Firmen an den Sanierungskosten wurde im Falle der Sanierung des BSR-Geländes seitens der Wasserbehörde nicht angestrebt.

- Im Falle des Restgrundstücks der Pintsch Oel Berlin GmbH entzog sich die Firma durch Konkurs einer Kostenbeteiligung. Zudem gelang es den Behörden nicht, Zeitpunkt und Ursachen der Bodenverunreinigung genau nachzuweisen.

- Im Falle der Betriebsaufgabe Dr. Kalisch wurde dieser auch verwaltungsgerichtlich zur Übernahme der Kosten für die Abfallbeseitigung auf dem Grundstück verpflichtet, doch konnten wegen Zahlungsunfähigkeit noch nicht einmal die Kosten des Gerichtsverfahrens erhoben werden. Eine Beteiligung an den Bodensanierungskosten wurde von der Wasserbehörde nicht angestrebt.

- Herr Kolhoff wurde rechtskräftig als Verursacher von Bodenverunreinigungen verurteilt. Inwieweit er auf dieser Grundlage auch zu den Kosten der Bodensanierung herangezogen werden kann, ist derzeit noch offen.

- Ein Rückgriff auf die Grundeigentümerinnen, die das Grundstück bereits 1952 an Dr. Kalisch verpachtet haben, erscheint nach der Rechtslage zwar prinzipiell möglich, nach materiellen 'Gerechtigkeitsgesichtspunkten' jedoch eher als fragwürdig, da die Eigentümerinnen keine direkten Verursacher der Bodenbelastung sind. Sie haben es jedoch zumindest-ebenso wie lange Zeit die zuständigen Behörden - unterlassen, sich über den ordnungsgemäßen Zustand ihres Eigentums zu unterrichten.

Beim derzeitigen Stand sind insbesondere folgende Gründe dafür verantwortlich, daß die Verursacher bisher nicht zu den Kosten der Bodenbelastung herangezogen werden konnten:

- **Eigenmächtige Entscheidungen der Wasserbehörde, auf die Heranziehung der Verursacher zu verzichten**

Die Tendenz der Wasserbehörde zu eigenmächtigen, offensichtlich ohne Information vorgesetzter Stellen und anderer Behörden vorgenommenen Bewertungen ist bereits oben eingehend kritisiert worden. Dabei lassen sich die Gründe für diese Entscheidungen der Wasserbehörde aus den Akten nicht entnehmen.

- **Formale und inhaltliche Mängel der wasserbehördlichen Sanierungsanordnungen**

Die von der Wasserbehörde bis 1986 erlassenen Sanierungsanordnungen scheiterten sämtlich an formalen und inhaltlichen Mängeln.

- **Kontrolldefizite**

Angesichts der ebenfalls bereits beschriebenen schwerwiegenden Defizite in der Überwachung sowie in der Beweissicherung erscheint es darüber hinaus fraglich, ob eine wasserbehördliche Sanierungsanordnung, selbst wenn sie formal bestandskräftig gestaltet worden wäre, auch materiell die Sanierungspflicht des Verursachers hätte begründen können. 'Gerichtsfeste' wasserrechtliche Handlungsmittel bekam die Wasserbehörde im Falle Kolhoff erst in die Hand, als sie über selbst in Auftrag gegebene Bohrungen die Ausbreitung der Bodenverunreinigungen nachweisen konnte.

- **Fehlende Einwirkungsmöglichkeiten auf firmenrechtliche Änderungen**

Auch im Falle Pintsch wurde im März 1983 ein Gutachten über das Ausmaß der Bodenverunreinigungen vorgelegt, das zudem die Grundlage für eine wasserbehördliche Anordnung (Erstellung von Ölabwehrbrunnen) bildete. Die Firma, deren Berliner Betriebsstätte bereits im Jahre 1979 rechtlich verselbständigt worden war, ging jedoch noch vor einer verwaltungsgerichtlichen Entscheidung über diese Anordnung in Konkurs. Für den Fall Kalisch ist auf die nahezu schon absurde Situation zu verweisen, daß durch eine ähnliche Verschachtelung von Eigentumsverhältnissen der frühere Firmeneigentümer über seine Frau bis 1985 noch laufende Pachterträge aus der Firma erzielen konnte, während es dem Land Berlin noch nicht einmal gelang, die Aufwendungen für die Säuberung des Grundstücks von Restchemikalien erstattet zu bekommen.

Generell ist in diesen Punkten jedoch von Regelungsdefiziten, aber nicht von Vollzugsdefiziten zu sprechen, da das geltende Recht bisher keinerlei Sicherheitsleistungen vorsieht, auf die im Falle des Eintretens von Bodenverunreinigungen gegebenenfalls zurückgegriffen werden könnte.

- **Fehlende Erwägungen der Behörden hinsichtlich informeller Einigungen mit den Firmen über die Beteiligung an den Sanierungskosten**

Unter Berücksichtigung dieser Regelungsdefizite und Vollzugsprobleme ist allenfalls zu fragen, ob ein stärker koordiniertes, 'strategisches' Vorgehen der Behörden in den Fällen Pintsch und Kalisch u.U. einen gewissen Mindestbeitrag der Betriebe zur Sanierung hätte erbringen können. In beiden Fällen sind Gespräche über die Beteiligung der öffentlichen Hand an den Sanierungskosten geführt worden. Diese kamen jedoch niemals über das Stadium des 'entweder - oder' hinaus, bei dem die Firmen- insbesondere Pintsch - die Übernahme der vollen Sanierungskosten von der öffentlichen Hand forderten. Da die öffentliche Hand dies ablehnte, kam es schließlich zur Betriebsaufgabe, mit der Konsequenz, daß die öffentliche Hand somit zuletzt doch die vollen Sanierungskosten wird tragen müssen. Es ließe sich darüber spekulieren, ob nicht u.U. ein flexibleres Reagieren der Behörden - etwa die Bereitschaft zur Übernahme von Anteilen an den Sanierungskosten - im Nettoeffekt zu einem für die öffentliche Hand günstigeren Ergebnis - Beteiligung der Verursacher an den Kosten und Modernisierung der Betriebe - hätte führen können. Allerdings hätte ein solches Ergebnis sowohl eine intensive Kooperation und Koordination zwischen den verschiedenen Behörden als auch politische Grundsatzentscheidungen über den Bedarf an Recycling-Betrieben in Berlin und deren Kontrolle seitens der öffentlichen Hand vorausgesetzt, welche beide unter den geschilderten strukturellen Bedingungen der Fälle nicht zu erreichen waren.

STADTFORSCHUNG AKTUELL

Herausgegeben von
Hellmut Wollmann
Gerd-Michael Hellstern

Band 3
A. Evers/H.G. Lange/H. Wollmann
Kommunale Wohnungspolitik
1983. 444 S., Broschur
ISBN 3-7643-1495-8

Band 7
G. Hellstern/H. Wollmann
Evaluierungsforschung. Ansätze und Methoden - dargestellt am Beispiel des Städtebaus
1983. 136 S., Broschur
ISBN 3-7643-1542-3

Band 10
W.Maier/H. Wollmann (Hrsg.)
Lokale Beschäftigungspolitik
1985. 550 S., Broschur
ISBN 3-7643-1700-0

Band 12
R. Köstlin/H. Wollmann (Hrsg.)
Renaissance der Strassenbahn
1987. 423 S., Broschur
ISBN 3-7643-1729-9

Band 13
W. F. Schräder/F. Diekmann
R. Neuhaus/J. Rampelt (Hrsg.)
Kommunale Gesundheitsplanung
1986. 306 S., Broschur
ISBN 3-7643-1792-2

Band 15
H. Nassmacher
Wirtschaftspolitik "von unten". Ansätze und Praxis der kommunalen Gewerbebestandpflege und Wirtschaftsförderung
1987. 416 S., Broschur
ISBN 3-7643-1852-X

Band 17
W. Prigge
Die Materialität des Städtischen. Stadtteilentwicklung und Urbanität im gesellschaftlichen Umbruch
1987. 255 S., Broschur
ISBN 3-7643-1917-8

Band 6
G. Hellstern/H. Wollmann (Hrsg.)
Evaluierung und Erfolgskontrolle in Kommunalpolitik und -verwaltung
1984. 500 S., Broschur
ISBN 3-7643-1526-1

Band 9
J. Krämer/R. Neef (Hrsg.)
Krise und Konflikte in der Grossstadt im entwickelten Kapitalismus
Texte zu einer "New Urban Sociology"
1985. 380 S., Broschur
ISBN 3-7643-1699-3

Band 11
C. Arin/S. Gude/H. Wurtinger
Auf der Schattenseite des Wohnungsmarktes: Kinderreiche Immigrantenfamilien. Analyse mit Verbesserungsvorschlägen in Wohnungsbelegung, Erneuerung, Selbsthilfe und Eigentum
1985. 192 S., Broschur
ISBN 3-7643-1728-0

Band 14
H. E. Fuchs/H. Wollmann (Hrsg.)
Hilfen für ausländische Kinder und Jugendliche
Wege aus dem gesellschaftlichen Abseits
1986. 496 S., Broschur
ISBN 3-7643-1844-9

Band 16
A. Falke
Grossstadtpolitik und Stadtteilbewegung in den USA.
Die Wirksamkeit politischer Strategien gegen den Verfall
1987. 515 S., Broschur
ISBN 3-7643-1916-X

Band 18
M. Zimmermann
Umweltberatung in Theorie und Praxis
1988. 384 S., Broschur
ISBN 3-7643-1975-5

Band 19
P. Kleinmann
Energie(spar)politik im ländlichen Raum.
Bericht über Implementationsversuche in Wadern (Saarland)
1988. 225 S., Broschur
ISBN 3-7643-2244-6

Band 20
J. Hucke/H. Wollmann (Hrsg.)
Dezentrale Technologiepolitik?
Technikförderung durch Bundesländer und Kommunen
1989. 673 S., Broschur
ISBN 3-7643-2245-4

Band 21
P. Franz
Stadtteilentwicklung von unten.
Zur Dynamik und Beeinflussbarkeit ungeplanter Veränderungsprozesse auf Stadtteilebene
1989. 388 S., Broschur
ISBN 3-7643-2296-9

Band 22
M. Dase/J. Lüdtke/H. Wollmann (Hrsg.)
Stadterneuerung im Wandel -
Erfahrungen aus Ost und West
1989. 160 S., Broschur
ISBN 3-7643-2305-1

Band 23
D. Schimanke (Hrsg.)
Stadtdirektor oder Bürgermeister.
Beiträge zu einer aktuellen Kontroverse
1989. 240 S., Broschur
ISBN 3.-7643-2291-8

Bde. 1,2,4,5,8 sind vergriffen.

Ausführlicher Prospekt bei:
Birkhäuser Verlag AG
Postfach 133
4010 Basel/Schweiz